大学生职业发展与就业力提升

主　编：钟映荷　麦金兰　顾艳梅　辛维金

副主编：陈　昉　刘　锋　崔子洋　张　恒

编　委：罗裕光　袁岸锋　李　红　李贵科　孙罗欣

吉林大学出版社

·长春·

图书在版编目（CIP）数据

大学生职业发展与就业力提升/钟映荷等主编. —

长春：吉林大学出版社，2023.8

ISBN 978-7-5768-2026-3

Ⅰ．①大… Ⅱ．①钟… Ⅲ．①大学生－职业选择

Ⅳ．①G647.38

中国国家版本馆 CIP 数据核字（2023）第 159769 号

书　　名　大学生职业发展与就业力提升

　　　　　DAXUESHENG ZHIYE FAZHAN YU JIUYELI TISHENG

作　　者　钟映荷　麦金兰　顾艳梅　辛维金

策划编辑　米路晗

责任编辑　张　驰

责任校对　李潇潇

装帧设计　晓　梁

出版发行　吉林大学出版社

社　　址　长春市人民大街4059号

邮政编码　130021

发行电话　0431－89580028/29/21

网　　址　http：//www.jlup.com.cn

电子邮箱　jldxcbs@sina.com

印　　刷　沈阳海世达印务有限公司

开　　本　787 mm×1092 mm　1/16

印　　张　19.75

字　　数　440 千字

版　　次　2023 年 8 月　第 1 版

印　　次　2023 年 8 月　第 1 次

书　　号　ISBN 978-7-5768-2026-3

定　　价：47.00 元

前　言

习近平总书记在党的二十大报告中指出，实施就业优先战略。就业是最基本的民生，健全就业促进机制，促进高质量充分就业。高校毕业生是国家宝贵的人才资源，做好高校毕业生的就业工作，对实现社会主义现代化、建设社会主义现代化国家具有重要意义。

当前，我国毕业生的就业形势依旧严峻。为了提高毕业生的竞争优势，缓解毕业生的就业压力，很多高校纷纷开始重视对大学生进行职业生涯规划方面的指导，为大学生就业问题提供一些解决思路。大学生职业生涯规划是一个长期的动态的过程，大学生要从根本上意识到职业生涯规划发展的重要性，并养成在未来的职场生活中根据实际情况不断完善和调整自己职业生涯规划的好习惯。

作为一项促进创业教育的战略措施，2015 年 5 月 13 日国务院办公厅发布了《关于深化高等学校创新创业教育改革的实施意见》（以下简称《意见》）。《意见》强调指出："高等教育要重视培养大学生的创新能力、实践能力和创业精神，普遍提高大学生的人文素养和科学素养。"创业教育不仅有利于增强大学生的创新能力，还可以帮助大学生开辟新的就业渠道，缓解日益加重的就业压力，并且有助于从长远角度和根本上解决大学生的就业问题。

为此，我们组织了长期工作在高等院校教育教学和管理一线的资深老师，本着实用、新颖的原则共同编写了这本书，力图为大学生职业生涯发展规划和创新创业尽一分微薄之力。

本书每章均由导读、学习目标、名人名言、思维导图、案例导入、理论链接、交流与讨论、榜样力量、本章自我小结、实践训练等模块组成，体例活泼，内容丰富，具有以下特点。

理论联系实际。本书在注重理论知识学习的同时，还设置了实践环节，让学生通过实践训练，理论与实践相结合，从而更好地掌握有关知识。

案例丰富。本书附有大量案例，均为高职院校案例，具有可读性和参考性，大学生可

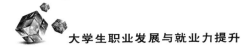

以从中得到感悟和经验教训。

本书由广州科技贸易职业学院的老师共同编写。其中钟映荷负责全书的统筹工作并负责编写第一章、第八章、第十一章；麦金兰负责编写第二章、第三章、前言、目录；顾艳梅负责编写第六章、第七章；辛维金负责编写第四章；陈昉、刘锋、李贵科负责编写第五章、参考文献；崔子洋、张恒、罗裕光负责编写第九章、附录；袁岸锋、李红、孙罗欣负责编写第十章。

在本书的编写过程中，参考和使用了相关资料，在此谨向这些资料的作者致以诚挚的谢意。由于编者水平有限，书中难免存在不足和疏漏之处，欢迎广大读者批评指正。

编　者

目　　录

第一章　新发展格局下的职业生涯观

> 　　在当前国内以大循环为主体、国内国际双循环相互促进的新发展格局下，我国进入了高质量发展阶段，科技的进步和产业结构的不断优化升级，对高素质技术技能人才的需求日益迫切。在此背景下，大学生要结合我国当前的就业形势和就业特点，不断提高职业素质、提高劳动技能，努力成为德智体美劳全面发展的社会主义合格建设者和接班人，为建设社会主义现代化强国贡献自己的智慧和力量。

【学习目标】

　　通过本章内容的学习，了解新发展格局背景下大学生就业环境面临的变化，掌握在新形势下应如何进行职业生涯规划，提高就业能力，为将来更好地就业做准备。

【名人名言】

　　人生活在世界上好比一只船在大海中航行，最重要的是要辨清前进的方向。

——潘菽

【本章思维导图】

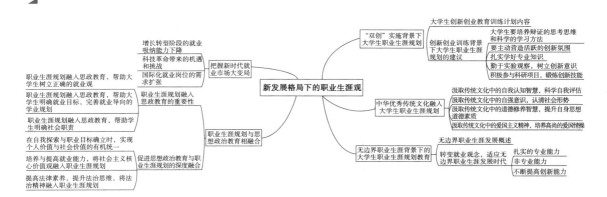

【案例导入】

袁圆来自贵州大山深处，家里以前是村里面的低保户，每个月靠着爸妈在田里辛勤耕耘和政府补贴维持生活。在家里袁圆排行老大，在爸妈出去做农活的时候，袁圆要照顾弟弟妹妹，为他们下厨做饭，照顾他们的生活起居。

袁圆从小就梦想着长大后能成为一个大厨，能做出美味佳肴来犒劳自己的家人并且养家糊口。

2016 年，在跟爸妈商议后，袁圆选择了长沙商贸旅游职院，成为湘菜学院烹调工艺与营养专业的学生。他刻苦好学，多次代表学校参加省市的烹饪比赛，并取得了优异的成绩。

在国家的大众创业万众创新政策推动下，袁圆充分利用和发挥在学校所学到的专业知识与技能，借助学校提供给大学生的创新创业帮助与扶持，用学校贷款的 5 万元、学校创业扶贫启动资金 3 万元和自己以及团队同学肖禹、李劲、蒙相国在外兼职积攒下来的 2 万元，共 10 万元作为创业启动资金，开设"翠翠姑娘"苗家鱼粉店，袁圆带领着和他一样怀揣着烹饪梦的家庭经济困难同学走上了餐饮创业之路。

如今，22 岁的袁圆月收入已达 1.5 万元以上。创业的成功让袁圆和团队其他成员的家庭情况得到了极大改善，为了回报母校，袁圆团队将学校的门店免费拿出来供学弟学妹们实习。

袁圆的案例给了你怎样的启示？现实生活中你想从事什么样的工作，你又将怎样制定自己的职业生涯规划？

【理论链接】

党和国家一直以来极为重视大学生就业工作，2020 年 7 月在吉林考察期间，习近平总书记说，要始终把人民安居乐业、安危冷暖放在心上，千方百计稳定现有就业，积极增加新的就业，促进失业人员再就业，突出做好高校毕业生、退役军人、农民工和城镇困难人员等重点群体就业工作。[①] 2021 年 8 月 27 日，国务院发布的《"十四五"就业促进规划》中，明确提出了促进青年就业，聚焦高校毕业生重点群体，"坚持市场化社会化就业与政府帮扶相结合"，做出了单独的部署安排，实施"高校毕业生就业创业促进计划"，促进大学生多渠道就业创业。

2022 年 10 月 16 日，党的二十大胜利召开，习近平总书记在大会报告中强调，要"统

---

① 习近平. 习近平在吉林考察时强调：坚持新发展理念，深入实施东北振兴战略，加快推动新时代吉林全面振兴全方位振兴［N/OL］，人民网—人民日报，2020 – 07 – 25. http：//jhsjk. people. cn/article/31797420.

筹职业教育、高等教育、继续教育协同创新，推进职普融通、产教融合、科教融汇，优化职业教育类型定位"，首次以马克思主义系统观、整体观阐发"三教"协同和"三融"发展思想；要求"加快建设国家战略人才力量"，首次在党中央的报告中明确将"大国工匠"和"高技能人才"纳入国家战略人才行列；提出通过推进教育数字化，建设全民终身学习的学习型社会、学习型大国；指出"健全终身职业技能培训制度，推动解决结构性就业矛盾"是就业优先战略的重要举措。①

习近平总书记关于职业教育的新论述为我国职业教育的创新发展提供了根本遵循，体现了党中央对职业教育推进中国式现代化寄予的新期待，服务科教兴国战略、人才强国战略、创新驱动发展战略、就业优先战略成为职业教育的重要使命。大学生要着眼于新发展格局，不断提高自己的职业技能水平和综合素质，树立正确的职业生涯观，增强创新意识，努力成长为堪当民族复兴重任的时代新人。

一、把握新时代就业市场大变局

"当今世界正经历百年未有之大变局"，构建和完善我国大学生就业支持体系和保障能力建设，首先需要看得见、看得懂、看得清新时代的"大变局"，顺应"大变局"下就业市场的发展变化，化解风险，把握机遇。从经济社会发展的角度来看，就业市场上的"大变局"主要有以下三个方面。

第一，增长转型阶段的就业吸纳能力下降。我国人均国民收入已超 1 万美元，中等收入群体规模超过 4 亿人口，城镇化率超过 60%，经济发展水平虽与世界最发达国家差距较大，但已处在向高收入国家转换的关键节点，未来经济发展从高速经济增长向高质量增长转变，这将是经济发展的内在规律。不同于工业化和城市化高速发展的前一个阶段，未来随着人均收入水平持续提高、中心城市和城市群人口经济的进一步集聚，人民群众在生活消费、民生保障、城市管理、教育医疗、生态环境等方面的需求将不断提升。在"十四五"时期及更长时间段内，高质量增长的中国经济，对劳动力数量的整体吸纳能力将会下降，劳动力构成结构将发生变化。

第二，科技革命带来的机遇和挑战。进入 21 世纪以来，以互联网和数字技术为代表的新一轮科技革命和产业变革正在重构全球创新版图、重塑全球经济结构。这当中，人工智能是引领这一轮科技革命和产业变革的战略性技术，具有溢出带动性很强的"头雁"效应。2022 年 11 月 30 日，由美国 OpenAI 研发的聊天机器人程序 ChatGPT（全名：Chat

---

① 习近平. 习近平：高举中国特色社会主义伟大旗帜，为全面建设社会主义现代国家而团结奋斗——在中国共产党第二十次全国代表大会上的报告［R/OL］. 新华网. 2022 - 10 - 25. http：//jhsjk. people. cn/article/32551583.

· 3 ·

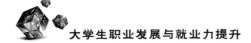

Generative Pre-trained Transformer），作为一种新兴的机器学习模型，正式发布。ChatGPT 是人工智能技术驱动的自然语言处理工具，它能够通过学习和理解人类的语言来进行对话，还能根据聊天的上下文进行互动，能够像人类一样来聊天交流，甚至能完成撰写邮件、视频脚本、文案、翻译文稿、代码、论文等任务。

根据麦肯锡全球研究院在 2022 年 1 月的就业市场趋势预测，随着科技进步，至 2030 年全球大概有 3.75 亿人口将面临重新就业，其中中国将会有 1.12 亿的可预测类体力劳动者的工作岗位被自动化和机器人取代，而创意类创新型、高端服务（如医护、教育等）和不可预测类体力劳动者的市场需求将持续上涨。相比于脑力劳动，体力劳动从业者面临的失业风险更大，而在体力劳动中，那些更依赖"可预测的体力劳动"的职业需要的自动化程度更高，也面临更大的失业风险。所谓的"可预测的体力劳动"，就是诸如食品制造、焊接等流水线的工作，这些工作的基本特点是重复操作，基本可以预测下一个动作要做什么；所谓"不可预测的体力劳动"，其工作具有较大的灵活性，如建造、林业、畜牧业等，面临的失业风险相对较小。

第三，国际化就业岗位的需求扩张。在"双循环"的新发展格局引领下，经过改革开放四十多年的发展积累，越来越多的中国企业和社会组织投身到"一带一路"等重大国际合作中，以更加开放的姿态参与全球治理，更全面、更深入、更多元的对外开放格局正在加速形成。在"十四五"时期及更长时间段内，随着中国经济国际影响力的持续提高和中国企业走出去，中国培养的大学生将会有越来越多的机会就职于国际组织和跨国企业，为中国经济高质量发展和全球治理体系改革作出贡献。

 【知识窗】

新发展格局

"新发展格局"是指以国内大循环为主体、国内国际双循环相互促进的发展格局。这是以习近平同志为核心的党中央，深刻把握我国社会主要矛盾发展变化带来的新特征新要求，着眼中国经济中长期发展作出的重大战略部署。2020 年 5 月 23 日，习近平总书记在看望参加政协会议的经济界委员时提出："逐步形成以国内大循环为主体、国内国际双循环相互促进的新发展格局，培育新形势下我国参与国际合作和竞争新优势。"[1] 随后，他多次就构建新发展格局作出部署，为我国未来发展指明了前进方向。构建新发展格局，是与时俱进提升我国经济发展水平的战略抉择，也是塑造我国国际经济合作和竞争新优势的战略抉择，对于实现我国更高质量、更有效率、更加公平、更可持续、更为安全的发展，有力拉动世界经济复苏和增长具有重要而深远的意义。

---

[1] 习近平. 习近平看望参加政协会议的经济界委员 [N/OL]. 新华网. 2020 – 05 – 23. http：//jhsjk. people. cn/article/31720746.

改革开放以来，特别是加入世贸组织以后，我国加入国际大循环，市场和资源"两头在外"，形成"世界工厂"发展模式，对我国经济快速发展、人民生活迅速改善发挥了重要作用。但是，近年来，随着国际国内形势的变化，我国的经济发展遇到了一些新情况、新问题：从国内看，经过长期努力我国人均国民生产总值超过一万美元，需求结构和生产函数发生重大变化，生产体系内部循环不畅和供求脱节现象显现，"卡脖子"问题突出，结构转换复杂性上升，从国际看，近年来西方主要国家民粹主义盛行、贸易保护主义抬头，经济全球化遭遇逆流，新冠肺炎疫情影响深远广泛，逆全球化趋势更加明显，全球产业链面临重大冲击。面对变化了的国内国际形势，必须在打通国际大循环的同时，进一步畅通国内大循环，提升我国经济发展的自主性，如此才能推动经济持续健康发展。

——摘自《澎湃新闻》，2021 年 6 月 30 日

二、职业生涯规划与思想政治教育相融合

在新发展格局下，社会竞争越发激烈，社会思潮纷繁复杂，大学生应从自身思想深处的观念和认知入手，提升思想政治素养，进而促进自身的全面发展，树立正确的价值观、职业观。

（一）职业生涯规划融入思政教育的重要性

1. 职业生涯规划融入思政教育，帮助大学生树立正确的就业观

职业生涯规划教学的主要目标就是帮助大学生科学定位，并根据自身的实际能力以及兴趣爱好等为自己规划出清晰的职业方向，防止在就业或者择业的过程中出现盲目或者懈怠等情绪。将思想政治教育与其相融合，能够引导大学生及时反思自身的能力和水平，从社会需求、就业竞争等方面，对自我规划有清晰的定位和目标，并从思想认知的层面树立正确的就业观，以积极向上、更加成熟的心态投身到社会中，为祖国的现代化建设贡献力量。

2. 职业生涯规划融入思政教育，帮助大学生明确就业目标，完善就业导向

将思政教育融入职业生涯规划，可以提高学生的思想意识以及政治意识，引导学生端正行为习惯，养成良好的职业素养以及政治素养，为以后的职业生涯奠定良好的基础，并完善就业导向，在职业生涯中发挥最大的价值。

3. 职业生涯规划融入思政教育，帮助学生明确社会职责

职业生涯规划不仅可以为学生提供就业指导，还可以让学生更好地融入社会建设中，通过思想政治教育和职业生涯规划两者的有效渗透，使得大学生对未来职业的规划更加科学化与合理化，并能够为其制定适合的发展目标，进一步明确社会职责，激励大学生努力奋斗，鼓励大学生以饱满的热情融入工作中，强化大学生的奉献精神，从而促进大学生实现全面发展。

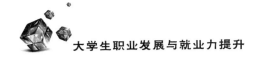

（二）促进思想政治教育与职业生涯规划的深度融合

1. 在自我探索与职业目标确立时，实现个人价值与社会价值的有机统一

思想政治教育告诉我们，个人的自我价值要与社会价值相结合。个人只有为社会多做贡献，才能更多地获得社会的尊重和满足，更好地实现自我价值。离开了个人，不可能有社会；而离开了社会，也不可能有个人。个人和社会相互创造，相互转化。大学生在进行职业生涯规划时，要充分将个人价值融入社会价值，实现个人价值与社会价值的有机统一。

2. 培养与提高就业能力，将社会主义核心价值观融入职业生涯规划

社会主义核心价值观对大学生培养和提高就业能力具有积极影响。大学生在进行职业生涯规划时，要自觉地将爱国、敬业、诚信、友善等要求融入其中，使自身职业生涯规划适应社会发展需要。

将诚信品质融入职业生涯规划中。当前，有的大学生在就业过程中存在一些不诚信的现象，比如，在填写就业推荐表、推荐材料时弄虚作假；在签定就业协议书时出现违约、不履行承诺的行为；面试时出现不诚实行为。有些毕业生在面试时为了迎合用人单位的要求或主考官的爱好，在回答主考官的问题时，信口开河，随意编造特长、爱好或经历。大学生要不断提高诚信意识，将诚信价值观融入职业生涯规划中，树立正确就业观。

将友善价值观融入职业生涯规划中。友善价值观有助于建立良好人际关系。现代社会的人际关系紧张的原因主要来自两个方面：一是社会的竞争压力，二是多元价值观所带来的差异性。友善价值观能改变大学生看待他者的视角，引导人们把其他公民当作社会生活的伙伴，而不是仅仅强调自我利益的最大化。友善价值观有助于大学生用更多的理解填充彼此之间的沟壑，建立良好的人际关系。大学生在进行职业生涯规划时，将友善价值观融入其中，对其今后职业生涯中的人际关系将带来极大的帮助。

将奉献价值观融入职业生涯规划。就业价值观是就业选择的价值引领。中华民族历来持有以民为根本、以公为要义、以国为依持的价值追求。习近平总书记给中国石油大学（北京）克拉玛依校区毕业生回信中，肯定了大学毕业生到边疆基层工作的人生选择，并"希望广大高校毕业生志存高远、脚踏实地，不畏艰难险阻，勇担时代使命，把个人理想追求融入党和国家事业之中，为党、为祖国、为人民多作贡献。"① 一是要坚定为人民服务、为国家奉献的价值理念。大学生只有把个人之小我的价值实现融入国家之大我的发展之中，才能真正成就一番圆满的人生志业。无一例外，青年大学生必须具有"位卑未敢忘忧国""苟利国家生死以，岂因祸福避趋之"的报国情怀和献身精神，方能成就个体的至上价值。二是要具有扎根基层、担负时代使命的人生境界。爱国的要义在于担当。回首五四运动以来，一代代中国青年接续前行，脚踏实地、牢记使命、敢于担当，不断书写着爱

---

① 习近平. 习近平给中国石油大学（北京）克拉玛依校区毕业生的回信［N/OL］. 新华网，2020 – 07 – 08. http：//jhsjk. people. cn/artide/31775964.

国、奉献的时代篇章。广大毕业生要以青春报国、担当奉献的楷模为榜样，扎根基层，为人民的事业挥洒汗水，彰显时代青年的卓越风范。

3. 提高法律素养，提升法治思维，将法治精神融入职业生涯规划

践行社会主义法治理念，弘扬社会主义法治精神，是高校思想政治教育的重要目标。思想政治教育中的法治理念，对于培养大学生道德素养，树立正确人生观价值观，具有重大的现实意义。大学生在进行职业生涯规划时，要不断加强对就业相关法律知识的掌握，为将来就业打好基础，做好准备。

增强维权意识，主动了解大学生就业政策和相关法律规定。大学生应主动了解国家关于大学生就业的政策和法律规定，熟悉毕业生在就业过程中的权利和义务，这是大学生就业权益保护的重要前提。大学生可通过关注就业信息发布平台和求职网站、参加就业指导和培训、参加就业招聘会等方式获取就业政策与信息，通过掌握政策、学习法律来维护自身的合法权益。

依法依规就业，慎重签订就业协议书或劳动合同。毕业生在签订就业协议及其补充条款时要注意查明用人单位的主体资格是否合法，看清协议条款是否明确合法，签订就业协议的程序是否完备，违约责任的界定是否明确等，切忌盲目填写。依照《中华人民共和国劳动合同法》第三条规定，订立劳动合同，遵循合法、公平、平等自愿、协商一致、诚实信用的原则。

增强风险防范意识，维护自身合法权益。要自觉增强风险防范意识，对于有些用人单位招聘人员时使用夸大待遇条件等欺骗手段的做法要有提防戒备心理，预防危害自身合法权益行为的发生。

【交流与讨论】

思想政治教育在大学生职业生涯规划过程中，起到哪些作用？

三、"双创"实施背景下大学生职业生涯规划

2014年9月夏季达沃斯论坛上时任总理李克强提出"大众创业、万众创新"，要在960万平方公里的土地上掀起"大众创业""草根创业"的新浪潮，形成"万众创新""人人创新"的新势态。此后，他在首届世界互联网大会、国务院常务会议和2015年《政府工作报告》等场合中频频阐释这一关键词。2018年9月18日，国务院下发《关于推动创新创业高质量发展打造"双创"升级版的意见》。2018年12月20日，"双创"当选为2018年度经济类十大流行语。2022年5月，国家税务总局更新发布了《"大众创业 万众创新"税费优惠政策指引》，《"大众创业 万众创新"税费优惠政策指引》紧紧围绕创新创业的主要环节和关键领域，进一步梳理归并成120项税费优惠政策措施，覆盖企业初创、成长、成熟整个生命周期。"大众创业、万众创新"作为新发展格局背景下我国政府

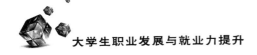

的重要战略决策，对社会发展产生了深远的影响。

（一）大学生创新创业教育训练计划内容

所谓大学生创新创业教育训练计划，指的是各大高校在引导大学生就业的过程中，针对大学生自身特点，在对市场人才需求进行全方位、多角度调查的基础上，为了实现大学生的自主就业，制定的创新创业教育训练计划。其目的在于引导大学生做好自我认知，针对自身优势选择创新创业的训练内容，明确今后就业的发展方向和目标，以便其在踏入社会后更好地选择工作岗位。大学生创新创业教育训练计划的实施，对大学生科学规划自己的人生路径，提高大学生在市场经济中的双创核心竞争力具有十分重要的意义。

大学生创新创业训练计划内容包括创新训练项目、创业训练项目和创业实践项目三类。

创新训练项目是大学生个人或团队在导师指导下，自主完成创新性研究项目设计、研究条件准备和项目实施、研究报告撰写、成果（学术）交流等工作。

创业训练项目是大学生团队在导师指导下，团队中每个学生在项目实施过程中扮演一个或多个具体的角色，完成编制商业计划书，开展可行性研究、模拟企业运行、参加企业实践、撰写创业报告等工作。

创业实践项目是大学生团队在学校导师和企业导师共同指导下，采用前期创新训练项目（或创新性实验）的成果，提出一项具有市场前景的创新性产品或者服务，以此为基础开展创业实践活动。

（二）创新创业训练背景下大学生职业生涯规划的建议

国家对创新创业愈发重视，近几年相继出台一系列创新创业政策，"大众创业、万众创新"彻底激发了社会创新创业活力。大学生在全国"双创"的大背景下，提高了创新创业意识，激发了干事创业的热情，就业观念也在逐渐转变。在"双创"背景下，大学生应不断提高创新意识，培养创新能力，将培养创新意识和提高创业能力融入职业生涯规划中。

1. 大学生要培养辩证的思维，掌握科学的学习方法

大学生思考问题时都要有自己独立的观点，遇到问题时敢于质疑并提出自己的观点，同时也要对观点加以论证。朱清时院士在总结创新能力提高的技巧的时候称，出色的科学家之所以能源源不断地有新成就，在于他们有从不枯竭的兴趣，并不断地培养自己的知觉，最后聚精会神地去研究它。由此看来，新发明、新发现和发明家的思维习惯和学习精神是分不开的。这要求我们，要摒弃社会中的不良风气和迷惑，切实发现自己的真正兴趣，并把自己的兴趣推而广之，坚持不懈地置身于发现问题和解决问题的思考中；另外，要善于用逆向思维思考问题，不断地培养自己的直觉，并把思维的灵感火花及时保存，成为研究的新发现；科学的态度也很重要，这需要我们在思考问题的时候聚精会神，真正深入每一个问题的每个层次中，否则效率的低下只会使瞬间的灵感顷刻溜走。

2．要主动营造活跃的创新氛围

创新氛围的营造能为创新行为提供环境支持，积极热烈的创新场景可以使大学生本身产生创新的意识和灵感。一方面，在大学里大学生应该积极主动营建自己的创新团体，如宿舍文化、班级文化、社团组织文化等；另一方面，大学生要积极利用好大学里的各种环境资源，如图书馆、实验室等，这些场所通常是培育和激发创新灵感的绝佳环境；同时，大学生不应该仅仅局限于大学校园，还应该主动走出校门，参加社会调研，让理论和实践相结合，在社会实践中发现问题、思考问题、解决问题，并在实际活动中及时反馈，形成最后的成果。

3．扎实学好专业知识

可以肯定，扎实的基础理论知识是创新的前提。优秀的创新成果都是饱含科技含量的，没有坚实的知识积累和深厚的知识底蕴，是不可能孕育出优良发明成果的。在大学期间，大学生一定要学好基础知识，包括数学、英语、计算机和互联网的使用以及本专业要求的基础课程，其原因是创新成果大都来源于基础知识的深层次组合。另外，如果没有打下好的基础，大学生们也很难真正理解高深的应用技术。因此，打好基础知识的根基，对于研究新发现起着至关重要的作用。但是，我们切不可因为一味埋头苦钻基础知识而放弃了对基础知识的延伸和新知识的发现，否则就陷入了片面论的泥潭中。

4．勤于实验观察，树立创新意识

目前，我国的高校在大学生学习生涯中，都安排有一定的实验课程。理工科学生安排有专业基础课的实验；文科学生安排有各种调研实验；体育、艺术学科的学生安排有一定的设计制作或训练实验。大学生应该积极地进行这些实验，努力发现并保护自己的好奇心，激发求知欲，培养创新意识。好奇心是人们对新鲜奇异事物以及纷繁复杂的大千世界进行探究的一种心理倾向，是推动我们主动积极地去观察生活、观察社会、展开创新思维的内在动因。观察是有目的、有计划的一种思维知觉，是知觉的高级形式，实验操作是锻炼大学生观察能力、培养创新意识的最重要途径。从实验目的的角度讲，实验一般可分为验证性实验和探索性实验两种。对于验证性实验，应该注重试验操作步骤的合理性和规范性，培养自己严谨的实验态度和作风；而对于探索性实验，应该灵活运用所学的科学知识，对实验过程进行全方位的想象，对多种因素进行取舍，对所得信息进行筛选，要有全局意识并善于应变。

5．积极参与科研项目，锻炼创新技能

在当今的教育模式下，大学生日常的学习和实践基本上都是验证性的活动，而选择研究课题并参与相关的科研活动，可以使其在整个科研活动中发现问题并采用有效的方法和途径去解决问题。参与科研实践项目，可以培养大学生的信息加工能力、动手操作能力、创新技术的运用能力、创新成果的表现能力及物化能力等创新技能，进而提高大学生的创新能力。

【交流与讨论】

1. 通过查阅资料，在课堂上交流提高创新能力的方法。
2. 大学生应从哪些方面着手，提高自己的创业能力？

四、中华优秀传统文化融入大学生职业生涯规划

中华优秀传统文化是我们国家和民族进步发展的文化基础，我国文化底蕴深厚，将其融入大学生职业生涯规划教育中，可以增强其课程内容的丰富性，获得大学生的价值认同，提升课程的实效性。通过优秀传统文化教育，可以引导大学生合理规划人生，帮助其形成正确的职业价值观，在精神上真正成人，进而促进大学生更好地就业。同时，这也是对习近平新时代中国特色社会主义思想和党的二十大精神的贯彻落实，是对习近平总书记关于全国教育大会精神和全国职业教育大会精神的落实，更是对《国家职业教育改革实施方案》的实践。大学生应努力学习优秀传统文化，将优秀传统文化与职业生涯规划相结合，不断提高自身素质，用优秀传统文化知识提升自己。

（一）汲取传统文化中的自我认知智慧，科学自我评估

很多大学生由于缺乏对自我的了解而难以明确自己毕业后能做什么工作，所以在职业生涯规划教育中，应基于问题导向，根据自身的能力和需求，结合职业要求，明确自身的职业发展方向，能够站在客观的角度认识自己，了解自己的优势，明确自身存在的不足，从而合理确定职业发展目标。在我国传统文化中，有很多关于自我认识的名人名言可以启发大学生增强对自身的了解，明确自己的喜好，明晰未来发展方向等，这样才能更好地发挥职业生涯规划的作用，让大学生学有所获。另外，还有"人贵有自知之明"等诸多古人先贤的言论，能够帮助学生更好地进行自我评估，思考自己适合从事哪些职业。通过自我分析，大学生能够合理制订职业生涯规划目标。

（二）汲取传统文化中的自强意识，认清社会形势

现阶段，很多大学生对职业生涯规划存在思想上的阻碍，不能从心里产生正确认识，主要表现为缺少自信心，很容易产生消极心理，认为自己毕业后不能找到喜欢的工作，或者过于自信，认为自己的能力适合更高薪的工作，不愿意在小城市发展，即使在大城市中找不到工作，也不愿意回到小城市。这些观念的存在，不仅很容易打击大学生就业的信心，也严重影响了学生的价值观，使其产生消极的心理。这种现象的出现，主要是受当前社会整体急功近利大环境的影响，导致大学生不能科学地认识社会形势。我国优秀传统文化中有很多关于自强不息的内容，如"天行健，君子以自强不息""不积跬步无以至千里"等，能够帮助大学生形成自强的思想观念，培养艰苦朴素的精神，并且要一步一个脚

印地成长，不要好高骛远。另外，传统文化中还涵盖了很多提升精神境界、重视满足精神需求的思想内涵。这些精神内涵能够引导大学生形成正确的思想观念，培养高尚的职业操守，塑造内外兼修的大学生形象。这样不仅能够为大学生职业生涯规划奠定坚实的基础，保障其科学性和实用性，也能促进大学生形成正确的职业价值观，明确自身专业能力与实际岗位需求的差距，对大学生职业生涯规划起着至关重要的作用。

（三）汲取传统文化中的道德修养智慧，提升自身思想道德素质

当代大学生面临着各个方面的压力，如学业方面、求职方面以及生活方面等，如何更好地应对这些压力，形成自强不息的品格，是对大学生的基本要求。一直来以我国传统文化多元发展，其中涵盖了很多关于道德修养的内容，充分发挥这些文化的引领作用，可以有效提升大学生的道德修养。对传统文化深入挖掘，找出其中关于教化的内容，熏陶学生的思想品德，让学生从心灵深处认同传统文化，进而自觉吸收其中的精华，实现高素质文化人才培养的目标。

（四）汲取传统文化中的爱国主义精神，培养高尚的爱国情操

我国传统文化中始终不变的主题就是爱国主义，爱国主义是人们报效祖国的一种社会意识，不仅深深烙印在人们的思想上，还融入人们的行为举止中，是中华民族的优秀品格，更是实现民族长远发展的精神动力。在传统文化中，不管是战国时期的"长太息以掩涕兮，哀民生之多艰"，还是明清的"保天下者，匹夫之贱与有责焉耳矣"，人们始终将爱国主义当作人生理想。这些名言警句不仅是传统文化价值观念的体现，更是深厚爱国主义观念的反映，正是有这些流传下来的传统文化，才培育出中华民族的一身正气。要实现中华民族的伟大复兴，就要不断弘扬爱国主义精神，为国家的繁荣富强带来强大的精神动力。爱国主义是中华民族的精神基础，牢牢扎根于每个中国人心中，保障着中华民族的和谐统一，也促使一代又一代人为了国家繁荣发展而不断努力。在无垠的历史长河中，中华民族之所以能够不断发展，薪火相传，主要就是凭借着经久不衰的爱国主义传统。习近平总书记强调，要把爱国之情、报国之志融入祖国改革发展的伟大改革事业之中、融入人民创造历史的伟大奋斗之中，从自己做起，从本职岗位做起，为实现"两个一百年"奋斗目标、实现中华民族伟大复兴的中国梦贡献智慧和力量。[①] 因此，大学生在进行职业生涯规划过程中，必须将爱国主义相关内容融入其中，激发自己的爱国情感，促使自己的就业观念不断更新，走在时代发展的前沿，认识到自身承担的历史使命，在实现个人理想的同时，实现报效国家的远大抱负。

---

① 习近平. 习近平对黄大年同志先进事迹作出重要指示 ［N/OL］. 新华社，2017 - 05 - 25. http：// jhsjk. people. cn/article/29300355.

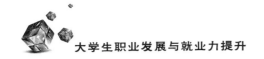

五、无边界职业生涯背景下的大学生职业生涯规划教育

（一）无边界职业生涯发展概述

无边界职业生涯理念，是一种新型的理念，强调以就业能力（employ ability）的提升替代长期雇佣保证，使员工能够跨越不同组织实现持续就业。在此背景下，如何实施大学生职业生涯规划教育值得探究。

从 20 世纪 80 年代开始，个人与组织的关系就不再那么紧密，人们在单一组织中工作的时间在缩短，主要在不同组织间流动以满足职业发展的需要，学者们把这种新的职业生涯模式称为"无边界职业生涯"（boundless career）。

传统职业生涯与无边界职业生涯的区别集中反映在职业生涯成功标准和职业生涯对就业者职业能力的要求两个方面。从无边界职业生涯成功标准与传统职业生涯成功标准的评估要素看，无边界职业生涯成功的评估标准是内在的，建立在就业者个人的心理感受基础上，传统职业生涯成功的评估标准是外在的，建立在社会的评估评价基础上。无边界职业生涯成功评估标准包括两个方面，一是基于就业者职业生涯过程的成功，如丰富而有成就感的经历本身，工作展开过程中工作与家庭的良好平衡，职业过程所增加的就业者知识、所增长的就业者能力，职业过程中所建立的丰富的就业者社会关系网络等；二是就业者内心感受到的成功，如脱离了组织等级权威和时间限制后所感受到的自由、实现工作与个人兴趣一致之后所感受到的快乐、个人人生的价值成就等。传统职业生涯成功评估标准也包括两个方面，一是基于就业者职业生涯结果的成功，如薪酬的增长、职位的提升、工作的连续性保障等；二是基于纯社会因素的评价，如就业者职业本身的社会声望，绝对意义上有吸引力的高工作报酬，社会对于就业者职业的认可、称许等。

（二）转变就业观念，适应无边界职业生涯发展时代

在无边界职业生涯背景下，大学生职业能力内涵与传统职业能力内涵已经大有不同，从职业生涯展开的角度看，不仅包括了最初就业能力、未来胜任能力，还包括了职业转换能力，这对大学生专业能力、社会能力和方法能力的培养提出了新要求。对于高等学校、大学生和社会组织而言，适应无边界职业生涯背景下的职业能力新观念，不仅反映了经济、技术快速发展的外在时代要求，也反映了高等学校、大学生和社会组织的内在发展要求。作为准职业人的大学生，其职业能力要求没有终点，只有新起点，正如其职业生涯即将开启，并在无边界职业生涯背景下不断重启一样。

在无边界职业生涯时代，工作能力成为决定个人职业生涯发展的第一要素，大学生需要加强以可迁移技能培养为主的就业能力的培养，这里的可迁移能力包括两个部分。第一

部分是扎实的专业能力。这是在行业内跨越组织的核心能力，不仅要求大学生掌握系统的理论知识，更要求大学生能够将理论应用于实践，并且可以在不同的组织和岗位上通用。第二部分是非专业能力。比如沟通、协调、组织、策划等能力，这些能力不仅可以帮助大学生跨越组织，甚至可以帮大学生跨越行业或职业，因此，大学生需要以终身学习为目标，系统学习理论知识，锻炼实践技能，涵养职业素养，不断提高自身的就业能力，以高绩效换取可雇佣性。

除此之外，大学生要不断提高创新能力。创新能力包括创新意识、创新思维、创新精神。大学生创新能力的培养，一是大学生要形成勤奋刻苦、积极向上的精神，积累强大的心理资本。天才出于勤奋，成功源于心态，心理资本是促进大学生个人成长和今后职业绩效提升的心理资源，包含了自我效能感、情绪、智力等因素，是大学生个人职业生涯成功的内因和基础。二是要关注大学生的兴趣和好奇心。心理学认为，兴趣和好奇心是个体遇到新奇事物或处在新外界条件下所产生的注意、提问、操作的心理倾向，是个体学习的关键内在动机，也是创新型人才应具备的重要素质。关注大学生的兴趣和好奇心，可以实现大学生的学习从他律走向自律。三是要培养大学生的专业直觉和洞察力。所有职业都建立在相关专业的基础上，创新型人才必须具有专业上的直觉和洞察力，学校教育应该锐化大学生的这种专业能力，而不是标准化的规模生产。

【交流与讨论】

说说在无边界职业生涯时代，大学生应着重培育自己的哪些能力以适应今后的工作岗位。

 【榜样力量】

"两弹一星"功勋于敏：踏踏实实地做一个"无名英雄"

人物小传：于敏，著名的核物理学家，生于1926年8月16日，1949年毕业于北京大学物理系。他填补了我国原子核理论的空白，对我国科技自主创新能力的提升和国防实力的增强做出了开创性贡献。

"我不能有另一种选择"

于敏生前的卧室里，一本《三国演义》摆放在案头。和煦的阳光从窗口透进来，照着泛黄起皱的封皮。可想而知，那位温文尔雅的主人，曾经多少次倚在窗前的靠椅上，翻阅着心爱的书籍。

其实，于敏自己也没想到这辈子会与氢弹结缘，更没想过个人与国家的命运会紧紧联系在一起。当时，正在中国科学院原子能研究所工作的他，原本以为会在钟爱的原子核理论研究道路上一直走下去。然而，一次与时任二机部副部长、原子能研究所所长钱三强的谈话，让他的人生发生了重大转变。1961年1月的一天，雪花飘舞，于敏应邀来到钱三强的办公室。一见到于敏，钱三强就直言不讳地说："经所里研究，报请上级批准，决定让你参加热核武器原理的预先研究，你看怎样？"

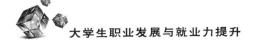

从钱三强坚毅的眼神中，于敏立刻明白，国家正在全力研制第一颗原子弹，氢弹理论的预先研究也要尽快进行。

于敏感到很突然，甚至还有几分不解。一向沉默的他，喜欢做基础理论研究。不过，于敏没有犹豫，因为他忘不了童年"亡国奴的屈辱生活"带给他的惨痛记忆。

"中华民族不欺负旁人，也不能受旁人欺负，核武器是一种保障手段，这种民族情感是我的精神动力。"于敏后来这样说。

"我们国家没有自己的核力量，就不能真正地独立。面对这样庞大又严肃的题目，我不能有另一种选择。"这是于敏当时的想法。

这个决定，改变了于敏的一生。自此开始了隐姓埋名的生活，把自己的一切奉献给了我国的核武器科技事业。

"土专家"的"真把式"

未曾出国留学的于敏，自谦是"地道的国产"。但他对自己的学生说，"土专家"不足为法，科学需要开放交流和开阔视野。因此，他鼓励学生出国留学，但有一个条件——"开过眼界后就回国作贡献"。

氢弹理论的探究是一个全新的领域，当时被核大国列为涉及国家安全的最高机密。因此，要在短期内实现氢弹研制理论上的突破，绝不是一件轻而易举的事。

干惊天动地的事，做隐姓埋名的人。为了尽快研制出我国自己的氢弹，于敏和同事们知难而进、昼夜奋战。然而，有好长一段时间，他们始终找不到氢弹原理的突破口。

重大转折点发生在那一年秋天，于敏带领一批年轻人前往外地用计算机进行优化计算。在"百日会战"里，他和同事们找到了突破氢弹的技术途径，形成了从原理、材料到构型完整的氢弹物理设计方案。

氢弹原理一经突破，所有人斗志昂扬，恨不得立马造出氢弹。但是原理还需经过核试验的检验。

试验场远在西北大漠，生活条件相当艰苦，吃的是夹杂沙子的馒头，喝的是苦碱水；茫茫戈壁上飞沙走石，大风如刀削一般，冬天气温达−30℃，道路冻得像搓衣板……而于敏都甘之若饴。

1966年12月28日，氢弹原理试验取得圆满成功。1967年6月17日，我国又成功进行了全威力氢弹的空投爆炸试验。

试验成功的那一刻，于敏很平静，"回去就睡觉了，睡得很踏实"。

直到于敏的工作逐步解密后，他的妻子孙玉芹才恍然大悟："没想到老于是搞这么高级的秘密工作。"

踏踏实实地做一个"无名英雄"

在我国第一颗氢弹成功空投爆炸指挥现场，于敏凝望着半空中腾起的蘑菇云，一言不发，直至听到测试队报来的测试结果时，才脱口而出："与理论预估的结果完全一样！"

尽管在氢弹研制中居功至伟，但对别人送来的"中国氢弹之父"的称呼，于敏并不接受。于敏说："核武器的研制是集科学、技术、工程于一体的大科学系统，需要多种学科、多方面的力量才能取得现在的成绩，我只是起到了一定的作用，氢弹又不能有好几个'父亲'。"

完成了时代赋予的使命，于敏没有停止追寻的脚步。为了研发第二代核武器，于敏隐身大山，继续加班加点搞科研，他的身体变得越来越虚弱，几次与死神擦肩而过。

此身长报国，拿命换科研，这是何等的奉献！在那些日子，于敏常常会想起诸葛亮，矢志不渝，六出祁山。

1984年冬天，格外地冷。于敏在西北核试验场进行核武器试验，他早已记不清自己是第几次站在这严寒的戈壁上。

"臣受命之日，寝不安席，食不甘味……"在试验前的讨论会上，于敏和陈能宽感慨地朗诵起了诸葛亮的《后出师表》。

不同于蜀汉丞相的"出师未捷身先死"以及"知其不可为而为之"，于敏的事业是"可为""有为"的。就像他沉默的事业一样，于敏是个喜欢安静的人。他曾对身边人说，别计较有名无名，要踏踏实实地做一个"无名英雄"。

这种"安静"，在于敏子女的记忆中却有点模糊。儿子于辛小时候对父亲的记忆就是一个字：忙。"整天待在房间里想东西，很多人来找他。"女儿于元亦很难觅寻儿时对父亲的记忆，因为父女俩不曾有太多交流。

于敏对"安静"有着自己的解释："所谓安静，对于一个科学家，就是不为物欲所惑，不为权势所屈，不为利害所移，始终保持严谨的科学精神。"他倾慕文天祥的威武不屈以及"丹心照汗青"，这丹心于他就是坚持科学，就是献身宏谋。

正如他73岁那年在一首题为《抒怀》的七言律诗中表达的那样，即使"身为一叶无轻重"，也要"愿将一生献宏谋"。

"于敏先生那一代人，身上有一种共性，他们有一种强烈的家国情怀。这种精神影响了一代又一代人，希望这种精神能够不断传承下去。"与他一起工作了50多年的中国工程物理研究院原副院长杜祥琬说。

一棵大树俯身而卧的地方，正在长出一片森林。

——来源：解放军报，2019－04－12

本章自我小结

【实践训练】

训练一：有规划的人生才是精彩的人生

读下面这则故事，按要求完成后面的问题。

四只毛毛虫的故事

毛毛虫都想要吃苹果，有四只要好的毛毛虫，各自去森林里找苹果吃。

第一只毛毛虫跋山涉水，终于来到一棵苹果树下。可是它根本就不知道这是一棵苹果树。当它看到其他的毛毛虫往上爬时，便稀里糊涂地就跟着往上爬。不知自己到底想要哪一种苹果，也没想过怎么样去找到苹果。它的最后结局呢？也许找到了一颗大苹果，幸福地生活着；也可能在树叶中迷了路，或是因为没有坚持住，放弃了。不过可以确定的是，大部分的毛毛虫都是这样活着的，没想过什么是生命的意义，为什么活着。

第二只毛毛虫也爬到了苹果树下。它知道这是一棵苹果树，也确定它的"虫"生目标就是找到一颗大苹果。问题是它并不知道大苹果会长在什么地方？但它猜想：大苹果应该长在大枝叶上吧！于是它就按这个标准一直往上爬，最后终于找到了一颗苹果。当这只毛毛虫向周围一看，发现这颗苹果是全树上最小的一个。如果这只毛毛虫能够提前做好计划，在上一次选择另外一个分枝，它就能得到一个大得多的苹果。

第三只毛毛虫也到了一株苹果树下。这只毛毛虫知道自己想要的就是大苹果，并且研制了一副望远镜。还没有开始爬时就先利用望远镜搜寻了一番，找到了一颗很大的苹果。它很细心地从苹果的位置，由上往下反推至目前所处的位置，记下这条确定的路径。于是，它开始往上爬了。这只毛毛虫认为自己一定会达到自己的目标，可是由于它的爬行相当缓慢，当它抵达时，苹果不是被别的虫捷足先登，就是苹果已熟透而烂掉了。看来只顾眼前的苹果也是不行的。

第四只毛毛虫可不是一只普通的虫，做事有自己的规划。它知道自己要什么苹果，也知道苹果将怎么长大。因此当它带着望远镜观察苹果时，它的目标并不是一颗大苹果，而是一朵含苞待放的苹果花。它计算着自己的行程，估计当它到达的时候，这朵花正好长成一个成熟的大苹果，它就能得到自己满意的苹果。经过了细致的规划和坚持不懈的努力，这只毛毛虫终于按照自己的规划得到了一个又大又甜的苹果。

上面的故事，对你有什么启示呢？你对生涯规划有了进一步的理解了吗？

请分别列出你对生涯和生涯规划的认知，憧憬你未来的生涯，然后与你的朋友或者同学们分享你的想法。

生涯就像……

生涯规划是……

我希望未来的生涯……

训练二：我的生命线

生命线是你我都有的东西，世间有多少人，就有多少条生命线。生命线就是每个人生命走过的路线。该训练就是画出你人生的路线图。

请备两支不同颜色的笔，一支较鲜艳，一支较暗淡，要用颜色区分心情。

▶生命分为若干阶段，你会怎么分段呢？

1. 幼儿园—小学—初中—高中—大学……

2. 3 岁—6 岁—12 岁—15 岁—18 岁……

3. 萌芽—备受期望—不如预期—陷入困境—寻求突破……

请将你的分段点标示在下面图中的横线上，并标识出你现在的年龄。

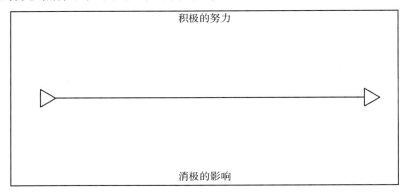

▶请在你标识的左边，即代表着过去岁月的那部分，仔细回想曾经影响你的重要事件、重要想法、重要任务、做了什么决定等，让你成为现在的"自己"。

▶哪些经验或事件对你的影响是正面的，哪些经验或事件对你的影响是负面的？

根据带给你的快乐和期待的程度，请将正面的影响事件标在线的上方；根据带给你的挫折和困难的程度，请将消极的影响事件标在线的下方。

▶试着以说故事的方式，分享你的生命经验。

分享：

你现在如何看待这些事情？

这些事情与你的生涯有什么关系？

这样的经历让你有何不同？

这些事情是如何影响并促成当前的你？

第二章　探寻认识自我

古人云："知己知彼，百战不殆。"所以"知己"应是首要任务。即将从象牙塔走向职场，开启人生新旅程的我们，想要准确地找到自己的方向，必须要对自己有一个清晰、准确的认识。在认清自己优点和缺点的同时，结合社会现状，客观地评估自己，以此规划自己的职业生涯。

【学习目标】

1. 了解性格、兴趣、能力和价值观的含义及其与职业的关系。

2. 自觉审视自我，在性格、兴趣、能力和价值观等多方面对自身进行客观分析和评价。

【名人名言】

坚持做自己想做的事情，努力做好自己分内的事情。

——丁磊

【本章思维导图】

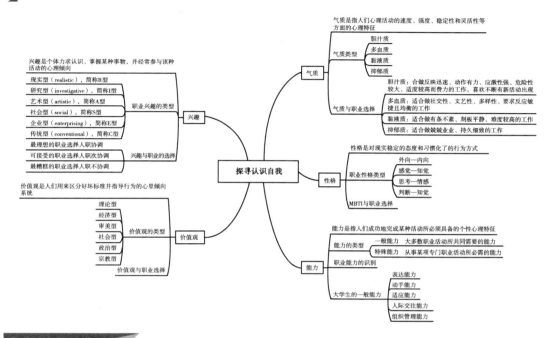

【案例导入】

我的职业方向是什么

婷婷是一个活泼开朗、充满青春气息的女孩，就读于会计学专业，上大学以来成绩优异、表现突出，同学们都很喜欢她，觉得她的职业前途很好。然而婷婷自己却很苦恼，她不喜欢自己的专业，想转专业但又不知道什么专业适合自己，因此向咨询师求助。

婷婷："老师，我现在很迷茫，不知道自己的职业方向到底在哪里？"

咨询师："能说说你为什么不喜欢自己的专业吗？"

婷婷："整天和数字打交道，缺乏变化和创新，我觉得很闷、很没意思。"

咨询师："当初高考报志愿时，这个专业是你自己选择的吗？"

婷婷："是妈妈建议的，我也不了解。入学后抱着'学一行，爱一行'的理念，一直学习比较认真，学习成绩还过得去，现在是学生会的一个部长，还是校报记者，偶尔写写新闻、拍拍照片，老师对我评价也不错。渐渐地，随着专业课的深入学习，我突然发现自己并不喜欢这个专业，将来也不想从事本专业的职业，现在渴望能选择一个真正适合自己的、自己也比较喜欢的职业。"

咨询师："那么你想做什么职业呢？"

婷婷："只有一些朦胧的感觉，还不是很清楚。尤其现在才读大一，大三时将面临未来职业选择。妈妈建议我继续深造升本，我有点抓狂了。"

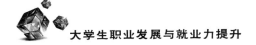

咨询师建议婷婷完成霍兰德职业兴趣测评。结果显示，婷婷的职业兴趣偏向社会型和企业型，说明她喜欢与人打交道，喜欢变化和创新，喜欢在快速变化的环境中从事创造性和开拓性的工作，但对重复性和细节性的工作缺乏兴趣和耐心。

"我觉得测评结果挺符合我。其实在做测评时，我就一直在思考，我觉得我是一个喜欢和人打交道、喜欢挑战和变化的人。我喜欢有一个团队，大家一起解决问题，即使再累再辛苦，我也会觉得很开心。就像我们曾组队参加一个产品的校园设计推广活动方案比赛。我们6个人合作得非常好，查资料，做调查，提出方案。虽然当时经常加班，但我觉得很充实、很有成就感。"咨询师现场就能感受到婷婷眉飞色舞的兴奋。

为进一步了解婷婷的工作价值观，咨询师让她从15项工作价值观中挑选出自己最看重的5项。婷婷选择了"成就感、创造性、经济报酬、同事关系、智力激发"这几项。看来，婷婷非常看重自我的提升和成就，希望能够不断挑战和提升自己。

咨询师说："现在你知道哪些职业比较符合你的兴趣和价值观吗？"

婷婷摇头，"销售？管理咨询？……但是，父母希望我从事与专业对口的工作，他们说转行会付出很大代价，很多东西要从头学起，在求职时也没有竞争力，我自己也拿不定主意。"

咨询师说："看来你对职业的了解不够。选择职业如果只凭感觉是不能做好规划的，知己知彼，才能和自己的性格、兴趣、能力以及现实可行性进行匹配，否则父母的担心可能会成为现实。"

婷婷问："那我该怎样去深入了解职业呢？"

咨询师给婷婷介绍了一些了解职业信息的方法，比如阅读职业介绍的书刊、查询目标企业网站、浏览相关的职业搜索网站、参加招聘会、实地参观、社会实践、实习、进行生涯人物访谈，等等。同时提醒婷婷，职业规划并不是绝对的，任何职业和个人都不能实现百分之百的匹配。婷婷现在大一，显然转专业不太现实，但是不要让自己局限在一个职业范围内，而是要开阔视野，充分了解自我和职业，并根据现实情况调整和修正自己的职业方向，最终达到选择理想职业道路的目标。

你了解自己吗？你知道自己适合什么样的职业吗？本章让我们一起了解性格、兴趣、能力和价值观与职业的关系。

【理论链接】

一、兴趣

伟大的科学家爱因斯坦说过："兴趣是最好的老师。"这就是说，一个人一旦对某事物有了浓厚的兴趣，就会主动去求知、去探索、去实践，并在求知、探索、实践的过程中产生愉快的情绪和体验。

（一）什么是兴趣

兴趣是个体力求认识、掌握某种事物，并经常参与该种活动的心理倾向，或者说，兴趣是一个人积极探究某种事物的心理倾向。我们每个人都有自己的兴趣，比如有的人喜欢读书、写作，有的人喜欢运动、摄影。兴趣是我们每个人认知需要的心理表现，使我们优先注意某些事物，并带有积极的情绪色彩。

心理学研究表明，如果一个人对某项工作有兴趣，就能使其发挥他全部才能的80% ~ 90%，并且能长时间地保持高效率而不感到疲劳。相反，如果一个人对某项工作不感兴趣，在这方面只能发挥其全部才能的20% ~ 30%，而且还容易感到疲劳、厌倦。

（二）职业兴趣的类型

美国著名的职业生涯指导专家霍兰德（Holland）认为，职业兴趣可以分为六种类型，而所有的职业也可以划分为相应的六种类型。当兴趣和职业匹配的时候，我们的满意度和成就感都会比较高，个体比较容易发挥出自己的优势。反过来，如果兴趣和职业不匹配，工作就会变得索然无味，轻则无精打采、垂头丧气，重则导致职业生涯的彻底失败。

1. 现实型（realistic），简称 R 型

R 型的人的共同特点：有运动和机械操作的能力，愿意使用工具从事操作性工作，动手能力强，做事手脚灵活，动作协调；偏好于具体任务；不善言辞，做事保守，较为谦虚，缺乏社交能力，通常喜欢独立做事，喜欢机械、工具、植物或动物，偏好户外活动。

R 型的人的典型职业：R 型的人喜欢使用工具、机器，需要基本操作技能的工作，对从事与物件、机器、工具、运动器材、植物、动物相关的职业有兴趣，并具备相应的机械操作方面的才能和体力。其适合的职业有技术性职业（飞行员、测量师、计算机硬件人员、摄影师、制图员、机械装配工）和技能性职业（木匠、厨师、技工、修理工、一般劳动职业、机械自动化职业）。

2. 研究型（investigative），简称 I 型

I 型的人的共同特点：喜欢观察、学习、研究、分析、评估和解决问题。I 型的人是思想家而非实干家，通常抽象思维能力强，求知欲强，肯动脑，善思考，不愿动手；喜欢独立的和富有创造性的工作；知识渊博，有学识才能，不善于领导他人；考虑问题理性，做事追求精确，喜欢逻辑分析和推理，不断探讨未知的领域。

I 型的人的典型职业：I 型的人喜欢智力的、抽象的、分析的、独立的定向任务，具备智力或分析才能，并将其用于观察、估测、衡量，形成理论，最终解决问题的工作，并具备相应的能力。其适合的职业有科学研究人员、教师、工程师、实验室助理、电脑编程人员、医生、医学技术人员、系统分析员等。

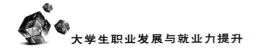

3．艺术型（artistic），简称 A 型

A 型的人的共同特点：有艺术、直觉、创造的能力，喜欢运用想象力和创造力，在自由的环境中工作；乐于创造新颖、与众不同的成果，渴望表现自己的个性，实现自身的价值；做事理想化，追求完美，不重实际；有个性，善于表达，怀旧，心态较为复杂。

A 型的人的典型职业：A 型的人喜欢的工作要具备艺术修养、创造力、表达能力和直觉，并具备将其用于语言、行为、声音、颜色和形式的审美、思索和感受的能力。A 型的人不善于从事事务性工作，适合的职业如艺术方面的职业（演员、导演、室内设计师、雕刻家、建筑师、摄影家、广告制作人、舞台指导）、音乐方面的职业（歌唱家、作曲家、乐队指挥、音乐家），文学方面的职业（小说家、诗人、剧作家）、时尚方面的职业（时尚导购员、色彩顾问、造型师）等。

4．社会型（social），简称 S 型

S 型的人的共同特点：喜欢与人交往，喜欢不断结交新的朋友，善言谈，擅长与人相处，喜欢教导、帮助、启发或训练别人；关心社会问题、渴望发挥自己的社会作用；寻求广泛的人际关系，比较看重社会义务和社会道德。

S 型的人的典型职业：S 型的人喜欢需要与人打交道的工作，能够不断结交新的朋友，也愿意从事提供信息、启迪、帮助、培训、开发或治疗等工作，并具备相应能力。其适合的职业有教育工作（教师、教育行政人员、培训师）、社会工作（咨询顾问、公关人员、临床心理学家）和其他服务工作（护士、宗教工作者）。

5．企业型（enterprising），简称 E 型

E 型的人的共同特点：喜欢和人群互动，比较自信，有说服力、领导力，重视政治和经济上的成就；追求权力、权威和物质财富，具有领导才能；喜欢竞争，敢冒风险，有野心和抱负；为人务实，习惯以利益得失（权利、地位、金钱等）来衡量做事的价值，做事有较强的目的性。

E 型的人的典型职业：E 型的人具备经营、管理、劝服、监督和领导才能，能够将其用于实现机构、政治、社会及经济目标等方向的工作，并具备相应的能力。其适合的职业有项目经理、销售人员、管理人员、商人、电视节目制作人、旅游产品推广员、政府官员、企业领导、法官、律师等。

6．传统型（conventional），简称 C 型

C 型的人的共同特点：尊重权威和规章制度，有写作或数理分析的能力，能够听从指示，完成琐碎的工作；喜欢按计划办事，细心、有条理，习惯接受他人的指挥和领导，自己不谋求领导职务；喜欢关注实际和细节情况，通常较为谨慎和保守，缺乏创造性，不喜欢冒险和竞争，富有自我牺牲精神。

C 型的人的典型职业：C 型的人喜欢从事资料工作，喜欢要求注意细节、精确度、有系统有条理的事物，擅长记录、归档，或根据特定要求或程序组织数据和文字信息，并具备相应能力。其适合的职业有秘书、办公室人员、记事员、会计、行政助理、图书馆管理员、出纳员、打字员、投资分析员、税务人员等。

任何一种职业大体都可以归属于上述六种类型中的一种或几种类型的组合。而人们一般都倾向于寻找与其兴趣类型相一致的职业，承担令其愉快的工作和角色。霍兰德划分的这六种类型并不是并列的，他提出了一个六边形模型（如图2-1所示），来说明这些职业兴趣类型之间的关系。六种类型按照特定顺序组成了一个六边形，每两种类型之间距离的长短反映了他们关系的密切程度。

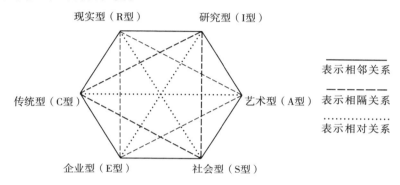

图2-1 六角形模型对人格特质和职业环境之间相似关系的描述

从图2-1可以看出，每一种兴趣类型与其他类型之间存在不同程度的关系，大体可描述为三类。

第一种是相邻关系，如现实型与研究型、研究型与艺术型、艺术型与社会型、社会型与企业型、企业型与传统型、传统型与现实型。属于相邻关系的两种类型之间共同点较多。例如，同现实型处于相邻位置的是传统型和研究型，这三种类型的人都不太喜欢人际交往，工作对象都是事物，这三种职业环境中也都较少有机会与人接触，都是一些需要埋头苦干的独立的工作。

第二种是相隔关系，如现实型与艺术型、现实型与企业型、研究型与传统型、研究型与社会型、艺术型与企业型、社会型与传统型。属于相隔关系的两种类型之间共同点就没那么明显了。

第三种是相对关系，在六边形上处于对角位置的类型之间即为相对关系，如现实型与社会型、研究型与企业型、艺术型与传统型。处于相对关系的性格类型共同点就非常有限了。例如，现实型与社会型在职业六边形上处于相对的位置，现实型的人愿意使用工具，从事操作性工作，不善言辞，缺乏社交能力，而社会型的人喜欢与人交往，善言谈，善于结交新的朋友，愿意教导别人。

（三）兴趣与职业选择

人在职业领域中的许多行为特征都取决于其兴趣类型，我们可以根据兴趣的有关理论

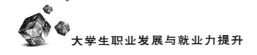

和知识对人的行为进行预测，从而进行职业选择、工作转换以及职业规划和培训。

1．最理想的职业选择是人职协调

依据六边形模型，最为理想的职业选择就是尽可能找到跟自己兴趣类型重合的项目或行业，实现人职协调。比如，现实型的人可以选择餐饮、加工制造等，艺术型的人可以开办公关公司、演艺公司、花店、婚庆公司等。这时，我们会对自己从事的职业活动表现肯定的态度，有求知欲和探索欲，能吸引自己的注意力，会使我们乐在其中，全力以赴。一个感兴趣的行业或一份感兴趣的工作会使我们对自己、对事业都充满信心，不论遇到怎样的困难和挫折，都会义无反顾地追求自己情有独钟的事业。

2．可接受的职业选择是人职次协调

就大学生求职的现实而言，过于执着地追求人职协调会在无形中增加我们求职的难度，缩小我们的选择范围。其实我们还有一种可接受的职业选择，就是寻找与兴趣接近的职业。比如，社会型的人可以做企业型的工作，由于两种类型在六边形上处于相邻位置，它们的关系密切、共同点很多。我们经过努力和调整也可能适应职业环境，实现人职次协调。

3．最糟糕的职业选择是人职不协调

最糟糕的职业选择是什么？就是选择了跟自己的兴趣根本对立的职业，比如，让艺术型的人待在办公室里做行政工作，让研究型的人去做销售经理……在这种情况下，人很难适应所处的环境和所做的事情，也不太能感受到工作的乐趣，甚至无法胜任工作。这就是人职不协调的结果。

【交流与讨论】

1．你的兴趣到底是什么？

2．你的职业兴趣倾向于哪个方面？

3．你的职业兴趣属于哪种类型？

二、价值观

俗话说："人各有志。"这个"志"表现在职业选择上就是职业价值观，它是一种具有明确的目的性、自觉性和坚定性的职业选择的态度和行为，对一个人的职业目标和择业动机起着决定性的作用。

（一）什么是价值观

价值观是人们用来区分好坏标准并指导行为的心理倾向系统。心理学将价值观归为个性倾向性的一种。个性倾向性决定人的心理活动的选择性、对事物不同的态度以及各种行为模式，标志着一个人憧憬什么、追求什么、争取什么、坚信什么、喜欢什么、嫌弃什么和什么驱使他活动等。其中，价值观为人的行为提供充分理由，是浸透于整个个性中支配着人的行为、态度、观点、信念、理想的一种内心尺度。这种尺度具有四种特征：一是价值观具有主观性，每个人对于得失、荣辱、福祸、善恶的标准都不一样，主要取决于自身需要；二是价值观具有选择性，价值观是我们出生后在社会实践中逐渐萌发和形成的，儿童时期的价值观主要源于对父母和亲近的人的模仿，到了青年期，随着自我意识成熟，我们会主观地、有意识地进行自由选择；三是价值观具有稳定性，一个人的价值观一旦形成，就会相对稳定、持久，不易发生变化；四是价值观具有社会历史性，时代的变迁、生活的变化会改变人们的观念，所以价值观会表现一定的社会属性。

（二）价值观的类型

对价值观的科学研究，最早可追溯到 20 世纪 30 年代。20 世纪 30 年代初，美国心理学家阿尔波特等人制订了一份"价值观研究量表"，用来测量六种基本价值观（理论型、经济型、审美型、社会型、政治型和宗教型）的相对强度。

1．理论型

理论型的人以探求事物本质为人的最高价值，他们是经验的、理性的、批判的，主要兴趣在于发现真理。他们致力于通过观察、分析、推理等方法探索事物的联系与区别。这种类型的人爱钻研，求知欲强，自制力强。理论型的人活动和生活的主要目的是将自己的知识系统化、条理化，多忽视生活的其他方面。

2．经济型

经济型的人以谋求利益为最大价值，他们趋向于现实和实用事物，是务实派，对行之有效的各行各业的实际事物都给予关注。他们认为一切工作都要从实际需要出发。他们重视财力、物力、人力和效能，对一切事物都从经济观点出发，判断其实用程度。

3．审美型

审美型的人以感受事物的美为人生最高价值，他们的主要兴趣在于使事物变得更有魅力。具有此种价值取向的人重视形象美与心灵美的和谐，善于审视美好的情景和欣赏多种情趣。他们认为美的价值高于一切，以优美、对称、整齐、合宜等为标准来衡量一切，因此对任何事物都以艺术的视角加以评论。

4．社会型

社会型的人以善于与人交往和帮助别人为人生最大的价值追求，他们对增加社会福利最感兴趣。具有此种价值取向的人以爱护他人、关怀他人为高尚的职责。他们多投身社会，进行人际交往，以提供服务为最大乐趣。他们性格大多随和、善良、不自私、为人宽

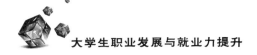

宏大量，并且愿意为他人和社会做贡献。

5. 政治型

政治型的人以利用别人和掌握权力为最高价值，他们有尽力获取权力、强烈支配和命令别人的欲望。政治型的人往往对权力具有极大的兴趣，获取实权成为其基本的动机。他们多有领导他人和支配他人的愿望和才能，自我肯定，有活力，有信心。对人对己要求严格，讲原则，守秩序，但也会自负，轻视他人，利己而专横。

6. 宗教型

宗教型的人以过超脱的生活为最大的价值，他们的主要兴趣在于创造最高和绝对满意的体验。宗教型的人重视命运和超自然力量，他们大多有坚定的信仰（宗教或其他类似的经验），宁愿从现实生活中退出。他们的显著态度是领悟宇宙万物，自愿克服一切低级冲动，时常自我否定而沉思于自认高尚的各种经验。

（三）价值观与职业选择

在现实中，没有哪个人绝对属于某一种价值类型，大多数人都是不同类型、不同程度的组合。有时候我们会希望所有价值观都能获得全方位的满足，但事实上，任何一种职业都很难同时满足多种价值追求，我们只能选择满足其中最重要的一部分。因此，如果要通过价值观选择职业，我们首先要明确自己最看重的价值和最不看重的价值，然后再选择那些能相对满足自己所重视的价值的职业。比如，理论型的人适合做科学家、大学教师、时事记者；经济型的人适合经商、投资等；审美型的人可以选择艺术类、策划类的职业；社会型的人做社工、职业咨询师会比较愉快；政治型的人适合做职业经理人、政府官员；宗教型的价值取向在我们国家比较少，在西方国家，典型的宗教型职业是牧师。

价值观决定着我们想要什么样的生活，职业在一定程度上影响着我们实际上会过什么样的生活。因此，在选择职业时，应尽量选择与自己价值观匹配的职业。

【交流与讨论】

1. 你属于哪种类型的价值观？
2. 根据你的职业价值观，说说你适合做什么样的工作。

三、气质

心理学上所说的气质，源于医学，属于自然科学范畴，更接近我们平常所说的"禀性""脾气"或"性情"。气质对我们从事职业活动的效率会有较大影响，因此非常值得关注。

（一）什么是气质

气质是指人们心理活动的速度、强度、稳定性和灵活性等方面的心理特征。它表现为情绪产生的快慢、情绪体验的强弱、情绪状态的稳定性和情绪变化的幅度，也表现在行为动作和言语的速度和灵活性上。具有某种气质的人，通常会在不同的活动中表现同样的特征。比如，一个安静迟缓的人，在学习、工作、考试、演说、体育比赛等不同的活动中，都会稳定地表现安静迟缓的特征。

（二）气质类型

人的气质会有明显差异，这些差异属于气质类型的差异。对气质类型的划分，不同的人有不同的见解，因而也形成了不同的气质理论，如神经活动说、体型说、激素说、血型说、活动特性说等。在我国，心理学界较为普遍的观点认为，气质的生理机制是高级神经活动类型。气质是神经类型特征在人的行为上的表现，反映了神经活动的快慢、强弱、稳定性和灵活性，具体参见表2-1。

表2-1 高级神经活动与气质类型

高级神经活动类型				气质类型
强型	不平衡型	冲动型（不可遏制型）		胆汁质
	平衡型	灵活性高	活泼型	多血质
		灵活性低	安静型	粘液质
弱型	抑制型			抑郁质

1. 胆汁质

胆汁质的人的神经活动特点是强而不平衡型（冲动型），感受性低，有一定耐受性，反应快而不灵活，情绪兴奋性高，抑制能力差，外倾性明显，行为有一定的可塑性。

胆汁质的人的行为特点是兴奋而热烈，精力充沛，能经受住强刺激，行为果断，有魄力，善于主动与人交往，直率急躁，情绪难以控制，思维、语言、动作反应快，但不灵活、不准确；性情粗犷，宽宏大量。

2. 多血质

多血质的人的神经活动特点是强而平衡、灵活性高（活泼型），感受性低，耐受性高，反应快而灵活，情绪兴奋性高，外倾性明显，行为可塑性大。

多血质的人的行为特点是活泼好动，善于交往，容易适应新环境，容易接受新事物，兴趣易转移，情绪发生快，但体验不深刻，思维敏捷，随机应变，热情奔放。

3. 粘液质

粘液质的人的神经活动特点是强而平衡、灵活性低（安静型），感受性低，耐受性高，

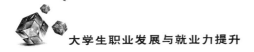

反应速度缓慢，具有稳定性，情绪兴奋性低，内倾性明显，行为有可塑性。

粘液质的人的行为特点是安静稳重，交往适度，善于忍耐，能克制自己。注意力稳定不易转移，情绪慢而微弱，不易外露思维、动作反应慢而且不灵活。

4. 抑郁质

抑郁质的人的神经活动特点是弱型（抑制型），感受性高，耐受性低，反应速度慢，刻板而不灵活，情绪兴奋性高而体验深，内倾性特别明显，行为可塑性小。

抑郁质的人的行为特点是羞涩、好静，情绪发生慢且不外露，体验特别深，即使是微不足道的小事也容易引起情绪波动，动作反应慢但准确，注重自己的内心世界，有内秀。

（三）气质与职业选择

任何一种气质都有其积极和消极的方面，所以气质没有好坏之分，也不会决定一个人的社会价值和成就大小。但是气质能影响一个人的工作效率，不同领域的工作对人的要求是不同的。了解职业对气质的要求，了解个体的气质类型，有利于发挥个体的长处，提高适应职业的能力。所以，在选择职业时，大学生要根据自己的气质特点来选择合适的职业。详见表 2 - 2。

表 2 - 2　气质类型与职业

气质	职业特点	适合的职业	不适合的职业
胆汁质	适合做反应迅速、动作有力、应激性强、危险性较大、难度较高而费力的工作，喜欢不断有新活动出现	导游、勘探工作者、推销员、节目主持人、外事接待人员、监督员等	稳重、细致、长期不变的工作
多血质	适合做社交性、文艺性、多样性、要求反应敏捷且均衡的工作	外交工作、管理工作、律师、运动员、记者、演员、服务员等	单调的工作
粘液质	适合做有条不紊、刻板平静、难度较高的工作	外科医生、法官、管理人员、组织人员、财会人员、统计人员、播音员	剧烈、多变的工作
抑郁质	适合做兢兢业业、持久细致的工作	打字员、排版工、检察员、登录员、化验员、刺绣工、机要秘书、保管员、编辑等	反应灵敏、处理果断的工作和经常与人交往的工作

【交流与讨论】

1. 你属于哪种气质？

2. 有人说抑郁质的人不适合找工作，你赞同这种观点吗？说说你的看法。

 【知识窗】

气质对教育和实践工作的影响

人的气质对行为、实践活动的进行及其效率有着一定的影响，因此，了解人的气质对于教育工作、组织生产、培训干部职工、选拔人才、社会分工等方面都具有重要的意义。

在谈及气质对教育、实践工作的意义之前，我们要先明确一点：人的气质本身无好坏之分，气质类型也无好坏之分。在评定人的气质时不能认为一种气质类型是好的，另一种气质类型是坏的。每一种气质都有积极和消极两个方面，某种气质在一种情况下可能具有积极意义，而在另一种情况下则可能具有消极的意义。

如胆汁质的人可以发展成为积极、热情的人，也可发展成为任性、粗暴、易发脾气的人；多血质的人情感丰富，工作能力强，易适应新的环境，但注意力不够集中，兴趣容易转移，无恒心等；粘液质的人情感细腻，善于表达，善于理解他人，但其易受外界影响，情绪波动较大，过于依赖他人；抑郁质的人在工作中耐受能力差，容易感到疲劳，但感情比较细腻，做事审慎小心，观察力敏锐，善于察觉到别人不易察觉的细小事物。气质不能决定人们的行为，因为人们可以自觉地去调节和控制自己的行为。

气质与教育

在儿童的成长过程中，父母和教师的教育方式影响非常大。父母和教师了解孩子的气质特点，对于做好教育工作，培养其良好的个性，具有重要意义。

由于儿童的气质各不相同，所以，教育工作者要根据儿童的气质特征因材施教。

例如，严厉的批评对于胆汁质或多血质的儿童来说，会促使他们遵守纪律、改正错误，但对于抑郁质的儿童，则可能对他们造成严重的心理负担，产生不良后果。又如，在改变作息制度和重新编班时，多血质的儿童很容易适应环境，无须特别关心，但对于粘液质、抑郁质的儿童，则需给予更多的关怀和照顾，才能使他们更快适应新的环境。

对多血质儿童的教育——刚柔并济

对于多血质儿童来说，在严格要求他们的同时，也要热情地对待他们。他们热情、活泼、开朗，教育者可以着重培养他们朝气蓬勃、满腔热情的个性品质。同时，多血质儿童的注意力容易转移，情绪不稳定且易表露，做事粗枝大叶，教育者要对他们严格要求，防止他们虎头蛇尾、粗心大意，培养他们坚持到底、有始有终的个性品质。

对胆汁质儿童的教育——以柔克刚，热心肠冷处理

胆汁质儿童直爽、热情、刚强，教育者要着重发展他们这种热情、豪放、爽朗、勇敢和主动的个性品质，但他们存在易冲动、急躁的特点，因此，教育者要培养他们能自制、

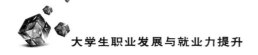

沉着冷静、深思熟虑、从容不迫的品质，防止他们产生粗暴、任性的品质。在对他们进行教育时，既要触动思想，又要避免激怒他们，要以柔克刚。

对粘液质儿童的教育——多实践、多鼓励，激发积极情绪

粘液质儿童安静沉稳、善于隐忍，教育者要着重发展他们诚恳待人、踏实顽强的个性品质，但他们思维灵活性不足，反应缓慢，因此，教育者要多让他们参加活动，激发他们的积极情绪，防止形成墨守成规、执拗和迟缓的特点。

对抑郁质儿童的教育——表扬鼓励，避免公开批评指责

抑郁质儿童敏感细腻、觉察能力强，容易觉察到别人不注意的细小事物，教育者要发展其敏感、细致的特点，要注意保护其自尊心，发展其自信的心理品质，防止其产生怯懦、多疑、孤僻的心理品质。教育者要多给予他们关怀、帮助，避免在公众场合指责批评他们，要多加称赞、嘉许、奖励，这样对他们良好个性的形成具有积极作用。

气质与职业

气质虽然在人的实践活动中不起决定作用，但是仍有一定的影响。气质不仅影响活动进行的性质，而且可能影响活动的效率。

不同职业对从业者的气质可能有不同的要求，不同气质的人对职业的适合度不同。例如，要求做出迅速灵活反应的工作对于多血质和胆汁质的人较为合适，而粘液质和抑郁质的人则较难适应。反之，要求持久、细致的工作对粘液质、抑郁质的人较为合适，而多血质、胆汁质的人则较难适应。

在一般的学习和劳动活动中，气质的各种特性之间可以起互补的作用，因此对活动效率的影响并不显著。

对先进纺织工人的研究证明，一些看管多台机床的纺织女工属于粘液质，她们的注意力稳定，工作中很少分心，这在及时发现断头故障等方面是一种积极的特性。注意力的稳定性补偿了她们从一台机床到另一台机床转移注意较为困难的缺陷。另一些纺织女工属于多血质，她们的注意比较容易从一台机床转向另一台机床，这样注意易于转移就补偿了注意易于分散的缺陷。

某些特殊职业对气质有特定要求

在一些特殊职业中（如飞机驾驶员、宇航员、大型动力系统调度员或运动员等），从业者要经受高度的身心紧张，要求其有极其灵敏的反应，敢于冒险并能做到临危不惧，对人的气质特性提出特定的要求。因此，在培训这类职业的工作人员时，应当测定其气质特性。这是职业选择和淘汰的依据之一。

虽然气质在一定程度上会影响个体的活动方式和活动效率，但气质不能决定一个人活动的社会价值和成就的高低。

据研究，俄国的四位著名作家就是四种气质的代表，普希金具有明显的胆汁质特征，赫尔岑具有多血质的特征，克雷洛夫属于粘液质，而果戈理属于抑郁质。他们的气质类型各不相同，却并不影响他们同样在文学上取得杰出的成就。

气质只是属于人的各种心理品质的动力方面，它能够使人的心理活动染上某些独特的色彩，却并不决定一个人性格的倾向性和能力的发展水平。

所以，气质相同的人可以成为对社会作出重大贡献、品德高尚的人，也可以成为一事无成、品德低劣的人；可以成为先进人物，也可以成为落后人物。反之，气质极不相同的人也都可以成为品德高尚的人，成为某一职业领域的能手或专家。

当然，绝不能孤立地考虑人们的气质特征，更重要的是培养其积极的学习和劳动态度。如果具有正确的动机和积极的态度，各种气质类型的人都可能在学习上取得优良成绩，在劳动中作出出色的贡献。

总之，虽然人的行为不是决定于气质，而是决定于在社会环境和教育影响下形成的动机和态度，但是气质在人的实践活动中也具有一定的意义。虽然气质与态度相比只居于从属地位，但它是构成人们各种个性品质的基础，因此它是一个必须加以分析和考虑的重要因素。

四、性格

在日常生活中，有的人勤奋，有的人懒惰；有的人认真，有的人马虎；有的人谦虚谨慎，有的人狂妄自大；有的人待人热情、乐于助人，有的人待人冷淡、自私自利；等等。这些不同的心理特征就是人的性格差异。大学生只有了解自己的性格，才能正确进行自我认知。

（一）什么是性格

性格是对现实稳定的态度和习惯化了的行为方式。例如，一个人在各种场合都会表现活泼热情、注重细节、善解人意、随遇而安等特征，那么这种对人对事稳定的态度和行为方式就是他的性格。性格是一个人最重要、最显著的特征，使一个人区别于另一个人。有很多人，经过多年以后也许我们已经记不住他的长相，但我们会记得他是一个什么样的人（比如温暖、正直、友善等）。我们给人留下最深刻印象的，往往就是我们对现实的态度和我们的行为方式。

尽管性格可以因生活环境、学习经历等因素的变化而发生改变，但是，我们不得不承认一个事实，每个人自我塑造的可能性都是有限度的。一个人潜在的性格特征在一定程度上也是持久不变且与众不同的。

（二）职业性格类型

关于性格的心理学理论较为丰富，比如九型人格理论、大五人格、卡特尔 16PF

（Cattell's 16 Personality Factor，简称16PF）等。在职业选择与企业人力资源开发领域，应用最广泛的是"梅尔－布瑞格斯心理类型指标"（Myer-Briggs Type Indicator，简称 MBTI）理论。MBTI 理论以瑞士著名心理学家卡尔·荣格（Carl Gustav Jung）的心理类型理论为基础，并发展了荣格的理论，将其变成了一个深入浅出的测量工具，并广泛地应用于职业发展、职业咨询、团队建议、婚姻教育等方面。MBTI 理论是目前国际上应用最广的人才测评理论之一，据不完全统计，仅美国每年就有超过 200 万份的使用量。

依据 MBTI 理论，性格主要包括四个方面的内容，也就是四个维度。

1. 外向—内向（我们与外部世界相互作用的方式）

我们与外部世界相互作用的方式有两种：外向型（extraversion）和内向型（introversion）。外向型（E 型）的人主要从外部世界获得能量，需要通过经历来了解世界，所以他们更喜欢大量的活动，与外界的人或物打交道，倾向于在谈话中思考。内向型（I 型）的人从自己的内心世界获得能量，关注内心的想法，因此，他们的许多活动是精神性的，倾向于在头脑内安静地思考以加工信息。外向—内向的观察线索如表 2－3 所示。

表 2－3 外向—内向的观察线索

外向型（E 型）	内向型（I 型）
喜欢用谈话的形式进行沟通	更愿意用书面的方式进行沟通
希望成为人们注意的焦点	避免成为人们注意的焦点
先行动，后思考	先思考，后行动
在与他人谈话时形成自己的意见	通过思考形成自己的意见
易于被了解，愿与他人共享个人信息	注重隐私，只与少数人共享个人信息
说的比听的多	听的比说的多
在工作和人际关系中都很积极主动	只有当遇到的事件或者情景对自己有重要意义时才会采取主动
反应迅速，喜欢快节奏	思考之后再反应，喜欢慢节奏
兴趣广泛	兴趣专注

2. 感觉—直觉（我们获取信息的主要方式）

我们获取信息的主要方式有两种：感觉型（sensing）和直觉型（intuition）。感觉型（S 型）的人相信感官能告诉他们关于外界的准确信息，也就是看得见摸得着的事物，注重事实和细节，他们注重现在，关心此时此地发生的事情。直觉型（N 型）的人总是自然地去辨认和寻找事物背后的含义、联系和可能性，喜欢通盘考虑而非关注具体细节，他们重视系统性，更注重将来的可能性。感觉—直觉观察线索如表 2－4 所示。

表 2-4 感觉—直觉的观察线索

感觉型（S 型）	直觉型（N 型）
相信自己的生活经验	相信自己的灵感
强调实际运用来理解抽象的理论	个人在运用理论之前要先对此理论进行澄清
为人崇尚现实	为人富有想象力和创造性
喜欢运用和琢磨已有的技能	喜欢学习新技能，但掌握后又厌倦
留心特殊的和具体的事物，喜欢给出细节	留心普遍的和有象征性的事物，使用隐喻
在下结论时，经过仔细周详的推理	在下结论时，靠自己的直觉
着眼于当前的实际情况	着眼于未来

3. 思考—情感（我们的决策方式）

我们的决策方式主要有两种：思考型（thinking）和情感型（feeling）。思考型（T型）的人通过对情境做客观的逻辑分析来做决定，他们努力寻求客观尺度作为衡量标准，较少受个人感情的影响。情感型（F型）的人关注他人或个人的感受，并以此为依据进行判断，他们更在意事情对他们自己和他人产生的影响。思考—情感的观察线索如表 2-5 所示。

表 2-5 思考—情感的观察线索

思考型（T 型）	情感型（F 型）
注重客观地分析问题	体贴他人，能够感同身受
行动时，寻找一个合乎真理的客观标准	关心行动给他人带来的影响
崇尚逻辑、公正和公平	注重情感与和睦，受自己价值观的引导
爱讲理	富有同情心
自然地发现缺点，有吹毛求疵的倾向	自然地想让别人快乐，易于理解别人
可能显得无情、麻木、漠不关心	可能会显得感情化、无逻辑、脆弱
认为公平意味着每个人都能得到平等的待遇	认为公平意味着每个人都被作为独特的个体对待
认为诚实比机敏更重要	认为诚实与机敏同样重要
受获得成就和欲望的驱使	受情感和渴望被人理解的驱使

4. 判断—知觉（我们看待并适应外部世界的方式）

我们看待并适应外部世界的方式主要有两种：判断型（judging）和知觉型（perceiving）。判断型（J型）的人倾向于以一种有序的、有计划的方式对外界加以控制，他们期望看到问题被解决，习惯做决定，往往认为"非此即彼"。知觉型（P型）的人倾向于对外界进行探索，他们保持开放性，不断地搜集信息，并努力使事件自然变化，以演变为更好的事件。判断—知觉的观察线索如表 2-6 所示。

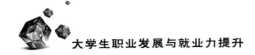

表 2-6　判断—知觉的观察线索

判断型（J 型）	知觉型（P 型）
做完决定后感到快乐	因保留选择的余地而快乐
生活中总是有计划的	生活中总是随意、自发的
具有工作原则，先工作后玩	具有玩的原则，先玩再工作
确定目标并按时完成任务	不喜欢把事情确定下来，当有新的情况时便改变目标
喜欢管理自己的生活	灵活，喜欢适应新情况
注重结果	注重过程
通过完成任务获得满足	通过着手新事物而获得满足
把时间看成有限的资源	把时间看成无限的资源
做事总是提前做准备，避免最后一分钟做决定的压力	最后一分钟做决定的压力会使其感到精力充沛

　　在 MBTI 测评结果中，每个维度上一个人只能是一种偏好，如一个人是内向的就不可能是外向的，是知觉型的就不会是判断型的。但是，这并不代表一个人是内向的就没有丝毫外向的特征，这就好像惯用右手的人不代表他的左手是完全没用处的，有很多时候需要左右手配合。性格也是如此，一个人如果是内向的，就意味着在绝大多数情况下其自然反应是内向的，但是也有外向的时候，在特殊的情况下，甚至可能主要表现为外向。所以，不要绝对地看待测评的结果。

　　人的性格非常复杂，MBTI 的各个维度之间会相互影响，所以，不能从单个维度去理解人，需要将四个维度结合起来，才能正确地了解一个人。在 MBTI 中，四个维度中的两极正好组合成 2×2×2×2 = 16 种人格类型（见表 2-7）。

表 2-7　MBTI16 种人格类型

ISTJ	ISFJ	INFJ	INTJ
ISTP	ISFP	INFP	INTP
ESTP	ESFP	ENFP	ENTP
ESTJ	ESFJ	ENFJ	ENTJ

　　ISTJ 的人做事沉静、认真、能够贯彻始终、得人信赖而取得成功；他们讲求实际，注重事实，能够合情合理地去决定应做的事情，而且坚定不移地把它完成，不会因外界事物而分散精力；无论在工作上、家庭上还是生活上，他们做事以有次序、有条理为乐；另外，他们还重视传统和忠诚。

　　ISFJ 的人沉静、友善，做事谨慎、有责任感，能坚定不移地承担责任，做事贯彻始终、不辞辛劳、准确无误；他们忠诚、替人着想、细心，往往记着他所重视的人的种种微小事情，关心别人的感受；他们努力创造一个有秩序、和谐的工作和家居环境。

INFJ 的人喜欢探索意念、人际关系和物质拥有欲的意义和它们之间的关系，希望了解什么可以激发人们的推动力，对别人有洞察力；他们尽责，能够履行他们坚持的价值观念，有一个清晰的理念以谋取大众的最佳利益；他们能够有条理地、果断地去实践他们的理念。

INTJ 的人有创意的头脑、有很大的冲动去实践他们的理念和达到目标；他们能够很快地掌握事情发展的规律，从而想出长远的发展方向；一旦做出承诺，他们便会有条理地开展工作，直到完成为止；他们独立自主，无论为自己还是为他人，都有高水准的工作表现。

ISTP 的人容忍、有弹性，是冷静的观察者，但当有问题出现时，他们便迅速行动，找出可行的解决方法；他们能够分析哪些东西可以使事情进展顺利，又能够找出实际问题的重心；他们很重视事件的前因后果，能够以理性的原则把事实组织起来，重视效率。

ISFP 的人沉静、友善、敏感、仁慈；他们喜欢有自己的空间，做事能把握自己的时间；他们忠于自己所重视的人；他们不喜欢强迫别人接受自己的意见或价值观。

INFP 的人是理想主义者，他们忠于自己的价值观及自己所重视的人；他们外在的生活与内在的价值观相配合；他们有好奇心，很快看清事情的可能与否，能够加速对理念的实践；他们试图了解别人、协助别人发展潜能；他们适应性强，有弹性；如果和他们的价值观没有抵触，他们往往能包容他人。

INTP 的人对任何感兴趣的事物都要探索一个合理的解释；他们喜欢理论和抽象的事情，喜欢理念思维多于社交活动；他们沉静，满足，有弹性，适应力强；在他们感兴趣的范畴内，他们有非凡的能力去专注而深入地解决问题；此外，他们有怀疑精神，有时喜欢批评，善于分析。

ESTP 的人有弹性，容忍，讲求实际，专注即时效益；他们对理论和概念上的解释感到不耐烦，希望以积极的行动去解决问题；他们专注于"此时此地"，喜欢主动与别人交往；他们喜欢物质享受的生活方式；他们希望能够通过实践达到最佳的学习效果。

ESFP 的人外向，友善，包容；他们热爱生命、热爱人，爱物质享受，喜欢与别人共事；在工作上，他们能用常识注意现实的情况，使工作富有趣味性；他们富有灵活性、即兴性，易接受新朋友和适应新环境；他们与别人一起学习技能可以达到最佳的学习效果。

ENFP 的人热情而热心，富于想象力，认为生活充满很多可能性；他们能够很快地找出事件和资料之间的关联性，而且有信心依照他们所看到的模式去做；他们很需要别人的肯定，又乐于欣赏和支持别人；他们即兴而富于弹性，时常信赖自己的临场表现和流畅的表达能力。

ENTP 的人思维敏捷，机灵，能够激励他人，警觉性高，勇于发言；他们能随机应变地应付新的和富于挑战性的问题，而且善于引出在概念上可能发生的问题，然后有策略地

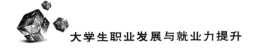

加以分析；他们善于洞察别人，对日常例行事务感到厌倦；他们很少以相同的方法处理同一事情，能够灵活地处理接二连三的新事物。

ESTJ 的人讲求实际、注重事实；他们果断，能够很快做出实际可行的决定，并且能够安排计划和组织人员以完成工作，尽可能用最有效率的方法达到目的；他们能够注意日常例行工作中的细节；他们有一套清晰的逻辑标准，会有系统地跟着去做，也希望别人跟着去做；他们会以强硬的态度去执行计划。

ESFJ 的人有爱心、尽责，善于合作；他们渴望和谐的工作环境，而且有决心营造这样的环境；他们喜欢与别人共事以准确、准时地完成工作；他们能够注意别人在日常生活中的需要并努力提供给他们；同时，他们渴望别人赞赏他们并欣赏他们所做的贡献。

ENFJ 的人温情，有同情心，反应敏捷，有责任感；他们高度关注别人的情绪、需要和动机；他们能够看到每个人的潜质，帮助别人发挥自己的潜能并且能够积极地协助他人和组织的成长；他们对赞美和批评都能做出很快的回应；他们社交活跃，在团队中能够惠及别人，有启发人的领导才能。

ENTJ 的人坦率，果断，乐于作为领导者；他们很容易看到不合逻辑和缺乏效率的程序和政策，从而开展和实施一个能够顾及全面的政策去解决一些组织上的问题；他们喜欢有长远的计划、喜欢制订目标；他们博学多闻，喜欢追求知识，又能把知识传授给别人，能够有力地提出自己的主张。

（三）MBTI 与职业选择

MBTI 的 16 种人格类型各有其职业倾向。其中，职业倾向的描述都是从大的类别描述的，在理解自己的职业倾向时，不要陷入类别名称的描述，更重要的是要看到这一类别工作的特点。因为在现实的工作世界中，工作名称千变万化，即使相同名称的职位也可能因不同公司而要求各异，所以只有知晓适合自己性格类型的工作特点才能灵活地运用性格类型理论来帮助自己选择工作。

在运用 MBTI 人格类型规划职业时，我们应该注意：每个偏好、每种类型中没有哪种是更好的，也没有哪种是更坏的，更没有对错之分。每种类型都是独特的，都会在适合的环境中发挥自己的特点。

认识自己的性格类型，可以更好地了解自己，理解自己的行为特点，根据自己的特点学习、工作和解决问题，但这并不意味着这样就可以成为你不做某事或不选择某种事业的借口。世界上没有百分之百适合某种性格的职业，也没有百分之百不适合某种性格的职业，懂得用己所长，整合资源，才是解决问题之道。性格认知旨在帮助我们更好地了解自己的行为和做事特点，理解他人为何与自己不同。评价的标准不止一个，人与环境的互动也很复杂，很难用某个标准来评价。所以，不要在工作中因性格类型而固化地看待甚至歧视某些人。

【交流与讨论】

1. 根据所学知识，对照自己，判断自己属于哪种人格类型。

2. 找到自己性格中的缺点，并谈谈如何在今后的学习生活中不断完善自己的性格。

五、能力

能力是一个人能否进入职场的先决条件，是能否胜任职业工作的主观条件。无论从事什么职业，都要有一定的能力作为保证。没有任何能力，根本谈不上进入职场工作，对个人来讲也就无职业生涯可言。

（一）什么是能力

能力是指人们成功地完成某种活动所必须具备的个性心理特征。它总是和人们的某种活动相联系，并表现在活动中。能力是看不见、摸不着的，它必须借助外在的活动才能表现出来。我们了解一个人的能力必须"听其言，观其行"。比如，一个人只有具备较好的曲调感、节奏感和想象力，并且歌声优雅动听，我们才能说他具有音乐能力。

（二）能力的类型

与职业相关的能力可以分为两种：一般能力和特殊能力。

一般能力指大多数职业活动所共同需要的能力，是人所共有的最基本的能力，适用于广泛的职业活动范围，符合多种职业活动的要求，并保证人们比较容易和有效地掌握知识。一般能力以抽象概括能力为核心，它和认识活动紧密地联系着。观察力、记忆力、思维力、想象力、注意力都是一般能力，但通常，我们所说的一般能力是指智力。

特殊能力指从事某项专门职业活动所必需的能力。它只在特殊职业活动领域内发挥作用，是完成有关职业活动必不可少的能力。我们要从事特定的职业，仅凭一般能力是不够的，还必须具备一定的特殊能力。比如做一个建筑设计师，除了智力要达到一定要求之外，还需要具备一定的形象思维能力、绘画能力和数理能力；想要当一名教师，除了智力之外，还需要具备一定的言语表达能力、社会交往能力和组织管理能力。通常我们将特殊能力分为一般言语能力、数理能力、空间判断能力、察觉细节能力、书写能力、运动协调能力、动手能力、社会交往能力、组织管理能力九个方面。

（三）职业能力的识别

职业能力测验是个人了解自己能力倾向的一种非常有效的方法。根据测验分数，我们

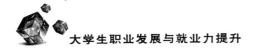

可以了解自己的长处和短处。这在决定自己职业发展方向时，具有非常重要的参考价值。目前，职业能力测验也被广泛用于人才选拔和员工考评当中。

从应用角度看，能力测验主要有两类：智力测验和特殊能力测验。智力测验的目的是测量一般能力的高低。不过在校园招聘时，很少会看到有企业或单位对大学生进行智力测验。因为认知能力和学习活动是密切联系的。能够考上大学并完成大学学业，这已经在一定程度上证实了大学生在认知方面的能力。因此，招聘方的考查重点往往会是特殊能力。这里我们主要介绍综合性的职业能力倾向测试——一般能力倾向成套测验（General Aptitude Test Battery，GATB）。

一般能力倾向成套测验，是由美国劳工部于1934年组织相关专家进行为期10年的专门研究而制订出来的。1947年，美国劳工部正式采用了这套测验，并对其不断地研究发展完善。GATB系统后来在世界范围内也产生了很大的影响，世界上许多国家和地区都采用了此系统并根据自身情况进行调整修改，均收到良好的效果。

一般能力倾向成套测验

【测验说明】本测验由许多与职业能力相关的问题组成，选项和结果都没有对错之分。为了得到相对客观的测验结果，请快速地浏览每个项目，并以第一感觉选出最符合你行为、感情、态度及意见的选项，详细测验如表2-8所示。

表2-8 职业能力倾向测验表

（一）学习能力倾向（G）	弱	较弱	一般	较强	强
	1分	2分	3分	4分	5分
1. 快速且容易学习新内容					
2. 快速且准确地解出数学题目					
3. 你的学习成绩					
4. 对课文理解和综合分析的能力					
5. 对学习过的材料的记忆能力					
（二）言语能力倾向（V）	弱	较弱	一般	较强	强
	1分	2分	3分	4分	5分
1. 善于表达自己的观点					
2. 阅读速度和理解能力					
3. 掌握词汇量的程度					
4. 你的语文成绩					
5. 你的文学创作能力					

续表

（三）算术能力倾向（N）	弱	较弱	一般	较强	强
	1分	2分	3分	4分	5分
1. 做出精确的测量（如测量长、宽等）					
2. 笔算能力					
3. 口算能力					
4. 打算盘的能力					
5. 你的数学成绩					
（四）空间判断能力倾向（S）	弱	较弱	一般	较强	强
	1分	2分	3分	4分	5分
1. 解决立体几何方面的问题的能力					
2. 画三维的立体图形的能力					
3. 看几何图形的立体感					
4. 想象盒子展开后的平面图的能力					
5. 想象三维物体的能力					
（五）形态知觉能力倾向（P）	弱	较弱	一般	较强	强
	1分	2分	3分	4分	5分
1. 发现相似图形中的细微差别的能力					
2. 识别物体的形状差异的能力					
3. 注意物体的细节部分的能力					
4. 观察物体的图案是否正确的能力					
5. 对物体的细微描述的能力					
（六）书写知觉能力倾向（Q）	弱	较弱	一般	较强	强
	1分	2分	3分	4分	5分
1. 快而准地抄写资料的能力					
2. 发现错别字的能力					
3. 发现计算错误的能力					
4. 在图书馆能很快查找编码卡片的能力					
5. 自我控制能力（如长时间抄写）					
（七）眼手运动协调能力倾向（K）	弱	较弱	一般	较强	强
	1分	2分	3分	4分	5分
1. 玩电子游戏的能力					
2. 篮球、排球、足球运动能力					
3. 乒乓球、羽毛球运动能力					
4. 打算盘的能力					
5. 文字录入能力					

续表

（八）手指灵巧度（F）	弱	较弱	一般	较强	强
	1分	2分	3分	4分	5分
1. 灵巧地使用很小的工具的能力					
2. 穿针眼、编织等使用手指的活动					
3. 用手指做一件小工艺品的能力					
4. 使用计算器的灵巧程度					
5. 弹琴的能力					
（九）手腕灵巧度（M）	弱	较弱	一般	较强	强
	1分	2分	3分	4分	5分
1. 用手把东西分类的能力					
2. 在推拉东西时手的灵活度					
3. 很快地削水果时手的灵活度					
4. 灵活地使用手工工具					
5. 在绘画、雕刻等手工活动中的灵活性					

测验分析

在上面的测验选项中，选"强"得5分，选"较强"得4分，选"一般"得3分，选"较弱"得2分，选"弱"得1分。统计每一类能力的自评分数，然后将自评分数除以5，把最终得分填入表2-9对应位置中。

表2-9 职业能力倾向得分表

职业能力倾向	G	V	N	S	P	Q	K	F	M
得分									

根据结果对照职业能力倾向对照表（如表2-10所示），可以将对应的职业类型作为参考来确定职业方向。

表2-10 职业能力倾向对照表

职业类型	职业能力倾向								
	G	V	N	S	P	Q	K	F	M
生物学家	1	1	1	2	2	3	3	2	3
物理科学技术员	2	3	3	3	2	3	3	3	3
数学家、统计学家	1	1	1	3	3	2	4	4	4
计算机程序编制者	2	2	2	2	3	3	4	4	4

续表

职业类型	职业能力倾向								
	G	V	N	S	P	Q	K	F	M
经济学家	1	1	1	4	4	2	4	4	4
社会学家、人类学者	1	1	2	2	2	3	4	4	4
心理学家	1	1	3	4	4	3	4	4	4
历史学家	1	1	4	3	3	3	4	4	4
哲学家	1	1	3	2	2	3	4	4	4
政治学家	1	1	3	4	4	3	4	4	4
社会工作者	2	2	3	4	4	3	4	4	4
法官	1	1	3	4	3	3	4	4	4
律师	1	1	3	4	3	4	4	4	4
职业指导者	2	2	3	4	4	3	4	4	4
大学教师	1	1	3	3	2	3	4	4	4
中学教师	2	2	3	4	3	3	4	4	4
小学、幼儿园教师	2	2	3	3	3	3	3	3	3
营养学家	2	2	2	3	3	3	4	4	4
画家、雕刻家	2	3	4	2	2	5	2	1	2
产品设计师	2	2	3	2	2	4	2	2	3
舞蹈家	2	2	4	3	4	4	4	4	4
演员	2	2	3	4	4	3	4	4	4
电台播音员	2	2	3	2	2	4	2	2	3
作家、编辑	2	1	3	3	3	3	4	4	4
翻译人员	2	1	4	4	4	3	4	4	4
体育教练	2	2	2	4	4	3	4	4	4
体育运动员	3	3	4	2	3	4	2	2	2
秘书	3	3	3	4	3	2	3	3	3
统计员	3	3	2	4	3	2	3	3	4
办公室职员	3	4	3	4	4	3	3	4	4
商业经营管理者	2	2	3	4	4	3	4	4	4
警察	3	3	3	4	3	3	3	4	3
导游	3	3	4	3	3	5	3	3	3
驾驶员	3	3	3	3	3	3	3	4	3

（四）大学生的一般能力

无论什么专业的学生，想要顺利就业并有所成就，都必须具备一些共同的一般能力。

1．表达能力

表达能力是指运用语言或文字阐明自己的观点、意见或抒发思想的能力，包括口头表达能力、文字表达能力、数字表达能力、图示表达能力等几种形式。对于大学生来说，表达能力的重要性不言而喻。求职自荐信的撰写、个人材料的准备、回答招聘人员的问题、接受用人单位的面试等，每一个环节都需要较强的表达能力。除此之外，大学生在参加工作、走向社会后，也需要较强的表达能力。

2．动手能力

动手能力即实际操作能力，它是人的智力转化为物质力量的关键，是专业工作者必须具备的一种实践能力。在现实生活中，尤其是教学、科研、生产第一线，大学毕业生实际动手操作能力的强弱，将直接影响到其工作能力的发挥。比如，作为一名科技人员，只懂得技术原理不行，没有操作能力，在很多情况下是不能完成技术任务的。因此，我们必须重视大学生动手能力的培养。

3．适应能力

适应社会和改造社会是对立统一的两个方面。无法想象一个不能接纳社会的人能够改造世界。大学生在跨出校门之前大都有"海阔凭鱼跃，天高任鸟飞"的远大抱负，但真正在生活的激流中奋勇前进时，往往会发现现实生活不尽如人意，发现自己对现实生活的不适应。初入社会的大学生，在以改造社会为己任的同时，适应社会的意识较弱，适应能力不强，面对现实生活中的消极现象常常产生不安、不满的情绪。实际上，适应社会正是为了担当社会赋予人们的职责与使命。适者生存，生存正是为了发展。只有注重培养自己适应社会的能力，进入社会后才能尽可能地缩短自己的适应期，充分地发挥自己的聪明才智。

4．人际交往能力

人际交往能力实际上就是我们与他人相处的能力。能否正确有效地处理、协调好职业生活中的人际关系，不仅影响我们对环境的适应状况，而且影响我们的工作效能、心理健康、生活和事业成败。刚刚走上工作岗位时，由于初谙世事，阅历较浅，缺少经验，大学生往往会在各种错综复杂的关系面前茫然若失，无法适应。因此，在大学生活中自觉地培养良好的人际交往能力非常重要。

5. 组织管理能力

尽管不是每位大学毕业生都会从事管理工作，但可以说每个人在工作中都不同程度地需要组织管理才能，这是现代社会对人才提出的要求。近年来，大学毕业生中的学生干部、社团活跃分子普遍受到用人单位的欢迎，其中一个重要原因就是用人单位非常看重组织管理能力。

【交流与讨论】

1. 你认为职业能力中哪种能力是你比较欠缺的？

2. 如何提高自己的职业能力？

 【榜样力量】

张桂梅：大山里的一盏灯

张桂梅的生活原本与这些大山中的女孩毫无交集。18 岁时，张桂梅从黑龙江来到云南支边，后随丈夫同在大理任教。不幸的是，1996 年她的丈夫去世，张桂梅黯然神伤，申请调到偏远的华坪县。可惜祸不单行，来华坪不到一年，张桂梅自己也身患重症。

孤独无助时，是党组织的关心使她得到及时救治，社会各界的关爱让她重新树立起对生活的信心。就是在华坪，张桂梅做出了人生的重要选择，加入中国共产党。

工作中，张桂梅发现这里中学的女生数量很少。此外，在张桂梅兼任院长的华坪儿童之家福利院，有相当一部分是被遗弃的健康女婴。这些经历让张桂梅萌生了一个想法，筹建一所免费女子高中。

然而，办免费高中谈何容易，从 2002 年到 2007 年，张桂梅总共只筹措到 1 万多元，远远不够开办一所学校所需的资金。

2007 年，一篇名为《我有一个梦想》的文章成为热点，张桂梅的女子高中梦吸引了更多的筑梦人。

2008 年 9 月，华坪女高举办了首次入学典礼，因为贫穷而不得不辍学的山里女孩，终于有了属于自己的那张课桌。

办学初期条件十分艰苦，第一年 17 个老师就走了 9 个，教学工作近乎瘫痪，县里甚至计划将学生分流到其它高中就读。心灰意冷的张桂梅当时已经准备交接，但老师们的资料让她眼前一亮。

党旗引领下的华坪女高逐步走出了低谷。2011 年 8 月，高考成绩公布，华坪女高首次高考本科上线 69 名，综合上线率达到百分之百。此后的 12 年，2000 多名山里的女孩从这

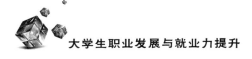

里走进了大学校园。

张桂梅这样总结她们的教育方法：老师苦教，学生苦读，就是这最苦最笨的办法，让孩子们苦出了头。

2023 年 9 月，华坪女高又迎来一届高一新生，她们的入学第一课就是在校长张桂梅的带领下，唱红色歌曲，看红色电影，这是华坪女高十几年雷打不动的信仰第一课。

为谁培养人，培养什么人，怎样培养人，这个根本问题，张桂梅用几十年的心血给出了答案。

——资料来源：共产党员网，2022 - 12 - 13

本章自我小结

【实践训练】

训练一：霍兰德职业兴趣测量

指导语：请根据对每一题目的第一印象解答，不必仔细推敲，答案没有好坏、对错之分。具体的填写方法是根据自己的情况在"是"或"否"处打"√"。

1．我喜欢把一件事情做完后再做另一件事。
◎是　　　　　◎否

2．在工作中我喜欢独自筹划，不愿受别人干涉。
◎是　　　　　◎否

3．在集体讨论中，我往往保持沉默。
◎是　　　　　◎否

4．我喜欢做戏剧、音乐、歌舞、新闻采访等方面的工作。
◎是　　　　　◎否

5．每次写信我都一挥而就。
◎是　　　　　◎否

6．我经常不停地思考某一问题，直到想出正确的答案。
◎是　　　　　◎否

7．对别人借我的和我借别人的东西，我都能记得很清楚。
◎是　　　　　◎否

8．我喜欢抽象思维的工作，不喜欢动手的工作。
◎是　　　　　◎否

9．我喜欢成为人们注意的焦点。
◎是　　　　　◎否

10．我喜欢不时地夸耀一下自己取得的好成就。
◎是　　　　　◎否

11．我曾经渴望有机会参加探险。
◎是　　　　　◎否

12．当我一个人独处时，会感到更愉快。
◎是　　　　　◎否

13．我喜欢在做事情前，对此事情做出细致的安排。
◎是　　　　　◎否

14．我讨厌修理自行车、电器一类的工作。

◎是　　　　◎否

15．我喜欢参加各种各样的聚会。

◎是　　　　◎否

16．我愿意从事虽然工资少，但是比较稳定的职业。

◎是　　　　◎否

17．音乐能使我陶醉。

◎是　　　　◎否

18．我做事很少思前想后。

◎是　　　　◎否

19．我喜欢经常请示上级。

◎是　　　　◎否

20．我喜欢需要运用智力的游戏。

◎是　　　　◎否

21．我很难做那种需要持续集中注意力的工作。

◎是　　　　◎否

22．我喜欢亲自动手制作一些东西，并且从中得到乐趣。

◎是　　　　◎否

23．我的动手能力很差。

◎是　　　　◎否

24．和不熟悉的人交谈对我来说毫不困难。

◎是　　　　◎否

25．和别人谈判时，我总是很容易放弃自己的观点。

◎是　　　　◎否

26．我很容易结识同性别朋友。

◎是　　　　◎否

27．对于社会问题，我通常持中庸的态度。

◎是　　　　◎否

28．当我开始做一件事情后，即使碰到再多的困难，我也要执着地干下去。

◎是　　　　◎否

29．我是一个沉静而不易动感情的人。

◎是　　　　◎否

30．当我工作时，我喜欢避免干扰。

◎是　　　　◎否

31．我的理想是当一名科学家。

◎是　　　　◎否

32．与言情小说相比，我更喜欢推理小说。

◎是　　　　◎否

33．有些人太霸道，有时明明知道他们是对的，也要和他们对着干。

◎是　　　　◎否

34．我爱幻想。

◎是　　　　◎否

35．我总是主动地向别人提出自己的建议。

◎是　　　　◎否

36．我喜欢使用榔头一类的工具。

◎是　　　　◎否

37．我乐于解除别人的痛苦。

◎是　　　　◎否

38．我更喜欢自己下了赌注的比赛或游戏。

◎是　　　　◎否

39．我喜欢按部就班地完成要做的工作。

◎是　　　　◎否

40．我希望能经常换不同的工作来做。

◎是　　　　◎否

41．我总留有充裕的时间去赴约会。

◎是　　　　◎否

42．我喜欢阅读自然科学方面的书籍和杂志。

◎是　　　　◎否

43．如果掌握一门手艺并能以此为生，我会感到非常满意。

◎是　　　　◎否

44．我曾渴望当一名汽车司机。

◎是　　　　◎否

45．听别人谈"家中被盗"一类的事，很难引起我的同情。

◎是　　　　◎否

46．如果待遇相同，我宁愿当商品推销员，而不愿当图书管理员。

◎是　　　　◎否

47．我讨厌跟各类机械打交道。

◎是　　　　◎否

48．我小时候经常把玩具拆开，把里面看个究竟。

◎是　　　　◎否

49．当接受新任务后，我喜欢以自己独特的方法去完成它。

◎是　　　　◎否

50．我有文艺方面的天赋。

◎是　　　　◎否

51．我喜欢把一切安排得整整齐齐、井井有条。

◎是　　　　◎否

52．我喜欢当一名教师。

◎是　　　　◎否

53．和一群人在一起的时候，我总想不出恰当的话来与人沟通。

◎是　　　　◎否

54．看情感类影片时，我常禁不住眼圈通红。

◎是　　　　◎否

55．我讨厌学数学。

◎是　　　　◎否

56．在实验室里独自做实验会令我寂寞难耐。

◎是　　　　◎否

57．对于急躁、爱发脾气的人，我仍能以礼相待。

◎是　　　　◎否

58．遇到难解答的问题时，我常常选择放弃。

◎是　　　　◎否

59．大家公认我是一个勤劳踏实的、愿为大家服务的人。

◎是　　　　◎否

60．我喜欢在人事部门工作。

◎是　　　　◎否

【评分与解释】

职业人格的类型符合以下"是"或"否"答案的记1分，不符合的记0分。计分后，请将你得分最高的三个类型从高到低排列，得到一个三位组合答案。

1．常规型："是"（7，19，29，39，41，51，57），"否"（5，18，40），具有顺从、谨慎、保守、自控、服从、规律、坚毅、实际稳重、有效率、缺乏想象力等特征。

2．现实型："是"（2，13，22，36，43），"否"（14，23，44，47，48），具有顺从、坦率、谦虚、自然、坚毅、实际、有礼、害羞、稳健、节俭等特征。

3. 研究型："是"（6，8，20，30，31，42），"否"（21，55，56，58），具有分析、谨慎、批评、好奇、独立、聪明、内向、条理、谦逊、精确、理性、保守等特征。

4. 管理型："是"（11，24，28，35，38，46，60），"否"（3，16，25），具有冒险、野心、独断、冲动、乐观、自信、追求享受、精力充沛、善于社交、获取注意、知名度等特征。

5. 社会型："是"（26，37，52，59），"否"（1，12，15，27，45，53），具有合作、友善、慷慨、助人、仁慈、负责、圆滑、善于社交、善解人意、说服他人、理想主义等特征。

6. 艺术型："是"（4，9，10，17，33，34，49，50，54），"否"（32），具有复杂、想象、冲动、独立、直觉、无秩序、情绪化、理想化、不顺从、有创意、富有表情、不重实际等特征。

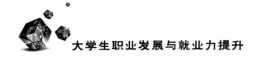

训练二：制订团队旅游计划

小组讨论：假如你们是一个旅行社，在小组中讨论一个最吸引人的旅游计划，下次上课向全班汇报。讨论的内容包括：

1. 你们小组推荐的旅游计划是什么？

2. 制订这个计划经过了哪几个步骤？

3. 如何落实这个旅游计划？

这个旅游过程与职业生涯有哪些相似之处？请在下表中相应写上职业生涯规划的特点与步骤。

旅游计划	职业生涯规划
我们想去什么地方？	
我们有多少时间/钱？	
为什么我们要去那里？	
什么是我们必须要带的？	
环境怎么样？	
要花多少钱？	
可以怎么去？	

第三章 认知外部职业世界

大千世界，工作多种多样，职业五花八门。职业不仅赋予了我们社会角色，使我们履行了社会责任，也让我们实现了个人的抱负和价值。现在，我们学习的每个专业，都对应着我们未来所要做的工作和所从事的职业。让我们一起来探索、认识工作和职业，愿每个人都能找到一份既能满足社会和个人需求，又能展现个人的优势和能力的工作，最终实现自己的职业理想。

【学习目标】

1. 了解职业的内涵、职业的分类。
2. 了解未来职业的发展趋势。
3. 熟悉大学生职业探索的内容。
4. 掌握大学生职业信息的获取渠道。

【名人名言】

刚踏进社会的年轻人，把工作视作是剥夺人性的苦役，甚至很多人干脆不求职、不工作，而选择在父母的庇护之下混日子，要不然就不务正业，靠打零工糊口，无固定工作的自由职业者的增加，是劳动观念、工作意识改变所带来的必然结果。

——稻盛和夫

【本章思维导图】

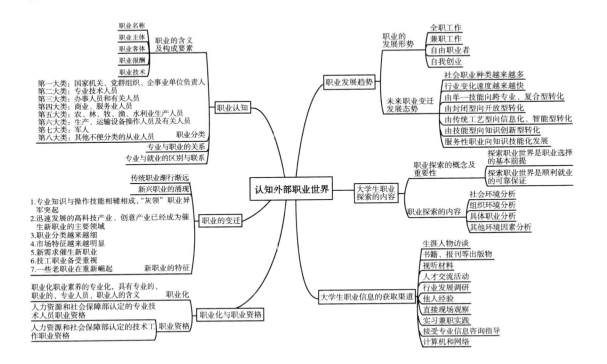

【案例导入】

　　某高职院校大二学生小周想在上海的某著名企业从事人事助理的职位，经过对人事助理职位的调查，他了解到这类型职位的要求是：必须掌握人力资源管理系统的理论知识；具备助理人力资源管理师的证书；而且还需具备一定的人力资源管理的实践经验。

　　于是，小周在他剩余的大学时间里，着手探索人事助理职位的要求，培养相关职业素质，考取助理人力资源管理师的证书，掌握人力资源管理系统理论知识，进入一些名企实习积累实践经验，参加社团活动培养自己的组织能力和沟通能力等。等到毕业的时候，他如愿地进入上海名企，从事他所期望的人事助理的职位，实现"人职匹配"。

　　我国传统的职业教育观念是：学校就是"两耳不闻窗外事"的知识殿堂，学生要专心于学习，学有所成再谈论职业，大多数学生对社会上各行各业所知甚少，"职业"对于他们来说，还是一个非常遥远的概念。

　　目前，科技的高速发展使工作专精化。如果对社会上的工作未有明确认知，将无法了解工作的意义，对未来工作更加无从选择。职业认知是生涯发展的首要任务，大学生应认识与试探各种职业工作，培养从事各种职业工作的基本能力；根据个人兴趣与能力，完备职业所需的知识与技术，使个人素质适应于工作岗位。

【理论链接】

在现代社会，职业可以概括为劳动者能够稳定从事的有报酬的工作，从而获得劳动角色，是一种社会劳动岗位。

一、职业认知

职业认知，简单来说就是对职业的认识。职场的激烈竞争，迫切要求加强对员工的职业意识训练和职业技能培养。而员工的职业化训练，并没有引起大多数企业的足够重视，从而导致员工简单地将当前职业看成谋生手段，大大降低了工作责任心与归属感，影响到团队整体合力的发挥。

（一）职业的含义及构成要素

根据中华人民共和国民政部职业技能鉴定指导中心的定义，职业是参与社会分工，利用专门的知识和技能，为社会创造物质财富和精神财富，获取合理报酬，作为物质生活来源，并满足精神需求的工作。

职业的含义主要由以下四个方面构成：第一，与人类的需求和职业结构相关，强调社会分工；第二，与职业的内在属性相关，强调利用专门的知识和技能；第三，与社会伦理相关，强调创造物质财富和精神财富，获得合理报酬；第四，与个人生活相关，强调物质生活来源，并实际满足精神生活。

职业主要由下述五个要素构成。

职业名称：职业名称是职业的符号特征，它一般由社会通用称谓来命名。

职业主体：职业主体指的是从事一定社会分工活动，具有承担该职业活动所需的资格和能力的劳动者。

职业客体：职业客体指的是职业活动的工作对象、内容、劳动方式和场所等。

职业报酬：职业报酬指的是通过职业活动所取得的各种报酬。

职业技术：职业技术指的是劳动者在从事职业活动中所运用的自然技术、社会技术与思维技术的总和。它体现在人们从事职业活动时使用的工具、材料、工艺方法以及材料、工艺方法的发展和应用，也包括尚未形成系统的经验。

（二）职业分类

社会分工是职业分类的依据。在分工体系的每一个环节上，劳动对象、劳动工具以及劳动的支出形式都各有特殊性，这种特殊性决定了各种职业之间的区别。

我国是世界上最早出现职业和职业活动的国家之一。我国春秋战国时期儒学经典就记

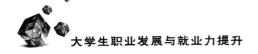
录过当时的职业和职业活动。《春秋谷梁传·成公元年》写道："古者有四民，有士民，有商民，有农民，有工民。"近五十年来，社会主义现代化建设的发展，促进了我国现代职业的发展。

1995 年，劳动和保障部联合中央各部委成立了国家职业分类大典和职业资格工作委员会，经过四年时间编制完成《中华人民共和国职业分类大典》，并于 1999 年 5 月向社会发布。《中华人民共和国职业分类大典》的问世，反映了我国职业管理工作达到了一个新的高度。

《中华人民共和国职业分类大典》将我国职业归为 8 个大类，分别是：

第一大类：国家机关、党群组织、企事业单位负责人；

第二大类：专业技术人员；

第三大类：办事人员和有关人员；

第四大类：商业、服务业人员；

第五大类：农、林、牧、渔、水利业生产人员；

第六大类：生产、运输设备操作人员及有关人员；

第七大类：军人；

第八大类：其他不便分类的从业人员。

2022 年 7 月，人力资源和社会保障部向社会公示新修订的《中华人民共和国职业分类大典》。此次大典修订工作，是 2021 年 4 月由人力资源和社会保障部、国家市场监督管理总局、国家统计局联合启动的，也是自 1999 年颁布首部国家职业分类大典以来的第二次全面修订。

2022 年 9 月，《中华人民共和国职业分类大典》（2022 年版）终审通过，修订工作圆满完成，新版修订过程中把新颁布的 74 个职业纳入大典当中。

《中华人民共和国职业分类大典》（2022 年版）在保持八大类职业类别不变的情况下，净增了 158 个新的职业，职业数达到了 1639 个。如围绕制造强国，此次修订把工业机器人操作员和运维人员纳入大典当中；根据乡村振兴的需要，把农业数字化技术员和农业经理人纳入大典当中；结合绿色职业发展状况，及时将碳排放管理员、碳汇计量评估师等新兴职业纳入大典中。

《中华人民共和国职业分类大典》（2022 年版）对相关职业信息描述做了一些修订：对两个大类职业的名称和定义做了调整，对 30 个中类、100 余个小类名称、定义做了一些调整，对 700 多个职业的信息描述做了调整。

《中华人民共和国职业分类大典》（2022 年版）对数字职业和绿色职业进行了标注。此次修订共标注了 97 个数字职业，占职业总数的 6%。《中华人民共和国职业分类大典》（2022 年版）延续了《中华人民共和国职业分类大典》（2015 年版）对绿色职业标注的做法，标注了 134 个绿色职业，占职业总数的 8%。其中，既是数字职业也是绿色职业的共有 23 个。

（三）专业与职业的关系

专业是学科与职业之间的桥梁，它按照学科进行划分，对应着一定的职业群。专业是职业发展的基础，它为若干相近的职业群提供必要的基础知识和基本技能。不同的学校类别、不同的学历层次对学生专业知识和专业技能的培养有所不同。研究型大学主要提供较为深厚的基础知识，培养学生与某些职业相关的独立思考和研究能力。高等职业院校主要针对较为个体的职业，更多地培养学生的专业技能，要求学生取得相关职业的职业资格证书。普通本科院校介于两者之间，既有一定的专业基础知识，又有一定的专业技能。普通高校的专业设置适应着较多的职业群，即所谓宽口径，增加了学生的职业适应性，但同时也必然导致学生学而不专，难以适应某些具体职业的要求。

当今社会上普遍存在着这样一种观点，认为大学主要是对大学生进行综合素质和学习能力的培养，所以专业不重要。专业的选择对个人发展并无大的影响，只要综合素质强，随便什么专业都可以成功。俗语说得好，条条道路通罗马，成功的道路千万条，但须知这其间必然有最短的一条，那么职业规划就是寻找这条最短的路的方法，即以最小的代价和投入实现自身的职业理想。在学业规划中，学什么（即专业的选择）是第一重要的战略问题，这就像企业在开办之前首先要考虑生产经营什么一样。生产什么，取决于经营者在分析市场及自身资源优势之后对销售什么的判断；同样，学什么专业，也是取决于求学者对毕业后人才市场态势及现有自身资源及优势的判断。职业规划也不是只有职业目标（理想）就足够了，如果没有从现实到理想那切实可行的路线支撑，这种职业规划很容易流于形式，理想也将成为空中楼阁。在许多情况下，从现实到理想的路线也并不是笔直的、可以一步走完的，这时就需要考虑每一个步骤或阶段性目标如何实现，为了实现阶段性目标或步骤，当然就需要针对阶段性的职业目标而选择合适的学业（专业）。比如，有的学生的理想是成为企业家，创建自己的实业，但在成长的道路上，他只能凭借自己的奋斗，这时，他就需要先成为雇员，那么就要考虑首先成为什么行业、单位内的雇员，然后再选择相应的学业，毕业后用自己的专业知识去获取职位。等自己在雇员的职位上有了一定的经济积累后，到了可以开辟自己事业的时候，再来考虑向职业理想（企业家）迈进。那么，要成为雇员，他就必须要考虑在现有条件下，选择什么样的专业进行学习，才相对比较容易就业，而不是盲目地随便选什么专业都行，专业与职业之间存在着必然的联系。

一个专业可以对应一个职业群，甚至是几个相关的职业群，例如，财务管理专业对应的职业群包括：会计、出纳、应付会计、应收会计、总账会计、财务助理、财务经理、预算专员、成本会计、财务分析、风控主管、内审主管、融资主管、资金主管、税务主管、审计经理、统计主管、财务分析经理、财务计划经理等。职业群一般由基本操作技能相通，工作内容、社会作用以及从业者所应该具备的素质相接近的若干个职位所构成。职业群横向划分，是相同的职业存在于不同的产业或行业之中，如人力资源专业所对应的职业群广泛分布于国民经济的各个产业和行业之中；纵向划分，是同一职业存在于同一行业若

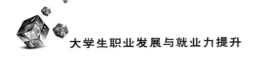

干个不同的岗位及其可能晋升的职务上。无数的事实证明：一个人无论是出于主动还是盲从而选择了某一学科，都无法保证这个专业一定是自己将来要从事的职业或事业。

（四）职业与就业的区别与联系

1. 职业与就业的区别

就业不等于找到了职业，就业只是得到工作机会，参加工作。就业强调通过合理合法的劳动获得经济收入；职业则是长久乃至终身所从事的，要求具有专门知识和技能，具有从中获得人生价值和社会地位的出发点，强调的是持久性、专业性、社会性。

2. 职业与就业的联系

就业与职业之间有着必然的联系。要找到理想的职业不是就业一次就行，要在不断的就业过程中寻获。社会上普遍认为大学生毕业就应该找到终身所从事的职业，特别是一些大学毕业生受传统观念的影响，不愿随意就业，怕别人瞧不起自己所从事的工作。毕业就失业的现象并不鲜见，甚至有一些大学生在毕业后待在家里让父母供养，成了"啃老族"。新时期大学生通过自己合理合法的劳动能满足自身的衣、食、住、行等最基本的生存需要的活动就应该被认定为就业，就应该得到社会的认可。所以区分开就业与职业就能帮助大学生减轻寻找满意职业的心理压力，愿意先就业，后择业，然后再创业。

二、职业的变迁

职业的变迁是一个漫长的过程，许多职业与人们的日常生活息息相关。职业的变迁能直接反映社会的发展与进步。改革开放前，我国生产力水平低，80%的人口从事农业，城镇人口中大部分从事工业生产。改革开放后，随着经济发展和人民生活需要，第三产业，即商业和服务业迅速发展起来。城镇各种生产、运输设备制造和操作人员大批转岗；从事农、林、牧、渔等职业的真正农民数量减少到一半以上。而饭店、旅游及健身场所服务人员、社区服务人员和从事各种商业贸易的人数急剧上升。

（一）传统职业渐行渐远

近年来，随着经济生活的变化，过去的很多技术、手艺已经不再被需要，于是，靠这些谋生的人纷纷转行，另谋他业。不知不觉中，一些传统职业在消失、萎缩，逐渐退出历史舞台。相对于一些技术陈旧的传统行业，大部分从业人员需要转岗转业，在新兴行业中，符合职业岗位要求的从业人员则数量不足。一些家用产品维修业也面临整合与消亡。

（二）新兴职业的涌现

20世纪80年代之后，中国人数十年来形成的职业观念随着社会发展，发生了翻天覆地的变化。改革开放使少数人不再安于现状，毅然"下海"。但是，更多的人还是选择安分守己，抱着各自的"铁饭碗"。到了 20 世纪 90 年代，"大锅饭"制度被打破，"分配""安置"这类词汇走进了"博物馆"。门类齐全的现场招聘会此起彼伏，一批有较高知识层次和创新能力的复合型人才开始涌现，在呼唤个性的社会氛围中崭露头角。他们的工作不再如从前稳定，开始学会如何去应对竞争，带着"先就业，后择业"的想法去寻找工作，开始对工作抱着"开心就干，不开心就走"的态度。再后来，互联网的出现，颠覆了传统的求职方式。网络招聘以其成本低、效率高、无地域限制等特点，吸引了大批中高级人才和企业，甚至有人认为网络招聘取代传统招聘是迟早的事。网络招聘的出现，颠覆了传统的就业模式。网上开店成就了许多人的梦想，人们在网上写博客、发视频的同时，也发掘了新的就业领域。

新涌现的大批新职业，主要集中在第一、第二产业的高新技术产业和蓬勃发展的第三产业。从分布情况来看，典型的有第一产业中的基因和转基因工程、遗传工程、细胞工程师、生态农业、生化试验和技工；第二产业的加工中心、环境监测、计算机辅助设计、计算机辅助制造、纳米材料生产及航空航天材料技师和技工等。而新职业分布最广的是在社会服务领域。从我国近年来公布的 10 批新职业来看，"创意设计类"的职业较多；另外，信息、顾问、社会服务、科技类、保健类等职业也在不断增加。分析近些年诞生的新职业，不难发现，新职业带着鲜明的市场经济的色彩。在经济高速增长、产业结构发生重大变化的时候，新职业明确地体现了职业结构发生的变化。如新兴职业"色彩搭配师"就是专门为客人设计服饰的颜色搭配的职业。

（三）新职业的特征

1．专业知识与操作技能相辅相成，"灰领"职业异军突起

"灰领"一词起源于美国，原指负责维修电器、上下水道、机械的技术工人，这些工人常穿灰色工作服出现，此类职业也随之得名。"灰领"的内涵是动手与动脑能力的结合，他们是具有较高知识层次、较强创新能力、掌握熟练的心智技能的新兴技能人才。如今"灰领"的范畴已扩大，包括电子工程师、软件开发工程师、装饰设计工程师、绘图工程师、喷涂电镀工程师等。

相比"白领"和"蓝领"，"灰领"职业人既要有良好的理论素养，又要有动手实践的能力，是复合型、实用型人才。如动画绘制员、汽车模型工、汽车加气站操作工、包装设计师、数字视频（DV）策划制作师等都是现代制造业新兴的"灰领"人才。有着比"蓝领"更多的知识和更佳的专业的"灰领"型技能人才，将成为体现未来发展特征的先导型职业人才，是以后青年求职的主要方向。

2．迅速发展的高科技产业、创意产业已经成为催生新职业的主要领域

电路版图设计师就是高科技催生新职业的代表。集成电路版图设计职业伴随 IC

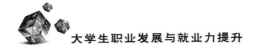

（Integrated Circuit）产业的发展而产生，由于对从业人员的专业知识和技能要求较高，IC版图设计人员是 IC 行业紧缺的技术人才之一。

创意产业则出现了包装设计师、工艺美术设计师、广告设计员、模具设计师、时装设计师、会展设计师、景观设计师、花艺环境设计师、机械产品设计师等新职业。房地产行业的高速发展，使人们对家庭装修、室内设计的要求日益趋向个性化、多样化，对家具设计也提出了更高要求，家具设计师是创意设计类新职业的代表。

3. 职业分类越来越细

随着社会需求的增多、技术的发展以及产业细分导致社会分工的细化，职业分类已远非"三百六十行"所能概括。比如，银行职员这个职业有了更进一步的划分，更加专业化，出现了资金交易员、资金结算人员、清算人员等一些过去没有的职业。比如随着策划风潮此起彼伏，"策划师"就有 4 种之多，如商务策划师、会展策划师、数字视频（DV）策划制作师、房地产策划师等。再如，养宠物的人越来越多，与宠物有关的新职业也随之增多，仅负责专业维护的职业就有"宠物健康护理员""宠物医师"等。又如，挖掘机驾驶员以前一直被混淆在普通驾驶员中，现在单列出来，代表当前时代对该职业的重视。

4. 市场特征越来越明显

与市场经济一同成长的各类中介服务业的兴起，创造了一大批计划经济体制下不曾有的职业，如技术经纪人、房地产经纪人、人才中介服务人员，这些中介职业正成为现代信息社会人们交流沟通的桥梁。随着股份制企业出现，各类证券交易人员也日益增多，不少人半路出家，几年下来却成为行家里手。那些随着市场经济应运而生的职业，必将随着市场经济的发展获得更旺盛的生命力。

5. 新需求催生新职业

我国新职业的种类可谓五花八门，比如汽车陪驾师、汽车交易咨询师、私家汽车保养师、房地产置业设计师、房产经营代理师、餐点营养顾问、私人形象顾问、商业谈判服务师、会务速记、楼房模型制作、私人外语聊伴、外国人家庭生活顾问、宠物心理医生、宠物营养师等。浙江出现了一种新的职业：陪购，即跟随客户出入商场，协助挑选适合客户的衣服并负责砍价和拿包，工资按小时计算。并且服务比较灵活，客户到省内任何一个城市陪购都可跟随。上海出现了"职业跳车人"，主要职责是帮助出租车行政管理部门做暗访，每天的工作是"打的"，看出租车司机是否有不文明或者不合法的经营行为。江苏还出现了专门给人点菜的"点菜师""配餐师"。上海出现的"信用管家"很受市场欢迎，主要职责是进行信用调查、评估和管理咨询等服务。青岛出现了专门开汽车的"酒后代驾师"，广州出现了专门拍汽车违章的"线人"。近年来，一种被称作"危机公关顾问"的职业在国内悄然兴起。霎时间，国内各大公关公司对"危机公关业务"的资源展开了激烈的争夺。而在这种行业趋热的局面下，本就稀少的专业危机公关人才显得越发珍贵，各公司高薪聘请的招聘告示随处可见。在新职业的背后，往往折射出经济和社会变迁的轨迹。

6. 技工职业备受重视

随着办公室岗位竞争的白热化，加上技工类岗位就业环境的日渐改善，技术含量的提升，以及薪资、福利待遇的进一步提高，"白领"与"蓝领"之间的差距得到缩减，技工类职业重回人们的视线。技工类岗位本身的职业稳定性相对较高，有利于个人的长期发展。因此，在新职业中，一些城市发展新兴领域的职业也被纳入技工类岗位，包括锁具修理工、汽车模型工、微水电利用工、激光头制造工、小风电利用工、霓虹灯制作员、印前制作员、数控机床装调维修工、轮胎翻修工、城市轨道接触网检修工、陶瓷工艺师、糖果工艺师、集成电路测试员等"灰领""蓝领"技工人才。

7. 一些老职业在重新崛起

20世纪50年代社会主义改造后，一些旧的职业消失，如拍卖师、典当师等。在计划经济向市场经济转变后，这些职业重新兴起，并沿着更加规范的轨道发展。如拍卖行业自1995年实行持证上岗以来，已有越来越多的人获得从业资格。还有一类是更新的职业，比如过去只有传统的车工，随着数字技术在制造业中的广泛应用，又出现了数控车工。

新职业的确立，体现了中国社会生活的变化和进步，深刻地反映了我国劳务市场的需求方向；新职业制度的建立和实施，对于促进就业和发展职业教育具有不容置疑的牵引导向作用。改革开放使中国社会发生了巨变，这种变化势必在国人的职业生存方式中体现。了解分析这种变化，对于企事业单位各种不同类型的人才规划、管理自己的职业生涯具有重大意义。新职业的诞生和成长，不仅仅记录了职场发展的轨迹和程度，而且在更宏观的背景下折射出时代风云和社会变迁。新职业潜藏的就业空间让很多人十分看好，但是只能说明在目前的职业市场上这类职业已经具有一定的规模，但这种职业的收入、工作环境、职业前景、职业的生命力如何，职业生命周期有多长等都还是未知数。人们在选择新职业的时候，一定要看好新职业是否与自己的经历、爱好匹配。

三、职业化与职业资格

（一）职业化

职业化（professional）就是职业素养的专业化，具有专业的、职业的、专业人员、职业人的含义。职业素质在职业化进程中起着核心作用。

职业化是指精于业务。首先，专业化是职业化的基础；其次，要理性地对待工作，无论工作的内容喜欢与否都要认真做好，并且要学会喜欢所做的工作，这才是一个职业人成熟的心态。良好的职业心态是事业成功的基础。

进行职业化，就是要求自己必须具备职业道德、职业精神、职业心态、职业习惯、职业形象，必须具备了解自我、制定适合自己的职业规划、根据环境的变化适时调整自己职

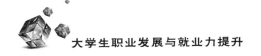

业目标的职业规划能力。

（二）职业资格

某一职业对必备知识与技能的基本要求就叫职业资格。职业资格包括从业资格与执业资格。从业资格是指从事某一专业（职业）学识、技术和能力的起点标准。执业资格是指政府对某些责任较大，社会通用性强，关系国家、社会公共利益的专业（职业）实行的准入控制。

职业资格与文凭不同，文凭是一个人接受教育的年限、文化程度和学业程度的证明，由教育部门颁发；而职业资格是一个人能否胜任某一职业的证明，由人力资源和社会保障部门或其委托的部门颁发。职业资格是对劳动者进入劳动力市场实行的就业准入控制，与工资待遇相对应，和养老保险与医疗保险等相衔接，实施劳动监察、劳动合同签订的有效证件。

大学生有可能涉及以下两大系列的职业资格。

1. 人力资源和社会保障部认定的专业技术人员职业资格

在专业技术工作领域实行专业技术人员职业资格证书制度。专业技术人员的从业资格通过学历认定或考试取得。在普遍实施从业资格的基础上，不少职业还开始推行执业资格，如注册会计师、注册建筑师、护工执业资格等。执业资格考试由国家定期举行，采用全国统一考试形式。

2. 人力资源和社会保障部认定的技术工作职业资格

以技能为主的职业资格鉴定，由人力资源和社会保障部门委托职业资格鉴定站（所）组织，是一项基于职业技能水平的考核活动，分为知识要求考试和操作技能考核两部分，采用笔试和现场操作形式。有些涉及人身安全的工作，需有关行业主管部门核发"上岗证"，如汽车驾驶员、电工等。

四、职业发展趋势

伴随着现代新的技术革新尤其是全球通信技术和互联网络的发展，职业信息对职业指导的基础性作用表现得尤其重要。在职业指导过程中，向求职者、劳动者提供相应的职业信息，与各方面交换职业信息，帮助职业指导对象制定决策等，都决定着职业指导人员需要对各种职业信息进行采集与处理。

（一）职业的发展形式

经济的全球化和科学技术日新月异的发展不断改变着整个世界的面貌，更改变了人们的工作和生活方式，并对职业的发展产生了巨大的影响，很多职业的工作方式也在改变，职业呈现新的发展形式。

1. 全职工作

全职工作是指在一个或大或小的稳定的单位为同一雇主连续工作，每周工作 40 小时或以上的全职性工作，有长远的职业发展和稳定的收入待遇。

2. 兼职工作

兼职工作时指一个人同时兼有 2 个或以上的独立的工作角色，工作环境具有多样性、灵活性和变化性，但是需要不断地更新自我技能。

3. 自由职业

自由职业是一种不属于某个固定组织的个人经营模式。可以自由地决定工作时间和服务对象，根据工作成果来获得报酬。

4. 自我创业

自我创业是指企业家雇用其他人经营企业，具有高风险、高回报的特点。企业家重视独立、刺激和成功，具有控制内在因素的特质，很能容忍不确定的状态。

不同职业的工作时间也出现了多种形式，有固定工作时间制、弹性工作时间制、轮班工作制、流动工作制、远程办公制、自由工作时间制等。

（二）未来职业变迁发展态势

从发展态势看，我国未来职业变迁将呈现以下特征。

1. 社会职业种类越来越多

随着社会分工的发展和职业的分化，社会职业已远远超过"三百六十行"。据有关资料介绍，大约在 20 世纪 70 年代，全世界职业种类就超过 42000 种，目前则更多。

2. 行业变化速度越来越快

工业革命时期，主要是纺织业变化速度较快。直到进入 20 世纪，钢铁、汽车和建筑业才先后超过纺织业，但是，电子行业从产生发展到成为一个主要行业，只用了几十年时间。从农业革命到工业革命经历了数千年，而从工业革命到新的产业革命才 200 多年。就在这 200 多年里，不断出现新的行业，且行业的主次地位的变化也越来越快。

3. 由单一技能向跨专业、复合型转化

从目前招工、就业的情况分析，职业岗位的要求和劳动方式逐步由简单向复杂方面转化，过去掌握单一技能就能胜任的工作现在职业内涵扩大了，往往需要相关专业的许多知识和技能，需要更多的跨专业和复合型人才，如许多职业的从业人员都要求具备一定的英语能力和计算机技能。

4. 由封闭型向开放型转化

随着改革开放的深入，职业岗位工作的范围和面向的服务对象越来越广泛，接收信息的渠道更加多样化，人们相互之间的交往和协作大大加强。这种开放性体现在职业岗位工

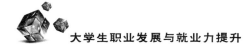

作的性质上，即增加了一些以人与人之间联络、沟通、信息咨询和交易为表现形式的内容，如许多职业都需要借助互联网从事职业活动。

5. 由传统工艺型向信息化、智能型转化

传统工艺型职业在科技含量上相对滞后，在技术更新速度方面比较缓慢，有时跟不上时代前进的步伐。生产力发展的关键之一是增加职业岗位科技含量，改善劳动组织和生产手段，提高劳动生产率。能熟练应用信息管理方法的智能型操作人员是今后职业岗位更新、工作内容更新需要的新型人才，如传统的仓库管理工作由于需要及时提供库存信息而向物流师方向发展。

6. 由技能型向知识创新型转化

知识经济的到来，要求社会成员不断树立创新意识，在自己的职业岗位上进行创造性劳动。今后只有创造型人才才能更好地胜任岗位职责，如舞台灯光设计师、个人形象设计师等职业大部分都具有创造性。

7. 服务性职业向知识技能化发展

劳动力市场预测专家认为，未来的新职业会越来越多地出现在服务部门，特别是与健康、通信和计算机相关的行业。第三产业在劳动者数量增加的同时，对从业人员质量的要求也在不断提高，产生了知识型服务性职业，而且是吸纳社会劳动力的主要渠道。如传统的职业介绍演变为职业指导或猎头服务，实际上是原先的简单提供信息或中介活动发展为利用知识提供信息咨询服务。这就使大学生就业时，出现了与过去的大学生毕业被分配时截然不同的具体情况：一是劳动岗位中体脑混合且体力劳动所占的比例越来越小；二是与传统专业绝对对口的岗位越来越少；三是劳动岗位的地域空间越来越小，行业特征不像过去那么鲜明；四是岗位所需的职业知识和技能更新周期加速，复合程度提高。

上述情况将使宽口径复合型通用型专业的大学生择业余地较大，将使用人单位对大学生的非专业综合素质的要求空前提高。

【交流与讨论】

为适应未来职业变迁发展态势，从现在开始，你准备怎么做？

 【知识窗】

英国未来学家预测可能出现的十大职业

随着人工智能等计算机技术不断发展，未来将出现更多相关职业。英国未来学家伊恩·皮尔逊与亚马逊公司合作，推出未来几年创新计算机科学和人工智能领域可能出现的十大职业榜单，包括医疗急救无人机程序员、元宇宙建筑师以及智能辅助体育教练。依据皮尔逊说法，人们误以为人工智能将在工作场所大量取代人，但实际上即使是未来感极强的岗位也依旧离不开人。

据英国天空新闻频道的报道，在皮尔逊列出的榜单中，排在第一位的是医疗急救无人机程序员。相关从业者需是具备医疗急救知识的人工智能专家，因为需要"教"无人机辅助医疗急救团队工作。

上榜的未来职业还包括：

智能辅助体育教练——借助数据和人工智能技术，帮助教练评估运动员的表现和身体状况，预测成绩，调整战术；

人工智能语音教练——使语音助手和视觉形象变得更加逼真；

元宇宙建筑师——在虚拟世界中创造环境和活动，供人们娱乐休闲；

零碳排放交通规划师——设计和规划无人驾驶的公共交通网络；

增强学习技术员——使用人工智能和增强现实技术为教师及其课程创建最先进的工具；

农业人工智能工程师——帮助以更快速度和更大规模生产合成肉、昆虫等可持续食物；

人工智能创意技能导师——通过学习流行趋势帮助创作者提高音乐和艺术水平；

基于人工智能系统的社区护理技术员——使用人工智能技术发现社区中的孤独人士，提醒护理人员谁最需要帮助；

科技时装设计师——研制下一代智能服装和可穿戴设备，比如能够及时对天气变化做出反应的服装。

皮尔逊说："毫无疑问，人工智能将在我们的未来发挥至关重要的作用，但这远远不止硬件开发那么简单。我们需要有人在这个过程的每个阶段取得真正进展。"

他同时表示，人工智能将在工作场所大量取代人是一种"误解"。推出这个未来职业榜单，"不仅想说明我们看到人工智能在支持明天的工作世界，还想说明人在这个过程中是多么重要"。

——摘自新华社官方账号，2022－11－09

五、大学生职业探索的内容

（一）职业探索的概念及重要性

职业探索是对职业进行理论分析和实际调研的过程。其目的是对职业进行充分的了解，并在明确与职业要求的差距后制定相关行动策略，有效地规划大学生活。

1. 探索职业世界是职业选择的基本前提

在职业生涯规划的自我探索阶段，大学生本人对自身的价值观、性格、兴趣、技能进行了探索，初步形成了职业目标，不过这种职业目标往往还停留在意识层面。至于职业目标离现实的差距有多大，能否经得起现实检验，只有通过探索工作世界，仔细了解用人单

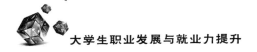

位和工作岗位的相关要求，才能进一步明确职业发展方向。

2. 探索职业世界是顺利就业的可靠保证

《孙子兵法·谋攻》有云："知彼知己，百战不殆。""知己"就是对自身的价值观、性格、兴趣、技能的探索，"知彼"就是对职业世界的探索，而"知己"与"知彼"相比较，"知彼"就更为重要。通过探索职业世界，大学生可以了解职业目标所需的能力，从而于在校期间有意识地训练和加强这方面的能力，努力缩小差距，为顺利就业提供可靠的保证。

（二）职业探索的内容

职业探索的主要内容，就是分析职业环境、了解工作世界，即认清所选职业在社会大环境中的发展现状、社会地位、岗位要求、未来发展趋势等。分析职业环境，主要从社会环境、组织环境、具体职业、其他环境因素等方面入手。

1. 社会环境分析

社会环境对每个人的职业生涯发展都有重大的影响。社会环境分析是指宏观性地通过对社会大环境进行分析，可以了解所在国家或地区的经济、法治建设发展方向等，寻求各种发展机会。

影响个人职业生涯的社会环境因素主要包括以下几点。

（1）经济发展水平

在经济发展水平高的地区，优秀企业相对集中，个人职业选择的机会较多，但也往往面临更激烈的竞争；反之，经济落后的地区，虽然个人职业选择的机会相对较少，但因当地更需要人才，也许经过一番努力能够更利于自身的职业发展。

（2）社会文化环境

社会文化是影响人们行为、欲望的基本因素，主要包括教育水平、教育条件和社会文化设施等。在良好的社会文化环境中，个人素质更容易受到正面影响和熏陶，从而为职业发展打下更好的基础。

（3）政治制度和氛围

政治和经济是相互影响的，政治不仅影响一国的经济体制，而且还影响企业的组织体制，进而直接影响个人的职业发展。政治制度和氛围还会浅移默化地影响个人的追求，从而影响个人的职业选择和目标。

2. 组织环境分析

进行全面的组织环境分析，是职业探索的核心。组织环境分析主要包括行业环境分析和组织内部环境分析。

（1）行业环境分析

行业环境分析主要包括行业现状、政策或事件对行业的影响、行业发展趋势、行业优势与危机、行业标杆企业的动向等。在分析行业环境时，一定要结合社会大环境的发展趋势。例如，科学技术的飞速发展会使某些行业逐渐萎缩、消亡，而更多极具发展前途的朝阳行业不断出现、发展起来。还要注意国家政策的影响，看国家对某一行业的态度是扶持、鼓励还是限制、制约，尽量选择有前景、发展空间较大的行业。

（2）组织内部环境分析

个体所选择的组织是其职业生涯直接依存和发展的土壤。每个组织都有自己的发展目标和运作模式，了解组织的基本情况是就业选择的基础。在进行职业生涯规划时，一定要把个人的发展与组织的发展结合起来考虑。以企业为例，企业内部环境分析的主要内容包括企业特色、经营战略和人力资源评估等方面。

3. 具体职业分析

职业分析，首先要了解目标职业的概况，其次要了解职位的具体要求。

（1）职业评估

职业评估包括对职业资料的探索和评价（见表3-1）。虽然不少人从小就有着朦胧的职业概念，如"医生是拿听诊器的""护士是给病人打针吃药的"等，但这些只是个别职业的外在特征，人们对职业的了解其实还远远不够。医生和护士这两个职业各自的关键点在哪里，大多数人可能并不了解。关于职业的信息和内容还有很多，应该通过各种途径了解清楚，最好能建立、保持与相关从业人员的联系，以了解客观信息和在职者的主观感受。

表3-1 职业信息评估内容

职业信息评估内容									
管理性因素		发展性因素		入门条件		学习、工作实况		所得所感	
组织构架	人员结构	所属行业	业务范围	自然条件	所需教育培训	学习、工作内容	学习、工作强度	薪酬福利	个人发展
组织类型	组织文化	发展规模	业内排名	心理要求	学习工作经验	学习、工作环境	学习、工作管理	社会资源	满意度

（2）工作分析

工作分析又称职位分析、岗位分析或职务分析，指通过系统性的方法，对工作（岗位）本身以及任职者所需的知识、技能、条件进行分析。工作分析所要收集的职业信息可归纳为6W1H，即做什么（what）、为什么（why）、用谁（who）、何时（when）、在哪里（where）、为谁（for whom）、如何做（how）。通过对收集的信息进行整理和分析，所得到的结果就是各个岗位的岗位说明书。岗位说明书包括两大部分：工作描述和工作规范。

①工作描述的内容。工作描述包括岗位名称、工作目的、工作职责与工作任务、工作联系工具和设备、绩效标准、权限、岗位的晋升与替代、工作条件等方面的内容。

②工作规范的内容。工作规范包括教育背景、工作经验、知识技能、个性特征、身体要求及其他特殊要求。

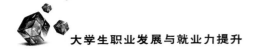

4. 其他环境因素分析

除了社会环境、组织环境、具体职业等外部因素外，影响个人职业发展的其他环境因素还包括所学专业和家庭等因素。

（1）所学专业因素的影响

不同的专业有不同的知识结构和专业技能要求，不同的专业对应的相关职业也不同。一个专业可以对应一个甚至是几个相关的职业群。因此，大学生应该从所学专业出发，分析本专业对应职业群的相关职业信息，了解并把握本专业与未来职业的关系。分析的重点主要体现在 3 个方面：与本专业对应职业群有关的职业资格；科技进步对本专业对应职业群的影响及演变趋势；与本专业相关的职业机会与前景。

（2）家庭因素的影响

当今时代，家庭与个人工作之间的联系日益紧密，两者相互融合、相互渗透。大学生在进行职业生涯规划时，容易忽视与生涯发展有关的婚姻、家庭信息。家庭对每个人的职业发展有着不同影响，这种影响既有积极的一面，也有消极的一面，需要正确地对待。在分析家庭因素时，需要重点把握好 4 个方面：情感的支持；个人技能的发展；时间与精力分配的矛盾；繁杂的家庭事务和关系的处理。

【交流与讨论】

说说你自己将来想从事的职业，并谈谈这一职业在今后的发展趋势。

六、大学生职业信息的获取渠道

大学生常见且有效的获取职业信息的渠道主要有以下 10 种。

（一）生涯人物访谈

通过生涯人物访谈，可与同一行业中数位工作者深入交流而获取职业信息。它能帮助求职者（尤其是在校大学生）检验和印证以前通过其他渠道获得的信息，并了解与未来工作有关的特殊问题或需要，如潜在的入职标准、核心素质要求、晋升路径和工作者的内心感受等，这些信息是通过大众传媒和一般出版物所得不到的。

做好生涯人物访谈，需遵循以下 7 个步骤。

第一步，确定访谈的内容。首先要明确通过访谈希望了解到的内容是行业、企业方面的信息，还是职业、职位方面的信息。

第二步，寻找访谈的对象。可通过老师、家人、校友等的推荐，也可以按照个人意愿主动寻找，还可通过网络途径找到访谈对象。注意访谈对象的结构，应既有初入职场的新人，也有已经工作一定年限的中高层人士。

第三步，决定访谈的方式。访谈的方式包括面谈、电话访谈和书面访谈（电子邮件、

QQ、微信）等。可以先向被访者预约，预约时首先自我介绍，然后说明找到他（或她）的途径、采访目的、感兴趣的工作类型以及采访所需时间（通常20～30分钟）。如果访谈对象无法应约，可礼貌地征询能否推荐类似的人选。不管成功与否，都应表示感谢。

第四步，准备访谈的清单（见表3-2）。为提高访谈效率，要根据不同的访谈对象和内容设置不同的访谈清单。在正式访谈前，对生涯人物的信息掌握得越全面越好。

表3-2 生涯人物问题访谈清单

职业咨询方面	生涯经验方面
1. 工作性质、任务、内容	1. 个人教育、训练背景
2. 工作环境、工作时间	2. 投入该职业的决策过程
3. 所需教育、训练、经验	3. 生涯发展历程
4. 所需个人资格、技能	4. 工作心得：乐趣和困难
5. 收入、薪资范围、福利	5. 对工作的看法
6. 进修和升迁机会	6. 获得成功的条件
7. 未来发展前景	7. 未来规划
8. 企业文化	8. 对后进者的建议

第五步，进行正式访谈。访谈时要灵活变通，视实际情况适当增加或减少一些问题，不必完全按照清单顺序机械地提问；要尊重访谈对象的感受，当涉及年龄、职务、家庭收入等敏感话题时，尤需斟酌措辞；注意观察被访谈者的工作环境，感受真实的工作氛围。

第六步，结束访谈。访谈结束时，要礼貌地表示感谢，可以赠送一些自己的作品、所学专业的宣传资料或小礼物；在访谈结束后发一条信息表示感谢，或写一封感谢信，并简要小结自己的访谈收获。

第七步，整理访谈的结果。访谈结束后，要及时整理、分析和归纳访谈记录，并确定是否要进行后续或其他的访谈。

（二）书籍、报刊等出版物

无论是专业报刊，还是书籍，都能提供一些职业方面的信息，如《中国职业分类大典》《高校毕业生就业手册》《中国大学生就业》《21世纪人才报》等，都可以提供详尽的职业信息。

（三）视听材料

影视节目等是观察职业的生动窗口。如《令人心动的Offer》《闪闪发光的你》等电视栏目，可以从中了解职场发展的状况和职业人的面貌。另外，一些影视作品虽然将某些职

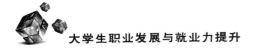

业进行了艺术的夸张，但也可从中获取感知的职业信息，比如《律政俏佳人》中的律师、《穿普拉达的女王》中的时尚编辑等。

（四）人才交流活动

例如，广东省高等学校毕业生就业指导中心每年都会主办专门面向大学毕业生的供需见面活动。另外，观察招聘现场也是大学生了解目标职业的有效途径。

（五）行业发展调研

通过对目标行业的考察、调研，可以了解该行业的发展现状和未来趋势，掌握可靠的第一手资料。

（六）他人经验

大学生可以利用学校提供的机会和资源，向校友了解相关的职业信息；还可以借鉴他人的面试经验，总结出自己想要的信息。

（七）直接现场观察

到工作场所观察工作的环境和状况，对于没有工作经验的人来说是非常有帮助的。大学生可以通过学校或父母及亲朋好友的帮助寻找这种机会。

（八）实习兼职实践

参与工作是最直接的体验，亲身实践会增加大学生对这项工作的了解。除了实习之外，课余或假期的兼职以及志愿者服务也是获取信息的有效途径。

（九）接受专业信息咨询指导

信息咨询指导是一种通过提供职业信息来帮助大学生增进对职业世界的了解的方法。大学生职业定向方面的许多问题都源于缺乏对职业世界广泛而深入的了解，开展职业信息咨询服务便成为包括学校就业指导中心在内的各种职业就业指导机构常用的一种方法。在介绍各种职业资料时，指导者通常会结合咨询者的具体情况进行说明与分析，这种方法的效果较好。

（十）计算机和网络

利用计算机和网络获取职业信息是信息时代越来越普遍的一种探索职业的方法。许多大型的专业网站均刊载了大量的职业信息。大学生可以通过网络，针对目标职业搜集不同单位的招聘信息，在具有一定样本量的基础上进行分析、整理，提炼出该类职业（或岗位）对从业者在能力与素质方面的共同要求。

【榜样力量】

许振超："当一个好工人"

他是一位普普通通的工人，只有初中文化，却靠着刻苦钻研技术，干一行、爱一行、精一行，从一名码头工人成长为"学习型、知识型、创新型"的当代产业工人的杰出代表，带领团队先后8次刷新集装箱装卸世界纪录，创造享誉全球的"振超效率"。他就是许振超。

1950年1月8日，许振超出生在一个贫穷的工人家庭。1968年，只上了一年半初中的他，成为一名普通工人。1974年，许振超进入青岛港，与码头结缘。1994年加入中国共产党。许振超犹记得入行时亲朋好友送给自己的一句话："好好干，当一个好工人！"这成了他几十年来追求、奋斗的目标。

1984年，青岛港组建集装箱公司，许振超被选为第一批桥吊司机。第一次接触这种高技术含量设备，面对二三百页的手册、密密麻麻的外文，许振超感到了压力。他买了一本英汉词典，挨个查询单词，把单词抄在本子上随身携带，有空就反复背、反复练，很快成了业务骨干。

正当许振超准备大干一番时，却发生了一件让他刻骨铭心的事。1990年，一台桥吊控制系统出现故障，请外国工程师维修的高达4.3万元人民币的维修费让许振超震惊了。当许振超试着向外国专家请教时，人家却耸耸肩，不屑一顾。许振超被深深刺痛了，他发誓："一定要争口气，学会自己修桥吊。"为了攻克这门技术，许振超着魔似的钻研。一块书本大的控制系统模板，一面是密密麻麻上千个电子元件，另一面是弯弯曲曲的印刷电路，为了分辨细如发丝、若隐若现的线路，许振超用玻璃专门制作了一个简易支架，将模板放在玻璃上，下面安上100瓦的灯泡，通过强光使模板上隐身的线路显现出来，再一笔一笔绘制成图。许振超前前后后用了整整4年时间，一共倒推了不同型号的12块电路模板，绘制的电路图纸有两尺多厚。凭着这股劲儿，他逐步掌握了各类桥吊技术参数和设备性能，不仅能排除一般的机械故障，还能修复精密部件。这套模板图纸后来成为桥吊司机的技术手册，成为青岛港集装箱桥吊排障、提效的"利器"。

许振超不仅自己练就了"一钩准""一钩净""无声响操作"等基本功，还带出了"王啸飞燕""显新穿针""刘洋神绳"等一大批工人品牌。他经常语重心长地对大家说："咱码头工人要把脊梁挺起来做人，要在岗位上站得住。""许振超大师工作室"获得人力资源和社会保障部批准之后，许振超对打造工匠精神更加关注。他带领团队围绕码头安全生产需求，开展科技攻关，推进互联网战略，持续破解安全生产难题，完成了"集装箱岸边智能操作系统"，在世界上率先实现"桥板头无人"，解决了集装箱桥板头作业人机交叉的风险问题。他带领团队打造的"48小时泊位预报、24小时确报"服务品牌，每年为

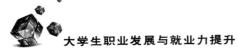

船公司节约燃油 1.26 万吨，成为青岛港的又一金字招牌。

　　许振超说："我靠的就是永不满足的拼劲和学习上不服输的韧劲，只有这样，才能把自己锤炼成'能工巧匠'。"从业几十年，许振超始终践行着执着专注、精益求精、一丝不苟、追求卓越的工匠精神，在平凡的岗位上做出不平凡的业绩。他从未忘记过自己是一名工人，一定要"当一个好工人"，这就是许振超对工匠精神最朴素而深刻的诠释。

——摘自党建网，2022 − 02 − 11

本章自我小结

【实践训练】

训练一：画出你的家族职业树

将家庭中的亲属及他们的职业写在下面的家庭树上。

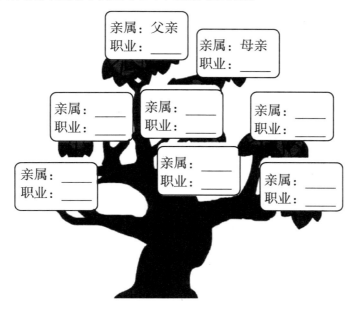

亲属：父亲
职业：_____

亲属：母亲
职业：_____

亲属：_____
职业：_____

亲属：_____
职业：_____

亲属：_____
职业：_____

亲属：_____
职业：_____

亲属：_____
职业：_____

亲属：_____
职业：_____

请思考以下问题。

1. 我家族中最多人从事的职业是什么？我想从事这种职业吗？原因是什么？

2. 我的至亲如何形容他的职业？他（她）平时会提到哪些职业？他（她）的看法对我有什么影响？

3. 家族中对彼此职业感到满意和羡慕的是什么？

4. 我觉得家人对我未来选择职业的影响是什么？哪些职业是我绝不考虑的？哪些职业是我有所考虑的？选择职业时，我还重视哪些条件？

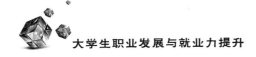

训练二：职业生涯人物访谈

一、活动目的

通过职业生涯人物访谈收集使你做出明智职业生涯决策的信息，如获取最新的职业信息；扩大你的职业人际关系网；树立工作面试的信心；确定专业实力和不足；从内部看组织。

二、活动要求

提前准备好生涯人物访谈。列出你感兴趣的组织和访谈人，从多方面进行了解，拟定好访谈提纲，安排好访谈时间。

三、活动过程

1. 准备工作

①列出你感兴趣的组织和访谈人。

②访谈前，打电话给你要访谈的人，进行自我介绍并说明意图，说明访谈中你感兴趣的工作类型、原因以及进行访谈所需要的时间（通常为20～30分钟）。如果你要访谈的人不能和你见面，就问问他能否给出5分钟的时间进行电话访谈。如果他还是很忙，就请求其介绍一位与他所做工作相似的人。感谢他能够接受访谈并确认访谈的日期、时间和地点。如果他不能见你，就表示遗憾。如果得到了被推荐人的名字，应表示感谢。

③拟定访谈提纲。注意一次访谈的问题不要太多，一般为5～10个。问题一定要简洁，不要浪费他人的时间，并且按约定的时间结束访谈。你在生涯人物访谈中可以提出以下问题。

·在这个工作岗位上，您每天都做些什么？

·您是如何找到这份工作的？

·您是如何看待该领域工作将来的变化趋势的？

·您的工作是如何为实现组织的总体目标或使命贡献力量的？

·您所在领域有"职业生涯道路"吗？

·本职业需要什么样的人？

·到本领域工作所需要的基本前提是什么？

·就您的工作而言，您最喜欢什么，最不喜欢什么？

·什么样的初级工作最有益于学到尽可能多的知识？

·本领域初级职位和略高级别职位的薪水是多少？

·工作中采取行动和解决问题的自由度如何？

·本领域有发展机会吗？

·本工作的哪部分让您最满意，哪部分最有挑战性？

·什么样的个人品质或能力对本工作的成功来讲是重要的？

·您认为将来本工作领域潜在的不利因素是什么？

·依您所见，您在本领域工作遇到了什么样的问题？

· 对于一个即将进入该工作领域的人，您愿意提出特别建议吗？

· 本工作需要特别的知识、技能和经验吗？

· 本工作需要什么样的教育或培训背景？

· 公司对刚进入该工作领域的员工提供哪些培训？

· 还有哪些方法能帮助我深入了解该工作领域？

· 您的熟人中有谁能做我下次的采访对象吗？当我打电话给她（他）的时候，可以提您的名字吗？

· 根据您对我的教育背景、技能和工作经验的了解，您认为我在做出最终决定之前还应在哪个领域、什么样的工作上进行深入的调查研究呢？

以上问题可以根据自己的需要筛选整理，但是关于生涯人物对工作的主观感受一定要问。例如，可以问："就您的工作而言，您最喜欢什么，最不喜欢什么？"它可以使你更立体地了解一种工作。

2．访谈

3．体验与收获

结合自我体验和访谈收获，写出目标生涯人物访谈报告，题目自拟。内容包括目标职业生涯人物的选取、目标职业生涯人物简介、访谈过程简介、访谈问题总结、对目标职业的分析、自身认识的变化、对自己就业和将来职业发展的帮助等。

目标生涯人物访谈报告

访谈目的						
被访人基本情况						
姓名		性别		联系方式		
毕业时间		毕业院校			所学专业	
现工作单位				现任职务		
访谈内容						
访谈总结						

第四章　明确职业生涯定位

　　如果一个人没有明确方向，那么就像大海里没有方向的船，即使你再努力，燃料再足，你越航行离陆地越远，很难到达美丽的陆地。那么，求职前，如何确定我们所要进入的行业呢？要明确自己的职业生涯定位，选择具有长远竞争力的行业。不能只图一时的收获，而忽视了长远发展。

【学习目标】

1. 理解职业决策中有效策略的特征及类型。

2. 分析自己的决策 CASVE 循环，掌握职业决策平衡单的使用方法。

3. 能应用 SWOT 分析法对自己的职业生涯进行探索分析。

【名人名言】

　　要有生活目标，一辈子的目标，一段时期的目标，一个阶段的目标，一年的目标，一个月的目标，一个星期的目标，一天的目标，一个小时的目标，一分钟的目标。

——托尔斯泰

【本章思维导图】

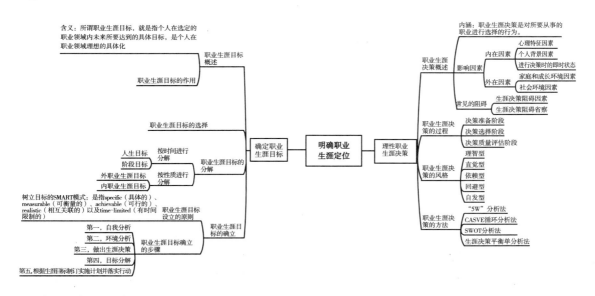

【案例导入】

魏某，广东某职校计算机专业毕业生，毕业时应聘到广东某软件公司做程序员。工作了几个月后，他感觉日子特别乏味，晚上经常加班到 12 点，周末也少有休闲时间。于是辞职去另一家公司做硬件销售。又做了几个月后，由于他性格比较内向，不善与人沟通，业绩平平，只拿得到保底工资，而且东奔西跑，辛苦不说还饱受冷遇。不到一年，他又辞职去了另一家公司面试。

几年时间很快过去，同班的同学学业有成，有的做技术的当了项目经理，有的做销售的成了区域经理；有的同学还自主创业开了公司，而自己换了一行又一行的职业，快"而立之年"了还在为生存不停地奔波。

面对未知的未来，大学生在确定重大目标时显得迷茫踌躇，做重要决策时显得惶恐不安，不知自己当下的决策会为自己带来哪些改变，不知自己在人生蓝图上画出的是怎样一笔。那么，大学生在进行职业规划以及就业的时候，如何能够做出有利于自身长远发展的职业决策呢？

【理论链接】

一、确定职业生涯目标

目标是我们行动的指南针。对一个人的职业生涯来说，确立合理的目标显得尤为

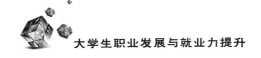

重要。

（一）职业生涯目标概述

1．职业生涯目标的含义

所谓职业生涯目标，就是指个体在选定的职业领域内未来所要达到的具体目标，是个体在职业领域理想的具体化。它既代表着个体的理想追求，也指引着个体的行动方向。生涯目标是未来某时间点要达到的成就。不同时间点的成就是不一样的，每一时间点的成就也有不同的内容。

职业生涯目标是个体一生职业发展的方向、设想和希望达到的目的地。为了有效地实现自我价值、争取在事业上取得更大的成就，每个人都需要对自己所从事的职业、要为之服务的工作单位和组织、要担负的职务以及在工作岗位上的发展道路进行全面的规划。

大学生职业生涯目标是指大学生根据社会期望和自身发展的需要，确立自我奋斗目标和发展方向。树立职业生涯目标不仅可以为大学生的自我发展提供导向，也有利于调动大学生的积极性、主动性和创造性，既是大学生自我发展的出发点和归宿，也是大学生自我发展的核心问题。

2．职业生涯目标的作用

（1）目标能让我们的人生更有价值

当一个人认为自己的目标并不重要时，他为达到目标所付出的努力就没有什么价值；如果一个人认为自己的目标很重要，情况就会相反。因此，人们必须把目标建立在自己的理想之上，如果我们的各个目标组成了我们所珍视的理想，那么我们就会感受到为之付出的努力是有价值的。

少数人忙碌一生，却总是不能全力发挥自身在某个领域的特长。这是为什么呢？《激励你一生》的作者李胜杰指出，"其实，原因很简单，他根本没有自己的人生目标"。所以，只有当一个人知道自己想要什么时，才会全力以赴地向自己的目标前进。一颗种子可以孕育出一大片森林，同样，生涯规划可以成就精彩的未来。面对精彩的大学时光、漫漫的人生路途，让我们选定目标，从今天着手，从现在出发！

（2）目标能激发我们的潜能并使我们产生积极的心态

明确具体的目标是我们努力的依据，是能让人产生战胜一切的动力。没有远大目标的人，即使有巨大的能力，也很难取得巨大的成功。

当一个人下定决心之后，就没有什么能够阻止他达到目标。一旦有了对成功的渴求，就会产生强烈的使命感与责任感，并为之拼搏。强烈的动机可以驱使人超越诸多困境。如果你至今仍不清楚自己希望达到怎样的人生高度，那么请把你的目标写下来，矢志不渝地向着心中的目标拼搏进取，这样，你就会敏锐地捕捉到成功的契机，顺利抵达理想的彼岸。只有当我们给自己的人生设定了目标，我们内心深处那个勇敢、坚定、执著、不畏艰险的"我"才会走出来，才能最大限度地激发自己的潜能，更好地迎接人生路上的各种挑战。要发挥自身的潜力，我们必须全神贯注于自己有优势并且会有高回报的目标。远大的目标能促使我们集中精力，当我们不停地在自己的优势方面努力时，这些优势就会得到进一步扩大。目标是人努力的方向和依据，也是一种鞭策和鼓励。随着分步目标的实现，你就会有收获感和成就感，这种感觉会产生积极的心态，积极的心态会促使你更积极地投入最终目标的实现中。另外，随着目标的逐步实现，你对自己的能力愈来愈清楚，这也提供了一种自我评估的重要手段。你可以不断调整自己行动中的偏差，根据与目标的距离来衡量所取得的进步，测知自己的效率，从而更加充满信心地前进。

（3）目标能使我们更好地把握现在

目标对目前的工作具有指导意义。现在是未来的一部分，因而要把握现在、重视现在。回顾过去，可以借鉴历史的经验和教训，可以从成功的案例中汲取营养，从失败的实践中获得教训；而对未来的展望使人充满信心和期望。为了未来的愿景，当然需要切实把握现在。

任何理想的实现，都需要制订并且达到一连串的目标。每个重大目标的实现，都是几个小目标实现的结果。我们现在的种种努力都是为实现将来的目标铺路，做好现在，才能成就未来。

（二）职业生涯目标的选择

职业生涯目标的选择要完整，目标规划要涵盖生理与身体、认知、社会、情绪、人格等内容。职业生涯目标的选择一定要清楚，可以量化，一件件具体的事情，一个个量化的具体目标，都是人生成功旅途上的里程碑。每一次短期职业目标的实现都是一次评估、一次安慰、一次鼓励、一次加油。职业生涯目标必须合理，不实际的目标只会带来不必要的压力和挫折感。目标确定后并非绝不可以更改，随着对目标的了解和自身情况的变化，可对目标进行弹性调整。确定的职业生涯目标要使人积极、自信、乐观、从容，具备良好的精神状态。

（三）职业生涯目标的分解

职业生涯可用一系列的阶段来表示。目标分解是根据观念、知识、能力差距，将职业生涯的远大目标分解为有时间规定的长、中、短期分目标，直至将目标分解为确定日期可以采取的具体步骤。目标分解是将目标清晰化、具体化的过程，是将目标量化成可操作实施方案的有效手段。

目标的分解方法，最常用的是按时间与性质内容分解。目标分解示意图如图 4-1 所示。

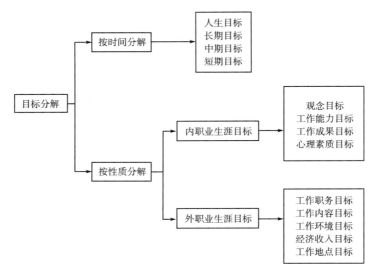

图4-1 目标分解示意图

1. 按时间进行分解

生涯目标按照时间可以分为两种：一是人生目标，这是生涯目标的最高点，也是最终生涯目标；二是阶段目标，这种目标是在通往人生目标的过程中所设立的，是人生目标的分解。

人生目标是整个人生的发展目标，时间长至40年左右。一般说来，短期目标服从于中期目标，中期目标服从于长期目标，长期目标又服从于人生目标。实施目标通常是从具体的、短期的目标开始。大凡成功者，都有明确的人生目标，有了人生目标，人生的航船才有了方向，才不会随波逐流。但是，有了人生目标却不一定就能够成功，就好像一叶扁舟在驶向遥远目标的过程中，会因各种原因到不了目的地。

阶段生涯目标是实现人生目标征途中的一盏盏航灯或一个个路标。阶段生涯目标按时间可以分解为短期目标、中期目标和长期目标。

（1）长期目标

长期目标时间为5～10年。长期目标通常比较粗略、不够具体，可能随着内外部环境的变化而变化，在设计时以勾画轮廓为主。

（2）中期目标

中期目标一般时间为3～5年。中期目标相对长期目标具体一些，如参加一些旨在提高技术水平的培训并获得等级证书等。整个大学生涯阶段的任务目标就属于中期目标。

（3）短期目标

短期目标通常是指时间在1～2年内的目标，是中期目标和长期目标的具体化、现实化和可操作化，是最清晰的目标。

2. 按性质进行分解

个人职业目标按性质可以分解为外职业生涯目标和内职业生涯目标。

（1）外职业生涯目标

外职业生涯目标是指在职业生涯过程中所经历的职业角色（职位）及获取的物质财富的总和，它是依赖内职业生涯的发展而增长的。外职业生涯目标通常由别人决定、给予、认可，也容易被人否定、收回或剥夺。外职业生涯目标侧重于职业过程的外在标记，包含工作单位、工作职务、工作内容、工作环境、工作地点、经济收入、福利待遇、声望、职位等。外职业生涯目标的各因素通常是别人给予的。

（2）内职业生涯目标

内职业生涯目标是指在职业生涯发展中通过提升自身素质与职业技能而获取的个人综合能力、社会地位及荣誉的总和，它是别人无法替代和窃取的人生财富。内职业生涯目标侧重于在职业生涯过程中知识、经验的积累，观念的养成，能力的提高以及内心的感受。这些因素不是拜别人所赐，而是通过努力自己获得和掌握的。内职业生涯目标主要包括以下四个方面。

第一，工作能力目标。如能与上级领导无障碍沟通的能力、组织大型公共关系活动的能力、组织结构设计的能力等。

第二，心理素质目标。主要指能经受住挫折、以平常心看待成功，临危不惧、荣辱不惊。心理素质可以通过情绪智力的培训加以提高。

第三，观念目标。观念主要指对人对事的态度和价值观。观念目标是在工作学习中逐步形成的一种观念或态度。

第四，工作成果目标。指发现和应用新的管理方法、创造新的业绩等。工作成果本身属于外职业生涯目标，但在取得工作成果的过程中取得的知识、经验等属于内职业生涯目标，强调取得工作成果的内心收获和成就感。

外职业生涯目标和内职业生涯目标关系密切，内职业生涯目标的发展带动外职业生涯目标发展，外职业生涯目标的实现可以促进内职业生涯目标的实现。

（四）职业生涯目标的确立

整个生涯规划，是围绕着一系列的大小目标展开的，没有目标就构不成规划。

1. 职业生涯目标设立的原则

目标的制订是否科学、合理，对目标能否顺利实现具有非常重要的意义。在确定生涯发展目标时，可以运用 SMART 目标管理方法，对该目标的可行性进行分析、判断和评估。SNART 目标管理释义见表 4 – 1。

表 4 – 1　SMART 目标管理方法释义

SMART 准则	内容解释
具体的（specific）	明确具体而不空泛，便于比照，能揭示实质与核心
可衡量的（measurable）	量化的，可用某种尺度进行衡量
可行的（achievable）	难度适中，要求在可以实现的范围内且有挑战性
相互关联的（relevant）	本目标的达成一定是为了实现其他目标
有时间限制的（time-limited）	决定一个合理的时间段，然后执行，限期完成

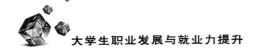

2．职业生涯目标确立的步骤

职业生涯目标设立，必须经过以下五个基本步骤。

第一，自我分析，主要是对个人的性格、兴趣、价值观、技能等方面客观地进行分析，了解自己喜欢做什么、能做什么。

第二，环境分析，即对自己所处的环境进行分析，包括社会发展趋势、经济文化环境、行业发展情况、人才供需情况等，通过对环境的评估，了解自己面临的生涯发展机遇和挑战。

第三，在自我分析和环境分析的基础上，做出生涯决策，选定个人的职业目标和生涯发展方向。

第四，目标分解，明确职业生涯目标，并把目标进行合理的分解和细化。通常是先制订自己的长期目标，然后把长期目标分解为中期目标和短期目标。

第五，根据生涯目标制订实施计划并落实行动。

【交流与讨论】

1．根据所学知识，确立你的职业生涯目标。

2．将你的职业生涯目标进行分解，在课堂上与大家分享。

二、理性职业生涯决策

职业决策是人生必须跨过的门槛，是大学毕业生必须面对的人生关键的一步。倘若拥有一个好的职业，不仅能够充分发挥自己的聪明才智，还有可能成就一番事业。针对当前大学生职业选择中存在的随意性大、被动就业等问题，当代大学生应该掌握一些有效的职业决策知识，注重自身职业决策能力的培养。

（一）职业生涯决策概述

1．职业生涯决策的内涵

决策是为了实现一定目标，采用一定的科学方法和手段，从两个以上的方案中选择一个满意方案的分析判断过程。它是建立在决策者自身和周边环境分析基础上，确定行动目标，并对实现目标的若干可行性方案进行比较和选择，最终确定一个最为优化合理的方案的分析决断过程。简单地说，决策就是做决定的过程。

职业生涯决策这一概念是由乔普森等人在 1974 年提出的，他们认为职业决策是一个复杂的认知过程，通过此过程，决策者组织有关自我和职业环境的信息，仔细考虑各种可供选择职业的前景，从而做出职业行为的公开承诺。简单来说，职业生涯决策是对所要从事的职业进行选择的行为。你有什么样的选择，也就有了什么样的人生。

2．职业生涯决策的影响因素

职业生涯决策在大学生职业选择和人生发展中起着至关重要的作用。影响职业生涯决策的主要因素分为内在因素和外在因素，二者在一定层面上综合作用，影响决策者的生涯决策结果。

（1）影响职业生涯决策的内在因素

内在因素是指与决策者自身有直接关系的主观性因素，包括以下三个方面。

第一，心理特征因素。职业生涯决策是就业指导中一个承前启后的环节。个人对自我评估、职业评估和环境评估的内容及结果直接影响着职业决策，其中，自我评估主要是对个体心理特征的评估，起着决策的定向作用。个体的心理特征是一种稳定的特性和倾向系列，包括兴趣、能力、价值观和性格等。

第二，个人背景因素。职业生涯决策的发展和形成是个漫长的过程，从特殊事件和经验的角度来说，每个人的人生都是独一无二的，个人所经历的生涯事件的差异会对职业决策产生影响，这体现在不同性别、年龄和教育背景等方面。

第三，进行决策时的即时状态。要做出有效的生涯决策，我们就必须保证在决策过程中身体、情绪和精神都处在最佳状态。在决策过程中会面临诸多障碍，这些障碍会影响即时决策。职业决策最终定位在行动执行上，职业目标的设定、执行受职业规划观念的影响和制约，同时又反过来影响职业决策方式。目标设定是否合理、有效，目标执行是否成功都会影响个体是否继续探索相关知识或者是否产生积极的评价。

（2）影响职业生涯决策的外在因素

外在因素是指对决策者的决策行为产生间接影响的客观环境，主要包括家庭和成长环境因素和社会环境因素两个方面。

第一，家庭和成长环境因素。无论是年轻人还是老人，家庭成员以及与其关系紧密的人都会干扰有效决策的形成。对于大学生而言，影响可能来自家长。每个人的成长环境对职业生涯发展都有影响。首先，教育方式的不同，造成他们认知世界的方式不同；其次，父母的职业是学生最早观察模仿的对象，学生必然会受到父母职业技能的熏陶；最后，父母的价值观、态度、行为、人际关系等对个人的职业选择有直接或间接的影响。同时，朋友、同龄群体的影响也是很大的，他们的职业价值观、职业态度、行为特点等不可避免地会影响到个人对职业的偏好、选择从事某一类职业的机会和变换职业的可能性等方面。

第二，社会环境因素。社会中流行的工作价值观、政治经济形势、产业结构的变动等因素，无疑都会在个人生涯决策上留下深深的烙印。不同的社会环境给予个人的职业信息是不同的。宏观上，社会的、经济的、历史的和文化的力量都能够影响个人有效决策的制订。

现阶段，我们身处的是一个知识经济社会。对相关职业信息的搜集和对日新月异的职业环境的了解，都会影响大学生对未来职业的看法。同时，用人单位对大学毕业生的需

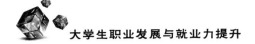

求、技能要求以及大学生所学专业在社会中的具体发展状况等，也都是影响大学生职业生涯决策的因素。大学生需要在用人单位的需求和自己的具体情况之间不断地评估、预测、调整。

职业生涯决策是大学生人生必经的门槛，是大学毕业生必须面对的人生关键的一步。拥有一个好的职业，能够充分发挥大学生自身的聪明才智，成就一番事业。面对影响大学生职业生涯决策的各个因素，大学生必须掌握有效的职业生涯决策方法，这样才能做出合理的职业选择。

3. 大学生生涯决定中常见的阻碍

不是每个人都能成功地做出生涯规划的，这当中会有阻碍因素不利于我们做出决定，或是导致我们职业选择不顺利，或是造成生涯发展困境长久无法突破。

（1）生涯决定阻碍因素

第一，意志薄弱。个人生涯选择受到父母、他人影响的情形相当明显，因而学生往往忽略真正适合自己的选择，或虽有少数能立定志向的学生，却往往因为不能持之以恒或失去毅力而放弃想要发展的方向。这时该去想一想：我的理想是什么？我的生涯目标是否投射了他人的期待？真正适合我发展的方向在哪里？哪些因素影响着我做适当的决定？我应该坚持哪些部分？然后朝自己选择的方向去努力。

第二，行动犹豫。许多人虽然有着自己的想法与目标，但可能因为担心、害怕或缺乏信心等而迟迟无法展开实际行动。像这类只想、只计划却不能起而行之的人，就是行动犹豫的人。这时若能先建立信心，或利用一些策略进行自我督促便可改善。

第三，信息探索不足。太过缺乏目前社会或工作环境的信息，或不清楚信息取得渠道的人，属于"信息探索不足"。应强化信息的搜集与了解，因为有丰富的信息才能有效率地做生涯探索。

第四，特质表现不佳。个性积极有主见的人，在其生涯发展道路上较容易为自己铺一条适当的路。但有些人个性过于被动且缺乏主见，或没有规划的习惯，抱持"船到桥头自然直"的态度，这些特质长久下来极不利于自己的生涯探索，属于特质表现不佳。这样的人宜真切地加以调整，才有机会改变状态。

第五，方向选择未定。有些人受阻于未来发展方向的模糊，而无法明确地规划，也无法为将来做出预期努力，这就是方向选择未定。这时应先多花时间去探索自己的兴趣、能力、社会现况等，先找出方向才不会做错选择。

第六，专业选择不当。若个人所学的领域能与未来生涯有所契合，那么将更有助于其进入专业领域的生涯发展中，然而许多大学生常因某些因素而进入非原先所期待的科系就读，这便是专业选择不当。这样的学生应先给自己一些时间沉淀，再通过其他方法（如做兴趣测验、与师长讨论等），寻找合宜系所，考虑转系、转学、修辅系、修双学位等的可能性。

第七，学习状况不佳。在学生生涯中，学习是最重要的一件事。如果对所处的学习环境不满意，或学习心态不适当，则可能无法有好的学习态度，连带地使自己在未来发展的准备上受到负面的影响，进而成为学习状况不佳的学生。这时需要去觉察这现象背后的原因，从而在认知与行动上有所调整，才能自然地投入学习中。

第八，学习困扰高。许多学生会因为同学、老师互动状况不佳或异性交往问题而明显影响其个人状态，从而无法全身心投入学习。恶性循环可能使个人愈加无法达到自己理想的成绩，这属于学习困扰高。这样的学生亟须回到根源处寻找困扰的来源或调整学习习惯，才不致错过适当的学习时机。

（2）生涯决策阻碍省察

我们每个人在一生中，都可能因为一些阻隔因素的存在而使自己的生涯停滞在不好的发展状态。若能给自己一个机会去接触、觉察这些因素之所在，那么对自己的未来发展将会有莫大的帮助。我们可以问自己以下问题，觉察这些阻碍因素。

①在我们个人或学生成长过程中曾经或目前出现过哪些生涯阻隔因素？

②哪些因素对你目前所学的科系或从事的工作有负面的影响？

③这些因素存在了多久？

④你个人曾想过要改变或克服吗？

⑤若这些因素一直保持下去，未来的蓝图将会如何？

⑥如果你改变了，周围人的看法、感觉将是如何？

⑦他们可能会有哪些反应呢？

通过对生涯决策阻隔因素的探索，可以帮助我们了解自己生涯阻碍的潜在因素，从而进一步针对自己的瓶颈与困境加以突破，开创新局面。

【交流与讨论】

1．谈谈你在进行职业生涯决策的过程中，会受到哪些因素的影响？

2．在面对决策困境时，你找到解决的方法了吗？

（二）职业生涯决策的过程

职业生涯决策是一个持续的过程，也是职业生涯规划的中间环节。它是在决策者自我认识和职业认知的基础上，通过决策环节为职业规划找到方向，进而完成详细的、长期的发展规划和生涯决策步骤。职业生涯决策主要经历三个阶段：决策准备阶段、决策选择阶段和决策质量评估阶段。

1．决策准备阶段

在选择自身的职业生涯路径时，一般应考虑三个方面，即能力、机会、价值，通过回答"我能够做什么""我可以做什么"和"我想要做什么"三个问题来厘清自己的思路。

（1）我能够做什么

回答这一问题主要是明确自己的能力取向，即通过对自身兴趣、技能等内部特征的分

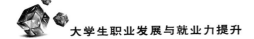

析，明确自己与他人（竞争者）之间的差异。一方面，可以取长补短，通过再学习弥补不足；另一方面，可以在职业生涯决策中扬长避短，尽量发挥自己的优势。

首先，对兴趣进行分析。兴趣和工作满意度、职业稳定性及职业成就感之间存在着明显的关系。如果我们未来所从事的行业是自己所喜欢的，那我们的工作和生活会很愉快，多半也会对这样的工作更有激情，更有可能在这样的工作中得到满足感，进而获得更好的职业生涯发展机会。不幸的是，很多时候，工作不能给我们满足感，许多人感觉到自己做着不感兴趣的事情。然而，并不是所有的兴趣都应该或能够在自己的职业中得到满足。兴趣也可以通过兼职、志愿活动、参加社团、业余爱好等多种方式来得以满足。关键在于工作和兴趣之间的协调以及工作与个人爱好的适度统一。因此，在选择职业的时候，有必要将兴趣作为一个重要的因素考虑进去。在现实的基础上进行择业，是成功就业的前提和基础。

其次，对个人能力进行分析。个人能力主要包括如下三方面。

第一，知识能力。知识能力是指那些需要通过专门教育或者培训才能获得的特别的知识或能力，也就是个人所学习的科目、所懂得的知识。比如，大学生所掌握的外语、计算机编程技术或者化学知识等。知识能力是不可迁移的，它常常与我们的专业学习或工作内容直接相关。许多大学生不喜欢自己的专业，因此在找工作时陷入两难的境遇：一方面，他们认为找工作需要专业对口，但又不喜欢自己的专业，不想将其作为一生从事的职业；另一方面，由于专业不对口，自己在竞争其他领域的工作时与专业对口的应聘者相比缺乏竞争力。在这种情况下，多数人选择通过考取研究生来获得专业转换，但也有的同学会考虑参加社会上的培训班或者通过自学的方式获取相应的资格认证，从而获得相关知识能力。

第二，自我管理能力。自我管理能力常常被看作个人品质，它涉及个体在不同的环境下如何管理自己：是否勇于创新，是否能保持认真谨慎的态度或是否具有持久的工作热情等。良好的自我管理能力能够帮助个体更好地适应周围的环境、应对工作中出现的问题。因此，大学生应该在平时的生活学习中注意自我管理技能的识别，了解自己的处事特征，并可以通过与他人的比较、听取他人的反馈意见来更适当地评价自己。

第三，可迁移能力。可迁移能力是那些能够从一份工作中转移运用到另一份工作中的、可以用来完成许多类型工作的能力。可迁移能力的特征使他们可以从生活中的方方面面，特别是工作之外，得到发展，因此可以迁移应用于不同的工作之中。所以，我们同样应关注我们生活中的方方面面，及时总结在处理事情或人际关系过程中的经验，不断扩充自己的可迁移能力。

 【知识窗】

就业市场需要的可迁移能力

什么样的能力才算可迁移能力？比如有个男生叫李明，大学学的是人类学。这是一个非常冷门的专业。李明读大学时一位教授举了一个指甲的例子。教授说，指甲长在我手上的时候，你们都夸指甲好看，可是我把它剪下来，你们就觉得很恶心，这说明同样一个东西，我们对它的评价并不完全是由东西本身决定的，而是和它所处的环境、文化这些背景条件有关系。我们研究人类学，就要学会理解同样的东西在不同的文化中意味着什么。这就给了学生一个考察复杂世界的眼光。你学了人类学，就可能拥有了一种比直来直去更高级的思维方式。这是可迁移能力的价值所在：它培养的是解决复杂问题的能力。

李明毕业后的第一份工作是帮不懂技术的人使用电子产品。他把自己的人类学经验和技术结合在一起，获得了恰当的市场定位。现在李明进入了人机交流领域，成立了专门的公司帮企业设计网站和软件的用户界面，非常成功。

这种可迁移能力，是今天这个时代最需要的。可迁移能力具体指什么？其实就是五种重新定义的"批判性思维"。

第一是探索。好的大学教育特别强调调研能力，并不是老师在课堂上讲什么，你考试的时候照着写就能得分——要提炼出自己的观点。除了完成指定的阅读材料，你还能寻找新素材来证明自己的观点。这就要求你拥有探索新事物的能力。

第二是洞察。给你一大堆各种各样、杂乱无章的信息，你能不能洞察其潜在的信息。比如现在有一个商品在市场上的各种销售反馈，那你会不会判断这个商品的前景如何？

第三是制定规则。按照事先定好的规则去完成一件事情，是非常简单的技能。可是如果现在根本没有规则，你能不能自己制定规则，带领别人完成任务？这就涉及领导力了。你的判断可能会出错，但大量犯错后取得的经验积累起来也是你的财富。

第四是连接。月薪万元以上的岗位，都会要求具有一定的团队组织能力，也就是说你要会使用权力，要知道团队中每个人想要什么，人与人之间的利益冲突在哪里。如果你有这种能力，你就能理解自己的团队和用户。你知道不同的人对一件东西有不一样的看法，你能倾听和你相反的观点。如果你是一个产品经理，你就能很好地把用户、产品和工程师连接起来。

第五是说服。你能不能说服别人接受你的观点？首先你要能够清晰地表达自己，这和写作水平、演讲水平有关。其次你要有共情能力，想要说服一个人，最好站在这个人的角度来说。

——资料来源：黑龙江新闻网，2023.6.10，有删改

（2）我可以做什么

回答这一问题主要是明确自己的机会取向，即通过对现有的社会经济、技术、政策环

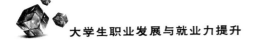

境等信息的搜集和分析，明确职业发展的机会、挑战以及在未来的生涯发展过程中可能受到哪些外部因素的影响。

第一，有关职业的基本事实。很多专业和技能是可以变通的，同一个专业的学生可以从事多种职业，比如机械设计专业的毕业生可以从事售前工程师等与人沟通的工作，也可以做研发、设计等与概念相关的工作。因此，我们在了解工作信息时，应注重关注和自己专业相关的职业有哪些，学习专业知识的目的是帮助我们更好地发展自己，而不是限制我们的发展。

第二，宏观职业环境。宏观职业环境包括劳动力供求关系、各地区各行业的需求分布、职业生涯的理念等内容。宏观职业环境的实时性很强，因此，我们在应用这些信息时应注意其时效性。

第三，与具体工作相关的信息。在了解宏观环境的过程中，我们需要更加细致地掌握一些信息，通常包括：①公司的文化和规范；②工作内容和职责；③工作要求的知识、技能和素质；④工作要求的资历和资格；⑤工作时间、地点和环境；⑥工作可发展的空间；⑦薪酬待遇和福利；⑧如果要求应聘，还需要了解公司的招聘文化。

第四，继续教育和学习方面的选择。在当今这个知识经济的时代，继续教育和学习几乎成为每个人生涯发展中的必然内容，一般而言，继续教育和学习的可能途径包括：考研、读在职研究生、学校保送、出国留学等。我们应当根据自己的现实情况选择相适应的继续教育和学习途径，为未来的发展打下基础。

（3）我想要做什么

回答这一问题主要是明确自己的价值取向，即通过对自己的兴趣、价值观念、理想、成就动机等因素的分析，确定自己的目标取向。"我想做什么"一般指能够使决策者实现个人价值和社会价值的最理想的工作生涯目标，这个问题的确定可能直接影响工作生涯决策者未来职业发展的满意度。

价值观是我们在生活和工作中所看重的原则、标准或品质。职业价值观是个人追求的与工作有关的目标，即个人在从事满足自己内在需求的活动时所追求的工作特质或属性，它是个体价值观在职业问题上的反映。价值观在我们的生涯发展中往往起到极其重要的、决定性的作用，甚至可能超过兴趣和技能对个人的影响。

此外，由于我们身处一个多元社会，多种职业观的冲击会导致原有价值体系的混乱乃至改变。因此，个人需要对自己的价值观进行探索。一个人越清楚自己的价值观，越了解自己在工作和生活中想要寻求什么，什么对自己来说是最重要的，他的工作生涯发展目标就越清晰，而价值观不清晰的人往往会陷入混乱，难以抉择。

2. 决策选择阶段

决策选择对于大学毕业生来说，不仅决定了其今后将从事什么工作，而且在很大程度上决定以后的生活；对于社会来说，它意味着社会资源的合理配置和利用，关系到社会运转的效率和教育事业的成败，因此，掌握职业选择的策略尤为重要。

首先，确定可能的职业生涯目标。在决策准备阶段搜集相关信息的基础上，大学生要综合考虑内外部条件，确定可能的职业生涯目标。在大学生的信息搜集和分析环节以及自我探索过程中，一定会有相应的适合的职业出现。此外，大学生还可采用头脑风暴的方法列出自己心目中的理想职业。在列出职业清单的基础上，分析这些职业的共同点，对职业清单进行补充和修改，最终确定可能的职业生涯目标。在此过程中抛开固有的想法，保持客观的心态，就容易获得有效的信息。

研究表明，在做决策时过多的信息容易让人迷失，反而拿不定主意；而过少的信息又起不到让当事人了解客观事实的作用。因此，在形成可能的职业生涯目标时，职业清单上的备选目标在 3~5 个为宜。

然后，在多个职业生涯目标中进行选择。在该环节中，大学生首先根据决策风格分析了解自己的决策模式，尤其要明确的是自己之前决策风格中的不足，避免接下来在进行生涯目标决策时出现同样的错误。接着，大学生要运用职业生涯决策的基本方法，如 CASVE 循环分析法、SWOT 分析法及决策平衡单分析法等，在可能的职业生涯目标中进行选择。大学生或进行沟通—分析—综合—评估—执行五个步骤循环的计划决策方法，或比较不同策略所得的目标的优势和劣势及实现过程中的机会和威胁，或按类别列出个人所有重要价值观并按其重要程度赋予权重最终加权计分排序，或综合运用以上方法，最终在可能的策略中初步选择最优职业生涯目标。

3. 决策质量评估阶段

职业生涯规划是长期持续的过程，要使职业生涯决策行之有效，就必须不断对职业生涯决策进行评估与调整：在实施中对决策进行评价与检验，及时诊断各个环节出现的问题与偏差，提出相应对策，对目标进行调整与完善。由此可以看出，整个流程中正确的决策评价是保证决策客观科学的重要环节，这一环节做不好或出现偏差，就会导致整个职业生涯规划各个环节出现问题。

（1）决策评价

决策评价阶段将针对初步选择的职业生涯目标所选择的一个职业、工作或者相关专业技能进行决策评价与检验。

在该环节的第一步，大学生要再次进行自我评价。一方面，随着大学生不断地实践与思考，大学生会对自己有新的认识；另一方面，环境在随时变化，所以有必要根据环境的变化回顾自己的职业生涯决策，思考这是不是自己想要的人生，如果继续这样工作和生活自己的感受是什么，继续什么和改变什么可以让自己的满足感最大等问题，考虑包括性格、兴趣、能力和价值观等自我评价中哪部分需要重新进行，并确定自己是否仍旧适合决策目标。

在该环节的第二步，要评价初步选择的职业生涯目标对大学生本人及家庭的影响。大学生的家庭成员以及与其关系紧密的人都会干扰其有效决策的形成，因此大学生应广泛征求父母、老师等人对于初步决策目标的评价，同时评估初步选择的职业生涯目标对大学生和他人的影响。例如，如果选择了出国留学或继续深造，这一选择将会给自己、父母、朋友以及其他周围的人带来怎样的影响。此环节主要针对职业生涯目标选择对自己和对他人的应付代价和所获益处两个方面并综合物质方面与精神方面的因素进行评估，且要尽可能列出决策目标的负面影响。

在该环节的第三步，大学生应关注社会环境中自己职业生涯影响因素的变化，并分析变化因素对自己职业生涯目标的作用。

社会环境中流行的工作价值观、政治经济形势、产业结构的变动等因素，都可能对初步选择职业生涯目标产生影响。例如，如果之前选择进入知名投资银行工作，在金融危机后就要考虑金融大环境会对整个行业造成什么程度的影响，对个人的职业生涯又会产生什么样的影响，也就是评估大学生的初步职业生涯目标是否适应于日益变化的社会环境。

（2）决策调整

结合决策评价的结论，大学生需对决策目标进行调整。调整的内容包括：职业的重新选择、职业生涯路线的调整和人生目标的调整等。及时调整职业生涯目标是为了使其在社会中找到真正适合自己的位置，并使大学生自身得到更好的发展。

综合前三个步骤得出的评价结果，分析初步的职业生涯目标与再次的自我评价、亲友影响评价以及社会环境变化是否吻合，确定其属于两者没有任何冲突（这种情况一般不会发生）、出现较小冲突（例如，由于行业发展，某一职业可供选择的公司数量增多）或是出现较大冲突（例如，由于启动资金无法筹集，使自主创业的决策实施面临困境）三种情况中的哪一种。

如果评价结果与大学生的职业生涯发展规划冲突较小，则大学生可以在决策目标的实现策略中做出适当调整。例如，由于行业变化，某一职业同层次可供选择的就职公司数量发生增减，那么大学生就应调整自己在某一领域有就职意向的公司名单，使职业生涯决策与评价结果一致。

如果评价结果与大学生的生涯发展规划冲突较大，则大学生应重新进行职业生涯决策过程，重新选择职业生涯决策目标。大学生需要回到初步选择阶段，搜集更多的职业生涯信息，重新进行自我评价，并采用 SWOT 分析法、决策平衡单法等方法对原决策方案及备选方案重新进行分析，做出新的决策。

无论评价结果与大学生的职业生涯发展规划冲突程度如何，大学生都应做出相应的调整，最终得到调整后的决策结果并执行。这是决策的实施阶段，大学生把思考转化为行动，并在行动和实践中进一步进行评价与调整，使整个职业生涯决策过程更加完善。

大学生职业生涯决策是一个复杂的过程，职业生涯决策的有效与否将直接影响大学生的职业生涯发展。任何一个决策都是包含信息的搜集、目标的确定、评估与调整、决策行为反应的复杂过程。因此，根据实践的开展与环境的变化，大学生对自身职业生涯决策进行评估与调整将对大学生做出有效的职业决策行为乃至大学生就业提供指导和帮助。

（三）职业生涯决策的风格

决策风格是指职业生涯决策者在进行职业生涯决策过程中倾向的决策策略，属于决策者的主观性影响因素。在相同条件下，决策者的不同决策策略倾向将对结果产生很大的影响。因此，明确职业生涯决策风格将对决策者的决策过程有一定的指导作用。

美国职业生涯专家斯科特（Scott）和布鲁斯（Bruce）于1995年提出决策风格是在后天的学习经验中逐渐形成的，他们将决策风格划分为五种类型：理智型、直觉型、依赖型、回避型和自发型。

1. 理智型

理智型的决策风格以周全的探求，对选择的逻辑性评估为特征。理智型的决策者具备深思熟虑、分析、逻辑的特性。这类决策者会评估决策的长期效用并以事实为基础做出决策。理智型决策风格是比较受到推崇的决策方式，强调综合全面地收集信息、理智地思考和冷静地分析判断，是其他决策风格的个体需要培养的一种良好的思考习惯。但理智型的决策风格也并不是理想的、完美的决策方式，即使采用系统的、逻辑的方式，也会出现因为害怕承担决策的后果而不能整合自己和重要他人观点的困扰。

2. 直觉型

直觉型的决策风格以依赖直觉和感觉为特征，比较关注内心的感受。直觉型的决策者以自我判断为导向，在信息有限时能够快速做出决策；当发现错误时能迅速改变决策。由于是以个人直觉而不是以理性分析为基础，这类决策发生错误的可能性较大，因此，易造成决策不确定性，容易丧失对直觉型决策者的信心。

3. 依赖型

依赖型的决策风格以寻求他人的指导和建议为特征。依赖型的决策者往往不能够承担自己做决策的责任，允许他人参与决策并共同分享决策成果，会受到他人的正面评价，但也可能因为简单地模仿他人的行为导致产生负面影响。依赖型的决策者需要理解生活中重要他人对自己的影响程度。

4. 回避型

回避型的决策风格以试图回避做出决策为特征。回避型的决策者使用的是一种拖延、不果断的方式。面对决策问题会产生焦虑的决策者，往往因为害怕做出错误决策而采取这样的反应。往往是由于决策者不能够承担做决策的责任，而倾向于不考虑未来的方向，不去做准备，不知道自己的目标，也不思考，更不寻求帮助。这样的决策者更容易受到学校等支持系统的忽略。所以，这些学生需要意识到自身的决策风格及其可能造成的危害，努力调整，增强职业生涯规划的意识和动机，才能从根本上得到帮助。

5. 自发型

自发型的决策风格以渴望即刻、尽快完成决策为特征。自发型的决策者往往不能够容忍决策的不确定性以及由此带来的焦虑情绪，是一种具有强烈即时性，并对快速做决策的

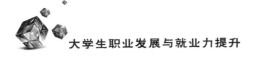

过程有兴趣的决策风格。自发型决策者常会基于一时的冲动，在缺乏深思熟虑的情况下做出决策，此类决策者通常会给人果断或过于冲动的感觉。

（四）职业生涯决策的方法

职业生涯决策的具体方法较多，而且我们在进行职业生涯决策时也可以创造出一些新的、适合自己的独特方法。不管依据何种理论、何种方法，都强调对自己的认识，强调对自身的能力、兴趣、价值观以及技能的认识，也强调对外部环境的分析与判断，据此有效指导后续的职业生涯规划活动。目前较为常用的决策方法主要有"5W"分析法、CASVE循环分析法、SWOT分析法和职业生涯决策平衡单分析法。

1. "5W"分析法

"5W"分析法是职业生涯决策主要方法之一，其含义如下。

（1）Who are you?（我是谁?）面对自己，真实地写出每一个想到的答案，并按重要性排序，比如自己的专业、家庭情况、年龄、性别、性格、动手能力、思考能力等。

（2）What do you want?（我想做什么?）从小时候开始回忆，将自己喜欢做的事情写下来。

（3）What can you do?（我能做什么?）可以把自己有能力做的，还有通过潜能开发能够做的事写下来。

（4）What can support you?（环境支持或允许我做什么?）将自己所处的家庭、单位、学校、社会关系等各种环境因素考虑进去。

（5）What you can be in the end?（最后我将成为什么?）

回答了这5个问题，找到它们的共同点，你就有了自己的职业生涯规划。

先取出五张白纸，一支铅笔，一块橡皮。在每张纸的最上边分别写上上述五个问题。然后，静下心来，排除干扰，按照顺序，独立地仔细思考每一个问题。

对于第一个问题"我是谁?"，回答的要点是：面对自己，真实地写出每一个想到的答案；写完了再想想有没有遗漏，认为确实没有了，按重要性进行排序。

对于第二个问题"我想做什么?"，可将思绪回溯到孩童时代，从人生初次萌生的想做什么的念头开始，然后随年龄的增长，回忆自己真心向往过、想做的事，把它们一一地记录下来，写完后再想想有无遗漏，如果确实没有了，就认真地进行排序。

对于第三个问题"我能做什么?"，则要把确实已证明的能力和还可以开发出来的潜能都一一列出来，如果没有遗漏了，就认真地进行排序。

对于第四个问题"环境支持或允许我做什么?"，回答则要稍做分析：环境有本单位、本市、本省、本国和其他国家，自小向大，认为自己有可能借助的环境，都应在考虑的范畴之内。在这些环境中，认真想想自己可能获得什么支持和允许，想明白后一一写下来，再根据重要性排列一下。

如果能够成功回答第五个问题"最后我将成为什么?"，你就有了最后的答案。

接下来需要做的是把前四张纸和第五张纸一字排开，然后认真比较第一至第四张纸上的答案，将内容相同或相近的答案用一条横线连起来，你会得到几条连线，而不与其他连线相交的，又处于最上面的线，就是你最应该去做的事情，你的职业生涯就应该以此为方向。你要在此方向上以三年为周期，提出短期、中期与长期的目标，然后在短期的目标中提出今年的目标，将今年的目标分解为每季度目标、每月目标、每周目标、每天目标。这样，你每天睡前就可以对照自己的目标进行反省，总结当日成就与失误、经验与教训，调整明天的目标与方法，第二天醒过来温习后就可以投入行动了。这样日积月累，就没有不能实现的规划。

2. CASVE 循环分析法

在进行重大决策时，为了降低风险、尽可能充分地考虑决策所涉及的多方面因素，我们可以使用 CASVE 循环分析法。它由沟通（communication）、分析（analysis）、综合（synthesis）、评估（valuing）和执行（execution）五个步骤组成，该方法可以在整个职业生涯问题解决和决策制订过程中使用，决策者需要根据影响因素的变化，适当调整自己的决策结果。

（1）沟通

在这个阶段，我们意识到了关于职业理想与现实之间存在差距的信息，这些信息可能通过内部或外部沟通途径传递给我们，让我们识别到问题的存在，这一步是决策的开始。内部沟通包括情绪信号，如不满、厌烦、焦虑或失望；身体信号，如昏昏欲睡、头疼、胃部疾病等。外部沟通包括父母对我们职业规划的询问，同事、朋友、老师对自己职业选择过程的评价，或者是社会媒体对某个专业的未来发展的预测等。这是意识到自己需要做出选择的阶段，在这个阶段，我们通过各种感官充分接触问题，发觉并开始重视差距的存在。

（2）分析

在这个阶段，我们需要将问题的各个组成部分相互联系起来，对现状进行评估，了解自己和自己可能的选择，对所有的信息进行分析，考虑各种可能性。然后，我们需要花费时间来思考、观察、研究，从而更充分地了解差距，了解自己有效地做出反应的能力。好的职业生涯决策者避免冲动行事来减少在沟通阶段所体验的压力痛苦，因为他们清楚，这样做的结果多是无效的，并可能导致问题的恶化。好的决策者善于分析要解决的这个问题需要了解自己的哪些方面、环境的哪些因素，分析需要做些什么才可以使问题得到解决，并且分析这种感觉产生的原因以及家庭、老师、朋友将会如何看待我的选择等。

这是自我认识以及了解可能的选择的阶段。在这个阶段，职业生涯决策者通常会改善自我认识，不断了解职业环境和家庭需要。简言之，在分析阶段，职业生涯决策者应尽可能了解造成在第一阶段发现的差距的原因。分析阶段还需要把各种因素和相关知识联系起来，例如，把自我知识和职业选择联系起来；把家庭需求和个人生活需求融入职业选择中。

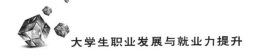

（3）综合

综合阶段主要是全面处理上一阶段提供的信息，从而制订消除差距的行动方案，其核心任务是确定职业生涯决策者可以做什么来解决问题。这是一个可以扩大或缩小选择清单的过程。首先，尽可能多地找到消除差距的方法，发散地思考每一种办法，可以采用头脑风暴或创造性思维。其次，缩减有效方法的数量，通常缩减到 3～5 个选项，因为这是我们头脑中最有效的记忆和工作容量。

（4）评估

评估阶段主要是从可行性和满意度两个方面来评估信息，并按评估结果对所有选择进行排列，最终选择一个职业、工作或者相关专业技能。

第一步是评估每一种选择对生涯决策者和他人的影响。例如，如果选择了自主创业，这一选择将会给自己、父母、朋友以及周围其他的人带来怎样的影响，每一种选择都要从对自己和对他人的需付出的代价和获得的益处两个方面进行评估，并综合物质方面与精神方面的因素。

第二步是对综合阶段得出的选项进行排序。将能够最好地消除差距的选项排在第一位，其次的排在第二位，以此类推。此时，职业生涯决策者会选出一个最佳选项，并且做出承诺来实施这一选择。

（5）执行

这是实施选择的阶段，根据自己最终的选择制订计划，把思考转化为行动。很多人都觉得在执行阶段制订行动计划是令人兴奋和有价值的事情，因为终于可以开始采取积极行动解决问题。

CASVE 循环是一个不断重复的过程，在执行阶段之后，职业生涯决策者又回到沟通阶段，以确定已经做出的选择是不是最好的，是否能最有效地消除理想与现实间的差距。

3. SWOT 分析法

SWOT 决策分析法又称为态势分析法，它是由哈佛商学院的安德鲁斯教授（Kenneth R. Andrews）于 1971 年在其《公司战略概念》一书中提出的，是市场营销管理中经常使用的功能强大的分析工具，其中：S 代表 strength（优势），W 代表 weakness（劣势），O 代表 opportunity（机会），T 代表 threat（威胁）。S、W 是内部因素，O、T 是外部因素。在职业生涯规划决策中，如能对自己做一细致的 SWOT 决策分析，你会清楚知道自己的优势和劣势在哪里，并会仔细评估出自己所感兴趣的职业道路的机会和威胁。一般来说，在进行 SWOT 决策分析时，应遵循以下四个步骤。

（1）评估个人的优势和劣势

优势分为个人优势和资源优势，个人优势属于个人因素，不随外界因素变化，如口才好、交际能力出众、有文体特长等，是显性优势，容易把握。另外一些优势相对隐性，如对数字敏感、逻辑能力强等，不管对职业有无帮助，都要先罗列出来。若担心不够全面，可请同学帮忙，互相提醒，认真发掘。资源优势包括人力资源、财力资源、品牌资源、知识资源等，如认识有能力的朋友、出身名校、专业紧俏，当然最重要的资源还是知识资源。把自己的专业重新解读一下，就会豁然开朗。比如，电气专业的学生，对电路流程能搞明白，对管理流程的制定和理解更没有问题。这些基于专业特性的思维习惯，将其适度放大，就可能成为知识资源优势。还有些大学生共有的优势，也要发挥出最大效能，如年轻、有好奇心、愿意尝试新鲜事物、渴望挑战、学习能力强、受过系统的专业训练、有良好的集体意识等。

劣势是相对于优势的各方面而言恰恰很欠缺的地方。找出劣势对战略规划意义重大。在了解自己能做什么之前，应先了解最好不要做什么、可能遇到什么麻烦，这样可以降低失败的概率。过度自信或自卑都可能影响我们的判断力，不要把"没有优势"直接看作是"劣势"，在某方面没有优势仅仅说明不够出众，如果妄自菲薄为"劣势"，就可能真的成为劣势。客观地剖析一下自己的短处，如不善言辞、粗枝大叶、缺乏一技之长等，分析劣势的目的不是使自己变得沮丧，而是要了解如何避开劣势，在职业道路上走得更顺畅些。大学毕业生也有些共性劣势需要注意，如缺乏经验、自我期望较高，从而导致跳槽频繁、知识过时不适用于企业等。

（2）识别职业生涯的机会和威胁

职业生涯的机会在宏观上包括国家经济形势、产业政策、法律法规、各区域产业发展态势、行业趋势等；在微观上，包括搜集到的来自各企业、政府部门、人才市场、学校或学长们提供的有利信息，尤其要关注和自己专业或自身优势相关的边缘型、复合型职业领域，还有职业竞争者薄弱、国家强烈倾向的人才政策等利好信息，对机会的分析需要宽广的视角。

职业生涯的威胁包括人才市场竞争激烈、人才需求饱和、所学专业领域增长过缓甚至衰退、新的低成本竞争者、人才需求方过强的谈判优势、不利的政策信息、新提高的职业门槛等；也包括自身的健康隐患、家庭不稳定、财务状况糟糕等。若能对威胁有所预防，就等于先确立了一定程度的优势，普遍存在的各类威胁也能成为我们参与社会竞争的有利工具。在罗列四个维度的要素时，应把内部因素和外部因素分别列出，并将各部分最重要的因素压缩到 5 个左右，然后开始职业机会分析。

（3）根据分析结果列出 SWOT 矩阵

通过与他人相比较，决策者在考察自己周围的职业环境、认清自身的优势和劣势以及周围职业环境的机会和威胁后，就可以构建出自身的 SWOT 矩阵。从这个矩阵中，我们可以清楚地看到自己的竞争力和发展机会，从而制订出恰当的职业生涯目标；同时还能清晰地认识到自己的不足和外在威胁，从而为提升自己提供现实依据。SWOT 短阵示例如表4 - 2所示。

表 4 – 2   SWOT 矩阵示例

	内部因素		外部因素	
	优势	劣势	机会	威胁
界定	指个体可控并可利用的内在积极因素	指个体可控并努力改善的内在消极因素	指个体不可控但可以利用的外部积极因素	指个体不可控但可以使其弱化的外部消极因素
描述	1. 工作经验丰富 2. 良好的教育背景 3. 丰富的专业知识和技能 4. 特定的可转移技巧（如沟通、团队合作、领导能力等） 5. 人格特质（如职业道德、自我约束、承受工作压力的能力、创造性、乐观等） 6. 广泛的个人关系网络 7. 在专业组织中的影响力	1. 缺乏工作经验 2. 学习成绩差，专业不对口 3. 缺乏目标，且对自我和对工作的认识都十分不足 4. 缺乏专业知识 5. 领导能力、人际交往能力、沟通能力和团队合作能力较差 6. 寻找工作的能力较差 7. 负面的人格特征（如职业道德败坏、缺乏自律、缺少工作动机、情绪化等）	1. 就业机会增加 2. 再教育的机会 3. 专业领域急需人才 4. 由于提高自我认识、设置更多具体的工作目标带来的机遇 5. 专业晋升的机会 6. 专业发展带来的机会 7. 职业道路选择带来的独特机会 8. 地理位置的优势	1. 就业机会减少 2. 由同专业的大学毕业生带来的竞争 3. 具有丰富技能、经验、知识的竞争者 4. 拥有较好的寻找工作技巧的竞争者 5. 名校毕业的竞争者 6. 缺少培训、再学习造成的职业发展障碍 7. 工作晋升机会十分有限或者竞争激烈 8. 专业领域发展有限

（4）制订职业生涯决策

通过 SWOT 分析，根据结果制订相应的职业发展战略计划及对策，是该决策分析方法应用的主旨。在明确了自身的 SWOT 矩阵后，职业生涯决策者可以运用系统分析的方法，结合职业生涯规划的系统模型，将各种环境因素相互匹配起来并加以组合，从而得出可选择的职业发展对策，使自己的职业生涯规划与发展变化的外部环境相适应。SWOT 分析法的应用过程如图 4 – 2 所示。

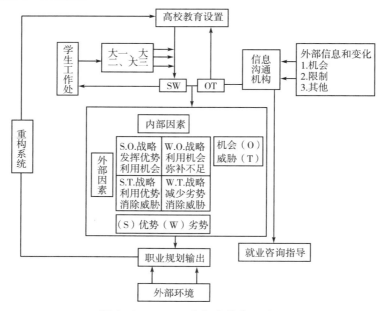

图 4 – 2   SWOT 分析法的应用过程

很显然，完成个人的 SWOT 分析需要投入很多精力，但不管通过什么渠道，进行一次详尽的个人 SWOT 分析是必要的，因为当完成分析后，将有一个连续的、可行的个人职业策略供你参考，在未来的职业发展中将更具有竞争力。

4. 生涯决策平衡单分析法

（1）生涯决策平衡单的介绍

生涯决策平衡单是将重大事件的决策思考方向集中到四个主题上：个人物质方面的得失；他人物质方面的得失；自我赞许与否（个人精神方面的得失）；社会赞许与否（他人精神方面的得失）。个体在进行职业生涯决策时根据自身的不同，可以考虑不同的具体项目加以评价，从而得出不同职业生涯决策目标的相应的分数。生涯决策平衡单（样表见表 4-3）使用步骤如下所述。

①列出你最想做的三份工作。

②列出每个工作你曾经考虑的条件，并考虑每个工作能符合这些条件的得失程度，在"-5"至"+5"之间给予其分数。

③依分数累计，排出工作抉择的优先级。

表 4-3　生涯决策平衡单样表

考虑项目（加权范围1~5）		第一方案 （直接就业）		第二方案 （升本）		第三方案 （出国留学）	
		得（+）	失（-）	得（+）	失（-）	得（+）	失（-）
1. 收入							
2. 工作的难易程度							
3. 升迁的机会							
4. 工作环境的安全							
5. 休闲的时间							
6. 生活变化							
7. 对健康的影响							
8. 就业机会							
9. 其他							
他人物质 方面的得失	1. 家庭经济						
	2. 家庭地位						
	3. 与家人相处的时间						

使用说明：以上各项，根据对你的重要程度，在权重相关部分下按 -5 至 +5 打分，重要程度越高分值越高。如果你现在有 2 个或 2 个以上的职业选择，则对这些选择都进行得分评估，填入打分的相关部分（计分范围 1~10 分），将打分乘以权重，得出加权得分。

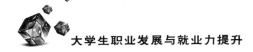

最后可以根据各选项加权得分合计，协助你进行决策。表格中所列出的生涯细目如果不在自己的考虑范围之内，可以删掉，如果自己考虑的项目不在表格中，可以加进来。

（2）生涯决策平衡单的使用

我们来列举一个生涯决策平衡单使用的例子：李爽是某高职院校即将毕业的学生，就读于会计专业。她心里很矛盾，既希望工作稳定，又希望工作有挑战性。她的性格外向活泼、能力强、自主性高，目前她考虑的三大方向是：直接就业、升本、到国外留学。

对于这三条路径，她的考虑如表4-4所示。

表4-4　李爽对三种就业路径的初步分析

考虑方向	直接就业	升本	国外留学
优点	1. 有固定收入 2. 积攒社会经验 3. 提前了解职场	1. 和国内产业发展不会脱节 2. 能建立与师长、同学、朋友的人际关系网 3. 较高文凭 4. 日后工作升迁较容易	1. 圆一个国外留学梦 2. 增广见闻，丰富人生 3. 英语能力提高 4. 日后工作升迁较容易 5. 激发潜力
缺点	1. 不易升迁 2. 没有竞争力 3. 将来可能会因学历原因被淘汰	1. 课业压力大 2. 没有收入	1. 课业压力大 2. 语言、文化较不合适 3. 花费较大（一年可能需要几十万人民币） 4. 挑战性高 5. 没有收入
其他	父母支持	男朋友的期望	1. 工作两年有积蓄，但不是很足够 2. 自己一直想到国外走走

李爽使用生涯决策平衡单考虑的项目及分析，原始分如表4-5所示。

表4-5　利用生涯决策平衡单分析的原始分表

考虑项目（加权范围1~5）	第一方案 （直接就业）		第二方案 （升本）		第三方案 （出国留学）	
	得（+）	失（-）	得（+）	失（-）	得（+）	失（-）
（1）适合自己的能力		-4	5		6	
（2）适合自己的兴趣		-3	4		7	
（3）适合自己的价值观	5		3		8	
（4）满足自己的自尊心		-2	3		7	
（5）较高的社会地位		-5	3		6	

续表

考虑项目（加权范围1~5）	第一方案（直接就业）		第二方案（升本）		第三方案（出国留学）	
	得（＋）	失（－）	得（＋）	失（－）	得（＋）	失（－）
（6）带给家人声望	2		1		2	
（7）符合自己理想的生活状态	3		5			－3
（8）优厚的经济报酬	7			－1		－8
（9）足够的社会资源	2		8			－1
（10）适合个人的目前处境	5		2		1	
（11）有利于择偶以建立家庭	7		5			－5
（12）未来具有发展性		－5	5		8	
合计	31	－19	44	－1	45	－17
得失差数	12		43		28	

说明：每个项目的得分或失分可以根据该方案具有的优点（得分）、缺点（失分）来回答，积分范围是1~10分。最后，合计每个方案的优点总分和缺点总分，正负相加，算出客观的得失差数。根据自己的真实想法作答，方可正确地估计每个方案对你的重要性。

李爽在将各项加权后，得到的结果如表4-6所示。

表4-6 李爽生涯决策平衡单的最终结果

考虑项目（加权范围1~5）	第一方案（直接就业）		第二方案（升本）		第三方案（出国留学）	
	得（＋）	失（－）	得（＋）	失（－）	得（＋）	失（－）
（1）适合自己的能力（×5）		－20	25		30	
（2）适合自己的兴趣（×2）		－6	8		14	
（3）适合自己的价值观（×4）			12		32	
（4）满足自己的自尊心（×2）		－4	6		14	
（5）较高的社会地位（×3）		－15	9		18	
（6）带给家人声望（×2）	4		2		4	
（7）符合自己理想的生活状态（×5）	15		25			－15
（8）优厚的经济报酬（×3）	21			－3		－24
（9）足够的社会资源（×2）	4		16			－2
（10）适合个人的目前处境（×5）	25		10		2	
（11）有利于择偶以建立家庭（×4）	28		20			－20
（12）未来具有发展性（×3）		－15	15		24	
合计	117	－60	148	－3	140	－61
得失差数	57		145		79	

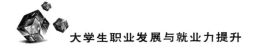

说明：每个项目的重要性因人、因时、因地不同。对于此刻的你，可以根据考虑项目的重要性与迫切性，给他们乘上权数（加权范围 1~5 倍）。将平衡单上的原始分数乘上权重。例如，"适合自己能力"部分，三个方案的原始分数（分别是 −4，+5，+6）乘上加权的 5 倍之后，分数差距变化（−20，+25，+30）。最后把"得失差数"算出来，并据此做出最终的决定。

经过这一番考虑之后，我们不难看出，李爽最终的决定会是升本。

从以上事例中，我们可以总结出职业生涯决定时的一般规律。在了解自己和外部世界的基础上，可以初步选定你所中意的几个方案，分析每个方案可能的结果、具有的优缺点，运用生涯决策平衡单来选择综合效用最大化的道路。

总之，在使用生涯决策平衡单的时候，要注意其目的不仅在于得出最后的排序结果，填写的过程也很重要。因为列举各项考虑因素、给各项价值观分配权重以及给各项选择打分的过程本身，就是在帮助个人梳理自己的思维。这样一个仔细思索和反复推敲的过程，可能比单纯得出一个结果更为重要，更能够帮助个人做出适合于自己的决策。

【交流与讨论】

1. 完成本章对职业生涯决策有关知识的学习后，请任选一种职业生涯决策的方法，对自己进行职业生涯决策。

2. 谈谈在进行职业生涯决策的过程中，有哪些因素对你产生影响。

【榜样力量】

"小巷总理"林丹：选择入党就是选择为人民服务

福建省福州市鼓楼区东街街道是市区最繁华的地段之一，坐落于此的军门社区虽然外表看上去老旧，却获得过"全国先进基层党组织""全国文明单位""全国巾帼文明岗"等百余项国家级荣誉。

说到该社区党委书记林丹，无论是工作还是生活在这里的人都非常熟悉她，还送给她一个称号叫"小巷总理"。与林丹共事的军门社区段警马强对她的评价是"书记比小伙子还拼"。

扎根军门社区数十年，总有社区居民被党员林丹温暖过的故事。

2019 年 7 月，军门社区居民老吴的儿子被重点大学录取后，第一时间拨通了林丹的电话："林书记，孩子考上大学了！"

老吴和林丹有几十年的交情，这个孩子更是一直受到林丹的关注。老吴第一个孩子才几个月大时就夭折了，他母亲受了刺激卧病在床。后来妻子怀上了第二个孩子，夫妻俩既开心又犯愁，愁的是光靠老吴打零工能不能供养一家人。

林丹知道，要让这个家庭走上正轨首要是帮他们增加收入。她为老吴申请了社区公益岗位，给老吴妻子协调了售卖摊位，辖区内的党建联盟单位还长期结对子帮扶吴家。

老吴儿子上学后，林丹请来从事志愿服务的老师给孩子辅导功课。孩子考上大学，林丹第一时间为其筹集助学金。

1998 年，一些下岗职工和转业军人把党组织关系转回社区。林丹创新设立了"再就业一条街"安置下岗职工再就业。同时，她发挥转业军人的作用，设立了包括政策宣传员、社情信息员、帮教助困员、就业信息员等在内的"党员义务十大员"。

坚持党建引领社区治理是林丹的一项重要工作经验。这些年，她在社区成立"党建联盟"，首创"林丹党代表工作室""大党委兼职委员制度""爱心助学"等一系列党建工作品牌。其中，"爱心助学"活动开展至今，社区已为贫困学子发放助学金85万元，资助45名大学生圆了求学梦。

林丹还在军门社区建立起"社区党委＋小区党支部＋楼组长＋党员中心户"四级组织工作体系。社区常年开展"邻里节"等活动，促进居民从陌生到熟悉、从理解到相亲，塑造小区精神，提升小区环境。

军门社区曾有位年过八旬的吴老太，独居在家，瘫痪在床。林丹为老人送一日三餐，买水果和营养品，并学习按摩技能替老太太按摩防止肌肉萎缩。吴老太过世时，也是林丹出面为其料理后事。

社区青年小王曾因盗窃罪入狱服刑。服刑期间，与小王相依为命的母亲病逝，其租住的房屋也被房东收回。小王刑满释放后，林丹先是把他安置在居委会，让他每天到自己家吃饭。后来，居委会拆迁，她就请他到自己家住。

让小王住进自己家这个决定最初遭到家人反对。林丹耐心劝解说，如果没人去关心和引导失足青年，他们很容易再入歧途。就这样，小王在林丹家吃住半年多。在小王生日那天，林丹还煮了一碗面，家人一起给他贺生。小王说，这么多年，他第一次有了家的感觉。

因用嗓过度，林丹落下了声音沙哑的"职业病"。她曾接受过2次声带手术，包里也是常备各种润喉片，甚至手术后也休息不了几天就重返工作岗位。

2021年6月29日，林丹在人民大会堂获颁"七一勋章"。她说，那一刻感受到前所未有的鼓舞和激励。在与其他"七一勋章"获得者的相处中，林丹说自己也看到了他们身上党员的光辉形象，看到了他们不变的初心，也被他们坚守信念、践行宗旨、拼搏奉献、廉洁奉公的高尚品质和崇高精神深深感染。

扎根社区工作五十年，林丹靠什么坚守？她说，是信念、是宗旨、是居民的信任让她无怨无悔地把一切献给社区事业。林丹认为，选择了入党，就是选择了为人民服务。

——出自中国青年网，2022-10-04

本章自我小结

【实践训练】

训练一：生涯决策平衡单练习

步骤如下。

1. 将你的各种生涯选择水平排列在生涯决策平衡单的顶部。

2. 在生涯决策平衡单的左栏，垂直列出你在"个人物质方面的得失""他人物质方面的得失""个人精神方面的得失""他人精神方面的得失"四个方面的重要价值观和考虑因素。

3. 给各种价值观和因素按 1～5 的等级分配权重。一项价值观或因素的重要性越大，它的权重就越高：

（1）5 为最高权重，表示"非常重要"；

（2）3 代表"一般"；

（3）1 代表"最不重要"。

对自我需求和价值观的准确了解，是给价值观和考虑因素指定权重的前提。

4. 按照各项生涯选择满足个体价值观和考虑因素的程度，进行打分。分值在"－5"和"＋5"分之间，其中"＋5"表示"价值观和考虑因素在该职业生涯选择中得到了完全的满足"，"0"表示"不知道或无法确定"，而"－5"表示"价值观和考虑因素完全未能得到满足"。

5. 将各项职业生涯选择的得分与各项价值观和考虑因素的权重对应相乘进行计分，将结果记录在相应的空格内。

6. 将每一选择下所有的正负积分相加，得出它的总分。对所有总分进行比较和排序。

_____的生涯决策平衡单

考虑项目（加权范围 1～5）	第一方案（直接就业）		第二方案（升本）		第三方案（出国留学）	
	得（＋）	失（－）	得（＋）	失（－）	得（＋）	失（－）
个人物质方面的得失 1. 2. 3. 4. 5.						

续表

考虑项目（加权范围1～5）	第一方案 （直接就业）		第二方案 （升本）		第三方案 （出国留学）	
	得（+）	失（-）	得（+）	失（-）	得（+）	失（-）
他人物质方面的得失 1. 2. 3. 4. 5.						
个人精神方面的得失 1. 2. 3. 4. 5.						
他人精神方面的得失 1. 2. 3. 4. 5.						
总分						

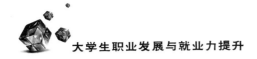

训练二：列出你的职业生涯决策 SWOT 矩阵

根据你的专业、目前面临的职业生涯决策问题以及目标职位，列出属于你的职业生涯决策 SWOT 矩阵。

职业生涯决策 SWOT 矩阵内外部因素分析表

内部因素		外部因素	
优势（S）	劣势（W）	机会（O）	威胁（T）

在这些分析结果的基础上，在图中制定出各种相关策略。

		O		
W		劣势机会策略（W.O.）	优势机会策略（S.O.）	S
		1		
		2		
		3		
		劣势威胁策略（W.T.）	优势威胁策略（S.T.）	
		1	1	
		2	2	
		3	3	
		T		

第五章　制订与实施职业生涯规划

　　在现实生活中，人们往往由于对自己的职业生涯毫无计划而造成事业失败。失败并不是由于没有足够的知识和才能，而主要在于没有设计和取得最适合自己成长与发展的职业生涯。"凡事预则立，不预则废。"在这个充满机遇和挑战的社会，我们应该抓住机遇、迎接挑战，做好职业生涯规划，规划自己的学习和未来职业的计划，为自己的学习和未来定下合理的计划和目标。

【学习目标】

1. 了解制订职业生涯规划的步骤与方法。

2. 学会撰写职业生涯规划书，建立个人职业生涯规划档案。

【名人名言】

　　凡事都要脚踏实地去作，不驰于空想，不骛于虚声，而惟以求真的态度作踏实的工夫。以此态度求学，则真理可明；以此态度作事，则功业可就。

——李大钊

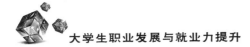

【本章思维导图】

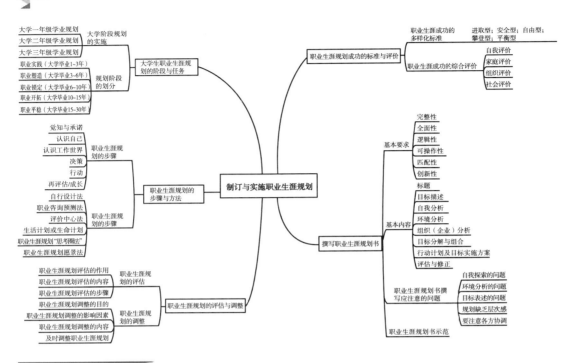

【案例导入】

梦想与现实的沟壑

小强是某职业学校西餐烹饪专业的毕业生，在校期间他就对自己的职业生涯进行了规划：毕业后 1～2 年，在星级酒店餐饮部工作，从厨师助理做起，苦练技能；工作 3～5 年，努力工作，成为骨干员工，得到领导认可；工作 6～10 年，成为餐饮部西餐厨师长……

毕业后，小强按规划应聘到一家五星级酒店工作，担任西餐厨师。工作 6 年来，他热情积极，踏实肯干，几乎年年都被评为优秀员工。但在该酒店中，餐饮部总监、行政总厨都是外国人。

小强深知，要想往上发展，学好英语很重要，可英语恰恰是他的"软肋"。小强一直计划参加在职培训，一方面提升学历，使自己成为"用得上、有技能、会管理"的专门人才；另一方面提高英语水平，提升自己的竞争力。但他总觉得工作太忙没时间，想等以后时间充裕了再学。

最近，西餐厅副厨师长跳槽了，厨师长要从厨师中提拔一人担任这一职位，小强是最被大家看好的，他自己也很期待，可是最后的结果却不是他。小强很不服气，找厨师长讨说法，厨师长的一句话点醒了他："你虽然技术各方面都不错，但是英语水平还得提高，而且学历也得提升。"小强想到自己束之高阁的学习计划，后悔不迭，自己离梦想已经很近了，可是却因为准备不足，与机会擦肩而过。

小强为什么没能实现自己的职业生涯规划？他应当如何对生涯规划进行管理？你应该怎样管理你的职业生涯规划，才能实现自己的职业理想？

【理论链接】

俗话说：千里之行，始于足下。把握现在，规划未来，才能够做到未雨绸缪，开拓理想的人生。大学生在确定职业生涯目标后，需要根据各阶段的目标要求，制订一系列相应的、可行的、有效的行动措施，并且坚定信念，认真落实各项措施。只有这样，才能实现各自的职业生涯目标，才能走向成功。

一、大学生职业生涯规划的阶段与任务

要实施个人职业生涯规划，最重要的是要做好并实施好大学阶段的职业生涯规划。未来有很多不确定的因素是我们难以控制的，但是，自己的大学生涯是可以把握的。把握住现在，做好当前的事情，未来职业发展目标的实现才能水到渠成。

（一）大学阶段规划的实施

1. 大学一年级学业规划

大学一年级重在了解自我，掌握专业基础知识，初步了解职业，提升人际沟通能力。

古希腊哲学家苏格拉底说："认识你自己。"德国著名作家约翰·保罗指出："一个人真正伟大之处，就在于他能够认识自我。"我国当代大学生由于在中学阶段，时间常常被繁重的学习、考试占满，没有什么时间来考虑自己的人生，只有进入大学，才能真正专心地考虑自我、探索自我、认识自我，为自己的人生规划打下基础。大学一年级学习规划可以分为两个阶段。

第一阶段：大学一年级上学期

这时的大学生踌躇满志，怀着对大学生活的无限向往，满怀信心地走进了大学校园。但是，刚刚入学的大学生对大学生活还不够了解，对大学的认识也只是道听途说，对自己和环境的认识还不够。生活了两个月之后，大学生对学校的新鲜感开始消退，逐渐开始适应大学生活。这个阶段大学生的主要任务是：

①熟悉校园环境，和同学友好相处，尽快适应大学的生活节奏；

②以学习为主，在学好基础知识的前提下，积极参加校园文化活动和社会实践活动；

③了解自己所学专业的职业发展情况，洞悉外界职场变化；

④对学期规划进行评估。

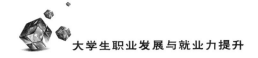

第二阶段：大学一年级下学期

此时的大学生基本上适应了大学生活，经过大学生活的亲身体验和专业基础课程的学习，各方面能力有了一定的提高。这个阶段大学生的主要任务是：

①阅读和职业生涯规划有关的书籍，了解培养职业生涯规划的必要性，增强自己的职业规划意识；

②探索自我，了解自己的爱好、兴趣、性格、能力，发现自己的优势和劣势；

③了解社会职位需求和本专业发展情况，结合自己评估的结果，为自己初步确定目标职业；

④学会与同学、陌生人交往，锻炼自己的交际能力，建立自己的交际圈；

⑤对学期规划进行总结与评估。

从职业规划发展准备的角度来讲，大学一年级时的大学生应了解自己的兴趣、气质、性格、职业能力和职业倾向，为选择专业和确定目标职业奠定基础。如果自己尚不明确，可以利用相关测评工具帮助自己进行自我认知。需要提醒的是我国目前流行的测评软件多数是从国外引进的，本土化的还较少，软件质量参差不齐，大学生在选择测评软件的时候要加以考察，最好挑选了解职业生涯的专业机构为自己测评。

2．大学二年级学业规划

大学二年级重在确立就业目标，有目的地提升自己的职业素养，可以分为两个阶段。

第三阶段：大学二年级一学期

大学生由于各自的志向和发展方向不同，开始走上不同的发展道路。

准备升本的同学开始努力备战：如选择专业、学校，专业课复习以及政治与英语复习等；想出国留学的学生则向不同的留学机构咨询有关留学信息，积极参与留学系列活动，注意留学考试资讯，向相关教育部门索取招生简章参考；想毕业后立即工作的大学生则更加积极地投入各种社会实践活动或社团活动之中，培养自己的各种能力和团队合作精神，提高自己的综合素质并考取与职业相关的职业资格证书等；准备创业的同学，更加积极参加各种创业大赛和创业实践活动，提高创业素质，积累经验，了解创业相关政策与法律法规，明确创业方向等。

这一阶段大学生的主要任务是：

①在加强专业知识学习的同时，考取与目标职业相关的职业资格证书；

②根据自己的发展规划，完成升本、出国需要的相关准备，如语言能力证明等；

③有机会可以到社会上做兼职或是实习，积累对应聘有利的职业实践经验；

④扩大校内外交际圈，加强与校友、职场人士的交往，通过报纸、网络等了解自己所选职业的发展方向；

⑤针对自己的选择，对学业规划进行有针对性的评估与反馈。

第四阶段：大学二年级下学期

经过相应的职位实习和社会实践，大学生开始意识到自己的能力与职位要求之间的差距，同时通过实习，也发现了自己的理想职业与社会可以提供的职位之间的差距。于是，大学生开始思考自己的职业生涯目标是否符合社会实际，重新确立更加现实的符合自己和社会实际情况的职业目标。其主要任务是：

①掌握职业生涯的评估方法和修正方法，对自己的职业生涯进行相应的调整，使之更加切实可行；

②寻找适合自己职业发展的有效途径；

③参加相应的培训，提升自己的能力；

④对大学二年级学业规划做一次全面评估，找出差距，分析原因，列出弥补不足的对策。

大二学生在确立自己职业方向的同时，还要有目的地培养自己的职业意识，提高自己的职业素养，以适应今后就业时的需要。职业意识包括工作责任意识、沟通能力意识、团队合作意识、高效工作意识、忠于职守意识、顾全大局意识、戒骄戒躁意识和勤奋钻研意识等。训练的方式应结合大学日常的学习和生活，比如在日常学习中，通过对每门功课认真钻研、深入思考，培养自己的质量意识；通过按时完成作业、遵守考试纪律等训练自己的规范意识；通过组织和参加各种集体活动，培养自己的服务意识、沟通能力和团队合作意识；通过参加社会实践或兼职，训练自己的职业能力等。

3. 大学三年级学业规划

大学三年级要初步完成从大学生到职业者的角色转换，包含一个阶段。

第五阶段：大学三年级

大学生经过两年的学习和锻炼，不仅掌握了一定的专业知识、技能和人际交往能力，组织能力、思维能力也都得到相应的提高。大学生活即将结束，面临就业抉择，大学生开始慎重选择。其主要任务是：

①根据实际就业情况，灵活调整自己的就业措施；

②多读一些有关求职方面的书，学会制作简历、撰写求职信，了解面试求职技巧和职场礼仪；

③了解与就业相关的劳动法规和政策，以便求职面谈时有所准备；

④在求职中保持良好心态，不管怎样，坚信自己一定能找到适合自己的好工作；

⑤登录招聘单位网址或通过咨询、访谈等方式，了解招聘单位的相关信息，为面试做好准备；

⑥初步完成毕业论文（设计），准备答辩。

大学三年级，作为高职院校的毕业生已进入就业前的准备阶段，同时也是职业生涯的开始阶段。因此，这时大学生所要做的工作主要是通过各种渠道搜集就业信息，做好求职

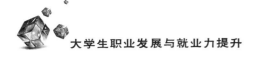

准备，顺利实现就业；缩短自己与职业之间的差距，初步完成由大学生到职业者的角色转变。

（二）规划阶段的划分

1．职业实践（大学毕业 1~3 年）

大学毕业 1~3 年为职业实践阶段，也就是实现学生向职业人角色转变阶段，这是成功走向职场的第一步。实现学生向职业人角色转变的方法如下：一是注重第一印象，建立良好的人际关系；二是树立自信心，相信天生我材必有用；三是克服完美心理，做好自身职业规划；四是脚踏实地，做好艰苦创业的准备，要摆正自己在新岗位上的位置，切忌眼高手低，好高骛远，忽视身边的小事。要从零开始，踏实勤奋，艰苦创业。

2．职业塑造（大学毕业 3~6 年）

职业塑造不是在短时间内形成的，需要在实践中随着自身素质和社会的发展变化形成职业意识。职业意识有以下十二个方面。第一，角色意识。现代分工使得每个人都是处在具体工作岗位上的人，每一个岗位都有特定的职责权限和工作内容。做岗位要求的事，并把事情做到岗位要求的程度，是角色意识的根本体现。第二，主动意识。属于岗位职责范围内的事情，就要主动地去完成。以主人翁的心态对待自己的工作，考虑自己的工作能否为公司带来价值。第三，规则意识。没有规矩，不成方圆。团队协作和合作是靠大家共同遵守一定的规则，最终实现优势互补。第四，问题意识。能够发现工作中存在的问题并及时解决问题，经常拿现实和理想境界比较，找出差距，不断改进。第五，效益意识。要有投入产出思维，考虑工作的轻重缓急，考虑成本和收益，在各种约束条件存在的情况下做到最好。第六，经营意识。关注投资回报率。弄清楚自己的投入是多少，回收是多少，回收的时间有多长，回收与投入之间的比率是多少。第七，客户意识。职业化的核心就是客户意识。必须为你的客户着想，给你的客户带来方便。第八，学习意识。人的职业发展最怕止步不前。第九，创新意识。没有创新就没有发展。要不断进行观念创新、制度创新、管理创新和技术创新。第十，质量意识。质量是企业的灵魂，产品质量体现企业商誉。第十一，危机意识。懈怠容易导致堕落。要不断否定自我，超越自我。第十二，沟通意识。沟通是一种态度，而非一种技巧。一个好的团队当然要有共同的愿望，但这非一日可以得来，而是需要无时不在的沟通。

3．职业锁定（大学毕业 6~10 年）

如今大学生高流动求职不仅会给其本人的职业生涯增加不安定因素，还会给工作单位、社会造成不必要有的损失。可以说，职业锁定就是要找到自己的"职业锚"。在设计自己的职业生涯时请锁定自己的"职业锚"，寻找自己的"职业锚"是职业定位的基础。

4．职业开拓（大学毕业 10~15 年）

职业生涯规划不可能一次完成，需要在实践中随着自身素质和社会发展的变化积极主动地开拓。职场开拓具备"5C"职业素质，即信心（confidence）、能力（competence）、沟通（communication）、合作（cooperation）和创造（creation）。

5．职业平稳（大学毕业 15～30 年）

职业生涯前 20 年，工作以量为中心；后 20 年，工作以质为中心。这个阶段对人生目标有了明确理解，职业趋于稳定。

二、职业生涯规划的步骤与方法

生涯规划实践有助于我们在"知彼知己"的基础上，即在个人通过对职业生涯的主客观条件进行分析、研究和总结的基础上，确定好自己未来的职业发展目标，并为实现这一目标进行一系列行之有效的计划和安排。制定好一个科学的职业生涯规划，有助于大学生提前进行职业准备，减少为将来择业所付出的成本，增加未来求职成功的可能性，并为其一生的职业发展奠定良好的基础。

（一）职业生涯规划的步骤

个人职业生涯规划的内容虽因人而异，但在制订个人职业生涯规划时，需要考虑的要素却是基本相同的，一般包括：

①个人基本情况，包括个人的兴趣、爱好与特长、性格、能力与价值观、个人目标与需求、个人生理与健康状况、工作经验、社会阶层与教育水准、性别、年龄、负担状况以及智商与情商等因素；

②对个人能力、兴趣、潜力、职业生涯需要及追求目标的评估，包括对个人优势与劣势的分析、个人职业发展目标的设定及设定的原因、达到目标的途径与所需的教育培训措施、达到目标可能遇到的阻力与助力等；

③个人外部环境分析，包括社会的需求，企业与组织的需求，家庭的期望，技术的发展，经济的兴衰，政策法规的影响以及个人与单位在职业生涯选择、规划与机会方面的沟通情况等。

在综合考虑了上述因素的基础上，职业生涯规划一般经过自我剖析与定位、职业生涯机会评估、职业生涯目标与路线的设定、职业生涯策略的制订、职业生涯规划的评估与调整等五个步骤来完成。

具体而言，一个系统的生涯规划应当包括觉知与承诺、认识自己、认识工作世界、决策、行动和再评估调整/成长六个步骤，职业生涯规划步骤图如图 5-1 所示。

图 5-1　职业生涯规划步骤图

1．觉知与承诺

在这个阶段，学生了解到职业生涯规划的重要性和作用，并愿意花时间来规划自己的职业生涯。职业生涯规划是一个过程，是一种面对职业生涯发展的态度，它未必能立竿见影，马上为自己带来理想的工作，就好像我们所播下的种子，未必能马上发芽一样。所以，对职业生涯规划要有合理的预期。

2. 认识自己

系统化的职业生涯规划是一个"从内而外"的过程。因此，在制订职业生涯规划时，首先要认识自己，了解自己的性别、民族、健康状况等，诚实地自问：①我有哪些人格特质？②我的兴趣是什么？③哪些东西是我生命中不能缺少的？我最看重什么？④我有哪些技能是与众不同、可以赖以为生的？

3. 认识工作世界

工作世界信息和自我信息是职业生涯规划中基础和重要的部分。对工作世界的了解具体包括：①专业与职业的关系；②工作世界的宏观发展趋势；③具体职业对工作人员的要求、条件和待遇等；④继续教育方面的选择。

4. 决策

决策是综合整理和评估信息的部分，在决策时有可能因信息不全而重新回到前面两个步骤，具体内容包括：①综合与评估信息；②目标设立与计划；③处理决策过程的各种问题如职业生涯信念、障碍。

5. 行动

行动是将全部的探索和思考落实的阶段。学生要通过行动来实现自己设立的工作目标。通常包括：①具体的求职过程；②制作简历、面试。

6. 评估/调整/成长

当学生在实践中迈出生涯的重要一步——进入工作岗位时，随着外部环境的变化，他们或许会继续沿着过去的规划前进，也有可能发现过去规划已不适合自己，或者发现过去的规划并不尽如人意。这就需要再次进行职业生涯探索，调整职业生涯规划。所以说，职业生涯规划是一个循环的过程，需要一辈子来探索。

职业生涯规划是一个长期的、循环的过程。在大学生活中要将有限的时间花费在一些什么样的活动上，这在很大程度上取决于学生们希望达到的职业生活目标以及这个目标所要求的技能。帮助学生厘清思路，有的放矢地安排好大学三年的时间，协助学生有针对性地培养好生存技能是大学职业生涯规划的初衷，也是全面素质教育的要求。

【交流与讨论】

▶你期望的第一份工作是：＿＿＿＿＿＿＿＿＿＿＿＿＿＿＿＿＿＿

▶工作三年后，你预期的发展目标是：＿＿＿＿＿＿＿＿＿＿＿＿＿

▶工作五年后，你预期的发展方向是：＿＿＿＿＿＿＿＿＿＿＿＿＿

（二）职业生涯规划的方法

1. 自行设计法

自行设计法即根据各种职业生涯规划读物所展示的方法，进行自我测定、自我评价，明确职业兴趣、能力及行为倾向、价值观等，从而把握职业方向。

（1）性格自我测试

因为性格是人个性中具有核心意义的成分，几乎涉及人的整个心理过程及个性特征的各个方面，对职业的选择和人的职业生涯的发展有一定的影响。对具体职业而言，能力不足可以培训，而如果性格与职业要求不匹配，则难以获得好的工作业绩。例如，如果让一个内向型性格的人去做推销员、记者、律师、教师等就难以获得成功。

（2）能力自测

主要有分析能力自测、行动能力自测、管理能力自测、经营能力自测和其他特殊能力自测等。其结果可以为人的职业选择提供一个基本的参考依据。

（3）职业素质自测

主要有工作动机、职业适宜性、职业选择、职业方向自测等。其结果旨在了解自己的优势，并从事相应的工作，会产生更大的作用。

2．职业咨询预测法

在美国等一些国家，大学、高中都有一些专门的机构，对大学生和高中生的职业前途进行预测，以此为根据对他们的择业方向提供一些建设性的建议。在我国，这样的专门机构也逐渐兴起，但在学校中还是比较少见的，一般都是一些社会性的机构。他们的主要测评工具如下。

（1）能力倾向测验

能力倾向测验包括普通能力倾向测验、特殊能力倾向测验和多因素能力倾向测验三大类。能力倾向测验所显示的分数可以预测受测对象未来的工作、职业训练、专业发展上的成功表现。

（2）职业兴趣测验

国内外最常见的职业兴趣测验有《斯特朗兴趣量表》《霍兰德职业兴趣量表》《自我定向测查表》等。职业兴趣测验可以帮助个人明确自己喜欢在什么样的环境中工作。

（3）人格测验

人格测验主要有卡特尔16种人格因素测验、艾森克人格问卷、爱德华个性量表、MBTI性格测试等。人格测验主要帮助个人明确职业与工作岗位是否与个人的人格特质相符合、相关联、相匹配。

（4）价值问卷

价值问卷包括一般价值问卷和工作价值问卷，它主要帮助个人明确对工作及生涯选择有关价值的相对看法。

（5）生涯成熟问卷

生涯成熟问卷包括生涯发展问卷和生涯成熟问卷，它旨在为人们提供一个了解自我生涯发展状况，评估其中的不足，以便有针对性地进行调整、改善，促进生涯发展目标参考

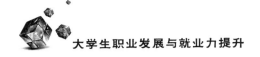

的有效性。

3．评价中心法

该方法是发达国家非常重视的、应用较广的方法，其目的是为组织选拔最合适、最出色的高层领导人，但这种选拔必须基于个人条件、发展潜力、职业生涯的发展和必要的培训。把最符合条件的后备人员输送到高层职业位置上，本身就是一种职业设计与塑造过程。该方法是美国国际电话电报公司的摩西博士于20世纪50年代提出的，其具体方法包括心理测验、情景模拟、小组讨论、面试等。

4．生活计划（生命计划）

生活计划是职业生涯选择计划更长期、更完整的计划。对于工作多年的社会劳动者，有了充分的职业经验之后，进一步制订职业生涯计划，部署自己的长期发展计划，可以采用职业行动计划模型方法。它包括七个步骤：一是明确自己的终身计划与职业意识；二是进行职业生涯选择的分析与决策；三是进行自我评价和对成功风险的分析；四是为新的抉择做准备，了解成功的途径；五是为实现新职业而努力，提高能力素质；六是职业发展的行动战略，自己谋得预定职业并探究和掌握在该职业生存的秘诀，遵从该职业的规范，争取获得成功；七是跟踪和再评价，重新审视和思索职业计划或重新制订终身计划。

当重新制订终身计划时，实际上就回到了第一步，这七个步骤就连接成为一个闭合的链条，人的职业计划就在这一循环中不断发展、不断提高。

5．职业生涯规划"思考圈法"

"思考圈法"是中国香港高校职业生涯规划常用的一种理论方法。该理论以循环思考来表述职业生涯规划，六个要素之间的往返循环过程如图5-2所示。

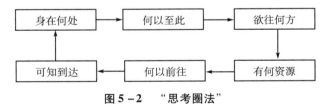

图5-2　"思考圈法"

"身在何处"即了解目前情况、存在的差距，这是问题解决开始时需要的信息。

"何以至此"即分析原因。这些原因可能是客观方面的，如就业形势、金融危机等；也可能是主观方面的，如就业观念、领导重视、政策支持等。

"欲往何方"即找出最优选择并做出临时选择，选择可能性最大的情况。思考并明确学校的就业目标是什么。

"有何资源"即精心搜索和综合选择。精心搜索指查看各种资源以发现尽可能多的有利资源；综合选择是把与目标一致的有效资源进行整合。

"何以前往"即设计一项计划来实施某一临时选择，包括学校就业指导措施、计划、内容等。

"可知到达"即通过结果、结论与选择、目标比较，分析和检验与目标的差距，总结经验，为下一循环打下好的基础。

6．职业生涯规划愿景法

职业生涯愿景是个人在职业实践过程中经过一段时间的探索，经过与外界互动逐渐沉淀下来的理想职业目标，是目标职业的期望情景的总和。职业生涯愿景应当包含很多内容，这些内容对个人的职业目标是全面而且细致描述的，包含目标职位、领导风格、价值观、个人性格倾向、知识技能、行业领域、规模、职位胜任素质、控制幅度等，其中价值观、个人性格倾向、知识技能等最为重要，是构成个人职业生涯愿景的核心部分。

职业生涯愿景模型的含义是：基于价值观、个人性格倾向、知识技能的核心，职业生涯愿景是每一个人经过职业的发展实现职业目标的梦想。对个人的职业生涯愿景而言，每个人都有长处和不足，其长处和不足都是在同外界环境的相互作用中确定的。只有尽可能地发挥长处、善用长处、弥补不足，使得个人在机会的把握、兴趣的导航、技能的增长、性格倾向的管理接近并重合于职业生涯愿景时，职业目标才能得以实现。机会运气只眷顾随时做好准备的人，随时做好准备很大程度上就是对于个人知识技能的积累以及心理的调整，基于兴趣、个性的心理活动特征，需要通过评估来确定类型，依靠互动来进行训练，借助拓展实现调整；技能等同阅历相关的素质需要不断地实践、总结、持续改进而得以固定、内化。

三、职业生涯规划的评估与调整

职业生涯规划是一个动态的过程。在人生的发展阶段，由于社会环境的巨大变化和一些不确定因素的存在，会使原来制订的职业生涯规划与现实情况有所偏差，这就需要对职业生涯规划进行评估和做出适当调整，以使其更好地符合自身发展和社会发展的需要。

在职业生涯规划过程中，评估与调整是一个再认识、再发现的过程。我们要时刻注意周围环境的变化，不断地审视自我，不断地调整自我，不断地调整策略和目标。这个过程就是评估与调整，它可以确保个人职业生涯规划的有效性。

（一）职业生涯规划的评估

职业生涯规划评估是指在实现职业生涯目标过程中自觉地总结经验和教训，调整对自我的认知和最终的职业生涯目标。

职业生涯目标在刚开始时大多数是模糊的、抽象的，有时候甚至是错误的。在努力工作了一段时间后，有意识地回顾自身的言行得失，可以检查自己对职业目标的设定是否正确，是过高还是过低。不少人在一段时间的尝试和寻找之后，才了解自己到底适合哪个领域、哪个层面的工作，这段时间在缺乏评估和调整的情况下可能长达几年甚至几十年。在

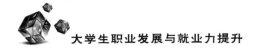

目标设定正确时，评估和调整可以纠正分阶段目标中出现的偏差，同时极大地增强实现目标的信心。

1. 职业生涯规划评估的作用

（1）有助于检测职业生涯策略是否得当

我们在制订职业生涯规划的时候，首先要进行自我评估，在此基础上为自己的职业生涯定下目标，并制订相应的实施计划，包括学习计划、培训计划、工作计划等。这些计划都是为了实现目标而制订的。但是，这些计划是否适当，是否有作用呢？实施这些计划之后，是否觉得自己离实现目标更近了呢？也就是说，计划的实际效果如何应该是我们关心的问题。因为这些计划都是在主观分析和经验的基础上制订的，所以上述问题的答案不得而知。因此，我们在实施这些计划的过程中，要不断地反省，定期地对实际效果进行检验。

（2）有助于检测职业生涯目标是否适当

职业生涯规划的每项内容都建立在自我分析和客观事实的基础上，但是世界每天都在变化，大到国际形势的突变、国家政策的调整，小到组织制度的改变、组织结构的变革、自身条件的变化，这些都是影响我们制订职业生涯目标的客观因素。同时，大学生的心智不成熟，缺少社会阅历，加之大部分大学生对自己评价过高，对于职业生涯的期待过高，并不根据实际情况制订职业生涯目标，所以造成了大部分人在制订职业生涯规划时极度盲目，制订的职业生涯目标与实际有很大的偏差，缺乏可操作性。这正是大学毕业生跳槽率偏高的原因。因此，要定期地对职业生涯规划进行评估，要考虑你所选择的职业是否适合你，是否是你心中最想做的工作。

（3）阶段性评估有助于及时调整职业生涯规划

周围环境和我们自身都是在变化的，如果不对职业生涯规划进行评估，或者很长时间才评估一次，就不能及时地发现问题，并迅速做出改变。要根据实际情况进行定期的评估，及时纠正实施过程中出现的偏差，时间最好不要超过一年。每年评估一次是针对短期目标而言的，中期目标要每3～4年评估一次，长期目标则要每7～10年评估一次。一般情况下，对中长期目标的评估要比对短期目标的评估花更多的时间，而且有可能对职业生涯目标的制订产生巨大的影响。

2. 职业生涯规划评估的内容

（1）职业生涯目标评估，即是否需要重新选择职业

如果一直无法找到理想的学习机会和工作，那么就要根据现实情况重新制订职业生涯目标；如果一直无法适应或胜任最初制订的职业生涯目标，在学习工作中得不到应有的发展，导致我们长期压抑、不愉快，这时应该考虑调整职业生涯规划；如果在婚后，职业给家庭造成极多的不便，或者家人反对所从事的职业，就要考虑调整职业生涯规划。

（2）职业生涯路径评估，即是否需要调整发展方向

当出现更适合自己职业生涯发展的机会，而原定的发展方向又缺少前景的时候，就应该尝试调整职业生涯路径。

（3）实施策略评估，即是否需要改变行动策略

如果家人无法在自己工作的地方定居、工作，可以考虑改变既定的计划；如果在已定区域和职业选择上得不到发展，可以考虑改变行动策略。

（4）其他因素评估，即身体、家庭、经济状况以及机遇、意外情况的评估

如果家庭成员需要得到更多的照顾，我们应该把更多的精力投入家庭中，甚至暂时放下工作；如果身体条件不允许，应适当降低对职业生涯目标的要求。

3. 职业生涯规划评估的步骤

对职业生涯规划进行评估和调整的时机因人而异。大学生初次就业时，在经历了求职的实践后，可以根据新的就业信息和供求情况，结合自身特点，对职业规划进行评估，并判断是否需要做出调整。在入职一年后对从业的实际情况进行评估，如有需要，及时做出调整。当然，由于目标的大小、完成时间的跨度不同，职业生涯规划的评估与调整可以一年一次或几次，也可以几年一次。调整的步骤如下。

（1）确定评估的目的和任务

在着手做一件事之前，我们都要考虑一下为什么要做这件事，即目的是什么。所以，在做职业生涯规划的评估工作时要先确定评估的目的以及主要任务。确定评估的目标，就是要确定职业生涯目标是否合适，是否需要更改职业生涯路径，策略是否得当。

（2）重新评估自己

对比现在的自己和过去的自己有何区别，分析个人条件的变化，检验自己在职业实践中的成果，在职业初期要评估自己的职业素质是否符合目前所选择的职业，在职业中期则重点评估自己的工作绩效和职业发展情况。

（3）重新评估职业目标

根据当前经济社会发展的情况，对职业目标在当前社会中的地位和发展趋势、对从业人员的素质要求与自身素质的匹配程度、所在企业的内外环境、个人实现目标的进度等方面进行评估，从而对短期目标、中期目标和长期目标分别做出调整。

（二）职业生涯规划的调整

职业生涯规划需要不断调整，一个好的职业生涯规划需要具备可行性，需要有实施计划的具体措施和时间。但是职业生涯规划做得过细也会束缚个人的发展，可能错失随时到来的种种机会，又会因为不切实际而缺乏可操作性。在影响职业生涯发展的许多因素都难以预料的情况下，要使职业生涯规划行之有效，就必须使其具有足够的弹性，在实践中不断进行评估与调整。这就需要我们在实践中定时、定期地检验目标完成的情况，评估环境

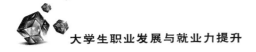

的变化，从而根据评估的结果对目标和策略方案进行合理的调整。

1. 职业生涯规划调整的目的

调整是改正、修改，使某事或某物正确的意思。职业生涯规划调整的目的是：①对自己的强项充满自信；②对自己的发展机会有清楚的了解；③找出关键的、有待改进的问题；④为有待改进之处制订详细的行为改变计划；⑤以合适的方式答复那些给予信息反馈的人并表示感谢；⑥实施行动计划，确保取得显著的进步和成就。

2. 职业生涯规划调整的影响因素

（1）环境因素

环境因素包括社会环境、政治环境、经济环境、科技环境、自然环境、法律环境等。从宏观层面认识职业生涯发展的局限和可能，个人只能适应却不能改变环境因素。

（2）组织因素

组织因素包括组织规模、组织结构、组织文化、组织发展状况、人力资源规划、人力资源管理系统类型、晋升政策、人际关系等。要改变组织因素非常困难，但可以选择到最适合自己发展的组织中工作。

（3）个人因素

个人因素包括年龄、性别、学历、工作经历、家庭背景、人格等。一方面要正确认识自己，另一方面要不断完善自己。

个人和组织要适应环境因素，正确认识和分析组织因素、个人因素，寻求个人和组织的和谐发展。

3. 职业生涯规划调整的内容

（1）职业方向的调整

职业方向的正确与否直接关系到职业生涯的发展是否顺利，它是职业生涯成功与否的关键因素。在实际工作中许多人都会发现自己的职业发展不顺利，其原因是最初选择的职业方向是错误的。在制订职业生涯规划的时候是根据科学方法进行的，为什么会出现职业方向选择错误的问题呢？其一是自己的爱好发生了变化。最初，职业方向在很大程度上是依据个人兴趣和爱好进行选择的。随着时间的推移，在一些内外环境和自身条件变化的影响下，人的兴趣和爱好也可能随之变化，原来的职业方向与新的兴趣爱好相冲突，所以造成职业发展的不顺利。其二是缺乏对内外环境的客观分析。不少人在分析客观环境时不进行实际了解，而是主观判断，从而使自己对内外环境的认识出现了偏差。其三是在制订职业生涯规划时，缺少对工作的真实体验，由于经验不足，导致职业方向选择出现问题。应该说，职业方向选择错误对于大学生来说是很正常的。不要因为选择错误就丧失信心，迷失方向。由于职业方向选择错误会直接导致职业目标和职业生涯路线的错误，因此，在综合分析、冷静思考后，要对职业方向、职业目标和职业生涯路线做出调整。

（2）策略和措施的调整

有时候，职业生涯发展不顺利并不是因为职业方向选择错误或职业目标有问题，真正的原因可能是我们针对职业目标所制订的策略和措施不合适。在职业生涯规划中，我们会根据自己与职业目标之间的差距制订一些策略和措施。如为了达到职业目标要求的素质，我们会计划参加一些培训、进行实践锻炼等。这些措施又可以具体到参加什么培训班，选择哪个老师等。这些都是影响职业发展的因素。因此，当职业发展不顺利的时候，如果不是职业方向出了问题，就要考虑策略和措施制订得是否合适，发现问题要及时进行修改，以免影响以后的职业发展。

（3）行为和心理的调整

职业发展不顺利，可能是由职业方向选择错误，或者是制订的策略和措施有问题造成的。当这两方面都没有问题时，就要考虑可能是由心理和行为不配合的问题造成的。因此，要学会调整自己的心理状态。在职业生涯规划实施的过程中，首先，要自信，相信自己的选择和判断，不要妄自菲薄，但也不要盲目自大。其次，在确定好目标以后，一定要坚定不移地走下去，除非发现目标出现了问题，否则不要轻易放弃自己的计划。最后，要保持乐观、积极的态度，这样才会成功。

4. 及时调整职业生涯规划

首先，长远的职业生涯目标的实现需要一个漫长的过程，要将大的、长远的目标，逐步分解为小的、近期的目标，在实现小的、近期的目标的基础上，逐步接近大的、长远的目标。但这种大的目标的实现，离不开科学的决策，目标应该符合自己的实际情况，如果目标过于高远，则很难实现。只有将理想建立在现实的基础上，发挥自己的潜力、优势，才能实现目标。

其次，职业生涯发展规划要按照先努力在基层、小单位工作，积累经验、培养能力，然后逐步向中层管理部门努力，最后指向终极目标的顺序制订。想成为经理、总经理，除了要有丰富的实践经验外，还要有较高的理论素养。实践经验可以通过在工作中不断地观察、思考、总结，逐步积累来获得；理论知识可以通过自学来掌握，如阅读报纸和杂志、参加相关培训等。

再次，职业生涯的发展道路不是平坦的，而是坎坷的，有的人职业发展得顺利，有的不顺利。发展顺利的人往往目标确立得比较早，而且具有一定的能力，审时度势，意志坚定的发展不顺利的人是因为在面对是从事管理工作还是从事专业工作时，不知如何选择。不管从事哪种工作都需要按照当时的情境，确定职业生涯目标，并一步一步地走下去，最终实现自己的职业目标。

最后，考虑降低职业生涯目标。不是所有人都能获得职业生涯的成功，当成功的标准定得很高时更是如此。因为能成为院士、高级工程师、总经理的人毕竟只是少数，而大多数是能很好地完成自己的岗位职责、为社会的正常运转奠基的人。

在年轻的时候，人们有许多的梦想和追求。如果由于种种原因，个人的潜力没有充分地展示出来，这对于个人和组织来说都是遗憾。如果采取了有效的措施，个人也经过了一番努力，但目标还是不能实现，这就不是选择的问题，也不是外部环境的问题，而可能是能力的问题。能力的差异是客观存在的，不能用社会的精英标准来苛求自己。应该以更加实际的态度调整自己的职业目标，以更加豁达的眼光来对待自己的能力。如果制订的目标是通过努力能实现的，我们就会产生成就感。如果制订的目标通过努力也无法实现，就会觉得自己生活在失败的阴影里，这就需要我们对职业生涯目标进行适时的、果断的调整。

在进入工作单位之前，可以对职业生涯目标进行理论上的设计。然而，在实际工作中，这种设计要随着社会政治、经济环境的变化而变化。职业生涯目标的设定往往是在动态平衡中逐步调整、完善的。如果原来的目标很难实现，就要适当降低标准；反之就要适当提高。

【交流与讨论】

还记得你最初的职业生涯发展条件分析吗？现在有哪些条件已经发生了变化？请填写表5-1，对当前你的职业生涯发展条件进行重新评估，并根据评估结果，有的放矢地调整、修正你的个人职业生涯规划。

表5-1　职业生涯发展条件的两次评估对比

项目类型	初次评估内容	重新评估内容
价值观		
职业目标分析		
兴趣、爱好		
性格		
学历与技能水平		
家庭状况		
优势与劣势分析		
面临的机会与挑战分析		

四、职业生涯规划成功的标准与评价

在我们有限的生命里，总会有很多目标不能实现，但这并不意味着职业生涯的失败。那么，怎样的职业生涯才算成功？我们该如何全面评价职业生涯？

（一）职业生涯成功的多样化标准

成功没有统一的标准，有人追求地位和职务，有人追求物质和财富，有人追求成就和名誉，有人追求家庭与事业的和谐。但每个人都应该有自己的成功标准，并时时用这个标准检验我们为实现目标而付出的行动。按职业锚理论的划分，成功的标准也有以下五个方向。

第一，进取型——视成功为升入组织或职业的最高阶层，特别注重在群体中的地位，追求更高职务。

第二，安全型——视成功为长期的稳定和相应不变的工作认可。

第三，自由型——视成功为经历的多样性，追求不被控制。

第四，攀登型——视成功为螺旋式不断上升、自我完善，喜欢挑战、冒险，勇于创新。

第五，平衡型——视成功为家庭、事业、个人等方面的均衡协调发展。

每个人的职业锚不同，决定了其职业需求类型与职业目标的差异，也造成了个人在职业生涯成功标准的多样性。即使是同一个人，职业生涯成功的意义在不同的人生发展阶段也可能不同。

 【知识窗】

职业锚理论的概念

职业锚理论产生于在职业生涯规划领域具有"教父"级地位的美国麻省理工学院斯隆管理学院著名的职业指导专家施恩（Edgar H. Schein）教授领导的专门研究小组，是对该学院毕业生的职业生涯研究中演绎成的。斯隆管理学院的44名MBA毕业生，自愿形成一个小组接受施恩教授长达12年的职业生涯研究，包括面谈、跟踪调查、公司调查、人才测评、问卷等多种方式，最终分析总结出了职业锚（又称职业定位）理论。

所谓职业锚，又称职业系留点。锚是使船只停泊定位用的铁制器具。职业锚实际就是人们选择和发展自己的职业时所围绕的中心，是指当一个人不得不做出选择的时候，他无论如何都不会放弃的职业中的那种至关重要的东西或价值观，是自我意向的一个习得部分。个人进入早期工作情境后，由习得的实际工作经验所决定，与在经验中自省的动机、价值观、才干相符合，达到自我满足和补偿的一种稳定的职业定位。职业锚强调个人能力、动机和价值观三方面的相互作用与整合。职业锚是个人同工作环境互动作用的产物，在实际工作中是不断调整的。

职业锚问卷是国外职业测评运用最广泛、最有效的工具之一。职业锚问卷是一种职业生涯规划咨询、自我了解的工具，能够协助组织或个人进行更理想的职业生涯发展规划。

长期以来，人们在评价一个人的职业生涯是否成功时，通常以薪酬、职务、社会地位作为主要的判断标准。许多学者指出，这种标准过于片面和绝对，只适用于少数人，如果继续沿用这些标准，大多数人都可能被视为失败者。事实上，一方面，随着组织外部环境的剧烈变化和组织结构的一系列深刻变革，传统的金字塔式组织结构逐渐被扁平化的形式所取代，员工加薪和晋升的机会大大减少；另一方面，即使获得高收入和晋升机会，也并不一定使人们感到骄傲或成功。因为，在个人工作上的物质条件得到改善的同时，有许多其他的因素可能导致个人没有成就感和幸福感，例如，工作模式和节奏与个人生活脱节、

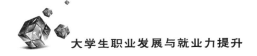

个人情绪低落等。

（二）职业生涯成功的综合评价

职业生涯成功的标准具有多样性，对职业生涯成功的评价也需要综合考虑。按照人际关系范围，将职业生涯分为自我评价、家庭评价、组织评价和社会评价四类评价体系（见表5-2）。

表5-2　职业生涯规划成功的全面评价表

评价方式	评价者	评价内容	评价标准
自我评价	本人	1. 自己的才能是否得到充分施展 2. 是否对自己在企业发展、社会进步中的贡献满意 3. 是否对自己职称、职务、工资待遇的变化满意 4. 是否对职业生涯发展与生活的关系的处理结果满意	根据个人的价值观念及个人知识能力水平进行评价
家庭评价	家庭重要成员	1. 是否能够理解 2. 是否能够给予支持和帮助	根据家庭文化进行评价
组织评价	组织同事	1. 是否有下级、平级同事的赞赏 2. 是否有上级的肯定和表彰 3. 是否有职称、职务提升或职责权利范围的扩大 4. 是否有工资待遇的提高	根据企业文化及企业总体经验结果进行评价
社会评价	社会舆论 社会组织	1. 是否有社会舆论的支持和好评 2. 是否有社会组织的承认和奖励	根据社会文明程度和社会历史进程进行评价

五、撰写职业生涯规划书

（一）基本要求

1. 完整性

完整性就是要求职业生涯规划书涉及的资料翔实，步骤齐全。收集资料有多种途径，可以通过访谈、从报刊图书中摘抄、上网下载等方式，要尽可能注明资料的出处，并多运用图表数据来说明问题，以提高资料来源的可信度和说服力。

2．全面性

全面性就是要论证有据，分析到位。要了解有关的测评理论及知识，认真审视并思考自己的测评报告并对照自我认识与测评结果的异同，分析与测评结果形成差距的原因，从而确定自我评估结果，达到"知己"；要厘清自己所处的地理环境（包括居住的地方、喜欢的地方、亲朋的意见等），明确自己最大兴趣是什么、最喜欢与之共事的人的类型、最重视的价值与目标、最喜欢的工作条件是什么，再通过目前环境评估（社会影响、家庭影响、学校因素、就业形势等）和当前社会环境分析（组织环境分析、技术的发展、经济的兴衰、政策法规的影响等）来确定自己的职业方向，做到有理有据，层层深入。

3．逻辑性

逻辑性就是要言简意赅，结构紧凑，重点突出，逻辑严密。语言朴实简洁，用词精练准确，行文流畅，条理清楚，这是最基本的写作要求。撰写时还应密切注意整篇文章的结构和重心所在。职业生涯规划书一般包含对职业规划的认识、对自我的剖析、对所学专业的认识、对职业方向的探索以及确定目标并制订计划这 5 个方面的内容。在对这些内容进行分析阐述时，必须紧紧围绕职业目标这条主线来展开，从而体现文章论述的逻辑性和连贯性。要将重点放在自我评估、环境评估、目标实施上。职业生涯规划是自己将来的规划，这个规划只有建立在对自我和职业的充分认识的基础上，才能体现它的科学性和可行性。

4．可操作性

可操作性就是要目标明确，合理适中。撰写职业生涯规划书应围绕论述的中心展开，职业生涯目标不能过于理想化，应"择己所爱""择己所长""择世所需""择己所利"。职业生涯规划书撰写是否成功，在很大程度上取决于有无正确适当、切实可行的目标。

5．匹配性

匹配性就是要分解合理，组合科学，措施具体。目标分解、实现路径选择要有理论依据，而且备用路径之间要有内在联系性。目标组合要注意时间上的并进、连续和功能上的因果、互补作用，全方位的组合要涵盖职业生涯、家庭生活、个人事务等方面。

6．创新性

职业生涯规划因人而异，具有明显的个人特性。但它的撰写又有一定的格式，所以在写作时，要求每一个人应该规划自己的内容，要有创新性。

（二）职业生涯规划书的基本内容

职业生涯规划书有其特定的方法和步骤，撰写时并不是盲目进行的。一份较完整的职业生涯规划书应包括以下八个部分。

1．标题

标题包括姓名、规划年限、年龄跨度、起止时间。

2．目标描述

目标描述包括从业方向和路径、各阶段目标和总体目标。从业方向和路径是对职业的选择；各阶段目标是职业规划中每个时间段的目标，一般包括短期目标和中期目标；总体

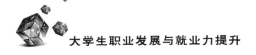

目标即当前可预见到的最长远的目标，也是规划的终极目标。

3．自我分析

自我分析是对个人性格、兴趣、价值观、能力及以往的经历等加以综合评价，给自己"画像"。主要包含四方面的内容：一是主观分析，包括个人性格特点、兴趣爱好、各方面的能力和潜质及个人价值观念和追求的自我认知分析；二是客观分析，主要依据科学的测评系统和软件进行测评的结果及收集到的他人对自己的评价；三是以往的经历和目前的处境分析；四是综合以上分析结果，进行自我分析小结。

4．环境分析

环境分析包括家庭环境分析、学校环境分析、社会环境分析（社会经济环境、文化环境、人们的价值观念、就业环境和社会政治制度）等外部环境对职业目标的影响。

5．组织（企业）分析

组织（企业）分析是对行业、职业与用人单位的分析，包括对行业环境、职业特点和要求、组织制度、背景、文化、产品或服务、发展前景与趋势等的分析。

6．目标分解与组合

目标分解是在自我分析、外部环境分析、组织分析的基础上，确立选定目标的原则和理由，将远大目标分解为有一定时间规定的阶段性目标，循序渐进；目标组合是将若干阶段性目标按照内在相互关系组合起来，达成更有利的可操作目标。

7．行动计划及目标实施方案

寻找现阶段自身情况与实现目标要求间的差距，通过制订比较详细而又切实可行的行动计划和策略方案，分阶段去争取职业生涯目标的实现。

8．评估与修正

设定目标实现或规划成功的衡量标准后，如果在实施过程中无法达到预定的目标或要求，就应当进行适当的修整和调整。

【交流与讨论】

1．根据自身情况，写一份职业生涯规划书。

2．对于如何完成职业生涯目标，谈谈你的看法。

（三）职业生涯规划书撰写应注意的问题

1．自我探索的问题

问题一："你的性格适合做什么？"

不同的工作，适合不同性格的人去做。认清自己的性格，是非常重要的一步。

在进行性格分析时常常见到的是分析缺乏依据，大篇幅地写自己的优势与不足，那么你性格的这些优势与不足是你自己的认识与感觉呢，还是通过科学的测评得到的结果呢？

只有通过正确的手段分析出来的，才会更加符合自己的实际情况。否则，会给人一种闭门造车、不切实际的认识。而对于影响你职业生涯的性格弱点，你准备怎样去克服？要有一个明确的计划，不要让弱点成为你成长中的绊脚石。

问题二："你的兴趣是什么？"

在进行职业生涯规划设计时应适当考虑自己的兴趣与爱好。如果一个人对某种工作产生兴趣，他在工作中就会具有高度的自觉性和积极性，容易在工作中做出成就。反之，如果一个人对工作没有兴趣，就不可能将自己的精力投入工作中，也就不可能在工作中取得很大的成功。但要注意的是，兴趣爱好也并不总起着正向的驱动作用，有时它也是一种耗散力，比如与未来职业发展无关的兴趣爱好。这就要求我们在职业生涯设计时，对自己的兴趣爱好有一个客观的分析。

问题三："你的优势和特长是什么？"

你有哪些拿得出手的能力？对于自己欠缺的能力，应该怎样去做？按照自己的能力特长进行职业生涯设计是我们要特别注意的问题，因为任何一种职业都需要一定的能力，不同职业有不同的能力要求。能力特长对职业的选择起着筛选作用，是求职择业以及事业成功的重要保证。所以我们应对自己的能力特长有一个正确的自我认知和评价，根据自己的真才实学和能力特长进行职业生涯规划设计。

2．环境分析的问题

在环境分析时，应避免分析抓不住重点，应该准确地分析自己的学习环境、家庭环境、职业环境情况，通过这些分析，可以一目了然地知道自己的职业目标实现起来是否可行。此外，在对环境的分析中如果掌握的真实资料少、道听途说多，就会影响分析的效果。

3．目标表述的问题

一份好的职业生涯规划书很重要的一点就是有明确的目标，不管是在前言中直接提出，还是在分析中得出，都要有一个明确的目标。很多职业生涯规划书都存在这种情况：洋洋洒洒几千字，却自始至终找不到想要说的职业目标。

4．规划缺乏层次感

职业生涯规划书要阶梯分明，措施具体，操作性强。经过自我分析与环境分析后，就要说明你将通过怎样的努力来实现你的职业目标了。有些同学只是写了近两三年的学习目标，那是远远不够的，要写到就业阶段以及目标实现阶段，在每一阶段自己要做哪方面的努力，要实现哪些目标，然后很轻松地得出自己想要实现的最终职业目标。

5．要注意各方协调

选择职业作为一种社会活动必定受到一定的社会制约，任何人选择职业都是相对的、有条件的。如果择业脱离社会需要，个人将很难被社会接纳。在择业时要考虑到社会与个人利益的统一，使社会需要与个人愿望的有机结合，既要考虑个人的因素，也要自觉服从社会需要。

【职业生涯规划书范例】

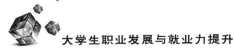

旅行是一场遇见

最后我们遇见了自己

职业生涯规划书

学校：云南旅游职业学院

学院：旅游管理学院

专业：旅游管理

班级：旅游管理 2103 班

姓名： XX

目标职业：旅游新媒体运营师

序 言

当今社会到处充满着激烈的竞争，尤其在世界新冠疫情危机导致旅游业乃至全行业濒临破产、倒闭、大幅度裁员等严重负面影响下，就业形势不容乐观。要想在这场激烈而残酷的竞争中脱颖而出并立于不败之地，务必设计好自己的职业生涯规划。

职业生涯是贯穿人的一生，作为大学生，为了给自己的人生设定一条轨迹，最大限度地发掘自我潜能，增强自己的竞争实力，提升应对竞争的潜力，让职业生涯发展更有目的性与计划性，在未来的职业生涯中获得成功，必须要对自己的未来有一个切合实际的职业定位和职业目标，付出行动，不断的努力与调整自己的行为，直到实现我们的职业发展目标。

青春短暂，好好规划一下未来的路，去描绘这张生命的白纸！

目录

二、外在测评

（一）MBTI 职业性格测试

您的MBTI类型是：INTP

我属于 INTP 逻辑学家型人格，做事有效率、高执行力、精确、有自主能力，喜欢探寻理论上并在实践中执行，喜欢用逻辑分析来解决实际问题，喜欢提出一些创新的想法，喜欢从事自己感兴趣的职业，并在其中培养独立解决问题的能力。

（二）霍兰德职业测评

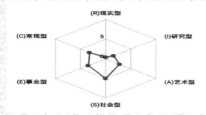

基本描述

(S)社会型

喜欢与人交往、不断结交新的朋友、善言谈、愿意教导别人。关心社会问题、渴望发挥自己的社会作用。寻求广泛的人际关系，比较看重社会义务和社会道德。
教师、保育员、行政人员；医护人员；衣食住行服务行业的经理、管理人员和服务人员；福利人员等。

(E)事业型

追求权力、权威和物质财富，具有领导才能。喜欢竞争、敢冒风险、有野心、抱负。为人务实，习惯以利益得失，权利、地位、金钱等来衡量做事的价值，做事有较强的目的性。
项目经理、销售人员，营销管理人员、政府官员、企业领导、法官、律师等。

(C)常规型

尊重权威和规章制度，喜欢按计划办事，细心、有条理，习惯接受他人的指挥和领导，自己不谋求领导职务。喜欢关注实际和细节情况，通常较为谨慎而保守，缺乏创造性，不喜欢冒险和竞争，富有自我牺牲精神。
会计、出纳、统计人员；打字员；办公室人员、秘书和文书；图书管理员；旅游、外贸职员、保管员、邮递员、审计人员、人事职员等。

总体描述

精力充沛、自信、善交际，具有领导才能；喜欢竞争，敢冒风险；喜爱权力、地位和物质财富。

我个性认真细致，做事讲究效率，有责任心，对待任何事件都不敷衍，喜欢独立思考，进行创作来表达自己内心的想法，喜欢充满自由类型的工作。适合项目经理、销售人员、营销管理人员、独立制作人、设计师等职业。

（三）360°评估

项目	优点	缺点
自我评价	为人亲近真诚，做事积极认真，热爱生活，喜欢尝试新的挑战	不够自律，对不感兴趣的事情关注度不够
家人评价	懂事乖巧，不会乱花钱，很贴心	有点贪玩，自律性差
老师评价	学习认真刻苦，积极上进，对班委工作勤恳认真，有较强的责任心	缺乏思维敏捷的空间能力，对于新问题的思考只停留在理论层次，欠缺实践能力
朋友、同学的评价	会认真做好每一件事情，平易近人，好相处	有些任性，说话前欠考虑，会把自己的意见想法加给别人

三、自我认知小结

综合三个测评结果来看，我是一个比较喜欢表达自己想法，并且喜欢分享的人，活泼开朗，适应新环境能力强，喜欢尝试新的事物；追求自由，喜欢用文字、声音、视频等来表达内心的想法与感受，对新事物观察敏锐；适合从事开放性较强的工作，有当一名新媒体运营师的潜质。

第二章　职业认知

一、家庭环境分析

我出生在一个幸福的家庭，从小父母就很注重对我实际生活能力的培养，经常带我外出旅游，学习各种新事物、新知识，丰富了我的阅历，增长了见识，提高了我对新事物的感知能力以及对环境的适应能力，同时也让我学会了很多与人相处之道，擅长与人沟通交流。

二、学校环境分析

云南旅游职业学院是经云南省人民政府批准、教育部备案的云南省唯一一所旅游类公办高等职业院校，是全国重点建设职业教育师资培训基地、全国科普教育基地、全国旅游职业教育校企合作示范基地。在这

里、形式多样、内容丰富的实训活动，提升我的实践能力，扩宽了我的专业视野，带给我更多展示自己的机会，也培养了我的兴趣爱好，让我找到一个明确的奋斗目标。

三、社会环境分析

（一）社会整体就业趋势及大学生就业状况

在新冠疫情的严重影响下，2022 年各行业乃至全社会的就业形势处于水深火热中，面临严峻的压力和巨大的挑战。适龄劳动力数量大幅度增多，就业总量性问题严重；人数供给量的持续高位运行与市场岗位需求量之间形成了一组极大的矛盾：高校扩招，毕业生增多，首次突破千万大关，预计达 1076 万人，规模和数量均创历史新高，大学生就业问题严重：产业技术的进步致使越来越多的企业从劳动密集型向技术密集型转变，用人数量的需求逐步降低，这也影响着部分高校毕业生的就业产生困难，大学生就业问题已经成为世界性难题！

（二）行业发展现状

随着智能手机用户数量的急剧增加以及智能终端技术的飞速发展，移动互联网已全面渗入旅游业，"互联网＋旅游"改变着旅游业原有的传统商业模式，短视频、直播等作为其中主要载体，正起着不可估量的作用。这个新型的庞大的旅游市场，成为未来竞争高地，预示着旅游新业态、高端旅游、智慧旅游都会展现广阔的发展空间。新媒体发展迅猛，其市场规模约占移动广告市场总额的三分之一，新媒体运营师这个 2020 年被官方认证的新职业，成为国内人才市场的一大缺口，至少有 500 万人的岗位缺口。

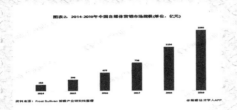

图表2. 2014-2019年中国自媒体营销市场规模(单位,亿元)

资料来源: Frost Sullivan 知媒产业研究院整理

参考经济学人APP

四、目标职业分析

(一)职业定义

新媒体运营师是指通过现代化移动互联网手段,通过利用抖音、快手、微信、微博等新兴媒体平台进行产品宣传推广、营销吸粉的一系列运营手段。通过策划品牌优质、高度传播性的内容和线上活动,向客户广泛或者精准推送消息,提高参与度和知名度,从而充分利用粉丝经济,达到相应营销目的的人员。

(二)任职要求

1. 大学专科或以上学历,旅游市场营销、新闻、中文、广告策划相关专业,了解新媒体运作模式,热爱旅游,1-2 年语言文字编辑经验,熟练应用 office 办公软件;

2. 熟悉微博、微信等新媒体的传播特点,具有良好的互联网文化和网络语言敏感度,有较强的创意能力;

3. 具有深厚的文字功底,对各国人文、历史和旅游具有浓厚兴趣;责任感强,懂得享受生活,具有相关的文艺爱好,能够承担工作压力;

6

4. 能及时结合旅游热点及时推送出与旅游经营活动有关联的文章、段子和企划内容;

5. 具有良好的沟通能力,较强的洞察力与社会交往能力与团队合作。

第三章 职业生涯规划

一、职业目标年度规划

1. 2022—2024 年大专:获得旅游管理学大专学历,取得"新媒体运营师"、"旅游大数据分析师"、"电子商务师"、"旅游策划师"、"研学旅行指导师"资格的初级证书;

2. 2024—2027 年本科:升入本科,继续攻读旅游管理专业,同时选修新媒体运营相关课程,获得"旅游管理学"学士学位,升级技能证书达到中级,并进行云南旅游新媒体运营师初尝试;

3. 2027—2029 年:到北京快手科技有限公司云南分公司实习,全方位投入到旅游新媒体运营工作中。

二、年度规划实施

1. 2022—2024 年

(1)专二

① 学习旅游类专业知识;

② 选修摄影、视频剪辑、PS、H5 制作的课程,提高文本创作能力;

③ 积极参与学校组织的新媒体运营相关社会实践工作和技能比赛;

④ 研究学习并尝试运营抖音号和微博号

(2)专三

① 取得旅游管理学大专学历;

② 取得"新媒体运营师""旅游大数据分析师""电子商务师""旅游策划师""研学旅行指导师"资格的初级证书。

7

2. 2024—2027 年

(1)大一

通过专升本考试升入本科,继续攻读旅游管理专业;

① 进一步学习旅游管理相关专业知识的学习;

② 辅修新媒体运营相关课程,如平面设计、网页设计、UI 视觉设计、插画设计、短视频制作、交互设计、用户体验设计及管理、社区运营管理;

(2)大二

① 系统学习运营产品设计、新媒体营销设计、短视频制作、移动 App 设计四大版块的课程内容,全面掌握新媒体运营技术;

② 加强对旅游资源、旅游线路、旅游文案、旅游数据的学习;

(3)大三

① 升级技能证书达到中级;

② 运营一个旅游相关公众号或抖音号;

③ 获得"旅游管理学"学士学位;

3. 2027—2029 年

① 到北京快手科技有限公司云南分公司实习;

② 升级技能证书达到高级;

③ 升级到新媒体运营专员

全方位投入到旅游新媒体运营工作中,开启旅游新媒体运营师的职业之路。

8

第四章 评估调整

职业生涯规划是当代必须树立的一个重要意识,每隔半年我就会对自己的职业有一个反思,并进行评估和调整。如果计划出现了偏差,我会及时调整职业目标及实施计划与实施方案。我的预备职业是成为一名旅游自媒体推荐官。

结束语

一份行之有效的职业规划可以帮助我们正确认识到自己的个性特点、潜在价值,引导我们对自己的综合优势与劣势进行对比分析;帮助我们发掘潜能,从而确定自己的职业发展道路以及求职目标。激烈的竞争决定生涯规划的重要性,将现实和长远规划相结合定位并不断完善,是就业和职业升级的关键,自身潜力与职业发展相辅相成。人生的选择从来都不是只有一种,在面对选择的时候,我们都大胆一点,去做自己所热爱的职业。既然我选择了旅游行业,我就会热爱到底,继续为这个事业而努力,为自己创造无限可能的未来吧!

9

 【榜样力量】

屠呦呦：一生倾情青蒿素

对大多数人来说，屠呦呦这个名字并不陌生。她是中国中医科学院终身研究员，以"发现青蒿素，开创疟疾治疗新方法"荣获诺贝尔生理学或医学奖。这项成果，为人类带来了一种全新结构的抗疟新药，解决了长期困扰的抗疟治疗失效难题，标志着人类抗疟步入新纪元。

2015年10月5日，瑞典卡罗琳医学院宣布将诺贝尔生理学或医学奖授予屠呦呦以及另外两名科学家，以表彰他们在寄生虫疾病治疗研究方面取得的成就。

这是中国医学界迄今为止获得的最高奖项，也是中医药成果获得的最高奖项。屠呦呦说："青蒿素是人类征服疟疾进程中的一小步，是中国传统医药献给世界的一份礼物。"

20世纪60年代，在氯喹抗疟失效、人类饱受疟疾之害的情况下，中医研究院中药研究所研究实习员屠呦呦于1969年接受了国家疟疾防治项目"523"研究任务，并担任中药抗疟组组长，从此与中药抗疟结下了不解之缘。

由于当时的科研设备比较陈旧，科研水平也无法达到国际一流水平，不少人认为这个任务难以完成。屠呦呦却坚定地说："没有行不行，只有肯不肯坚持。"

整理中医药典籍、走访名老中医，她汇集了640余种治疗疟疾的中药单秘验方。在青蒿提取物实验药效不稳定的情况下，出自东晋葛洪《肘后备急方》中对青蒿截疟的记载——"青蒿一握，以水二升渍，绞取汁，尽服之。"给了屠呦呦新的灵感。

可漫长的寻药过程，是一次次的试错。在中草药青蒿的提取实验进行到191次时，对疟原虫抑制率达到100%的青蒿抗疟有效部位"醚中干"才终于出现。

通过改用低沸点溶剂的提取方法，富集了青蒿的抗疟组分，屠呦呦团队终于在1972年发现了青蒿素。据世卫组织不完全统计，青蒿素作为一线抗疟药物，在全世界已挽救数百万人生命，每年治疗患者数亿人。

在发现青蒿素后，屠呦呦继续深入研究以青蒿素为核心的抗疟药物。2019年6月，屠呦呦研究团队经过多年攻坚，在青蒿素"抗疟机理研究""抗药性成因""调整治疗手段"等方面取得新突破，提出应对"青蒿素抗药性"难题的切实可行治疗方案，并在"青蒿素治疗红斑狼疮等适应症""传统中医药科研论著走出去"等方面取得新进展，获得世界卫生组织和国内外权威专家的高度认可。

2000年以来，青蒿素类药物作为首选抗疟药物在全球推广。2014年，全球青蒿素类药物采购量达到3.37亿人份。

屠呦呦说："中国医药学是一个伟大宝库，青蒿素正是从这一宝库中发掘出来的。未来我们要把青蒿素研发做透，把论文变成药，让药治得了病，让青蒿素更好地造福人类。"

60多年来，屠呦呦为中医药科技创新和人类健康事业作出了重要贡献。除荣获诺贝

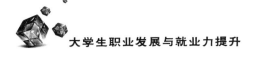

尔生理学或医学奖外，她还荣获了国家最高科学技术奖和改革先锋、全国优秀共产党员、全国三八红旗手标兵等荣誉称号。

——来源：党建网，2022－02－17

本章自我小结

【实践训练】

训练一：消除生涯中的"顽石"

第一步：以小组为单位，就以下生涯规划过程中的观点进行讨论，或选择其中一两个方面进行辩论，思考以下的信念会对职业生涯造成怎样的影响。

与生涯相关的观点			你的观点	小组成员观点
自我认知方面	有关兴趣	我对任何事都不感兴趣		
	有关个人价值	职业理想是有一份"钱多事少离家近"的活		
	有关工作能力	只要肯努力什么工作都可以做好		
	有关个人性格	我性格十分内向，不适合干与人打交道的工作		
职业探索方面	有关工作性质	市场销售专员是需要经常应酬的工作		
	有关工作条件	所有当教师的人，都是自信而且自我肯定的		
决策方面	方法	总有某位专家比我懂得更多，可以帮我做最好的决定		
	结果	一旦我选择了某种职业，就很难再改了		
满意的生涯所需条件方面	他人的期待	如果我没有在事业上做出一番成就，家人会非常失望		
	自己的标准	我必须成为领导者才算是成功的生涯		

第二步：思考这些问题可以如何调整，并讨论如何在规划过程中贯彻到实际行动中。

第三步：如果撰写一份职业生涯规划书，你会如何规避这些问题？

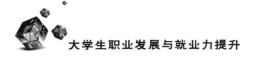

训练二：撰写你的职业生涯规划书

请按职业生涯规划书的基本内容，根据自己的实际情况，设计自己的职业生涯规划书，主要的规划时间为十年（从入学年份开始计算）。

职业生涯规划书的基本内容包括：题目、个人基本资料、自我评估、环境评估、职业目标、实施步骤与时间安排、评估与反馈、备选方案、附件等。

职业生涯规划书

个人基本资料
自我评估
环境评估
职业目标
实施步骤与时间安排
评估与反馈
备选方案
附件

第六章　开启创业崭新之旅

对于在校大学生或已经毕业的大学生，"创业"这个词语并不陌生，大家或多或少地接触过创业者，也看到过很多创业的具体形式，比如摆摊，开饮品店、服装店和快餐店，或是在网上销售商品、提供网络服务等。这些都属于创业的具体表现形式。创业是大多数青年人血管里不灭的冲动，但是自主创业对每一个尝试者来说都会是一段十分艰难的历程。应该如何敲开创业的大门？如何迈出最艰难的第一步？本章我们将一起开启创业的崭新之旅。

【学习目标】

1. 掌握创业 SWOT 的分析方法。

2. 学会撰写创业计划书。

【名人名言】

想别人不敢想的，你已经成功了一半；做别人不敢做的，你就会成功另一半。

——阿尔伯特·爱因斯坦

【本章思维导图】

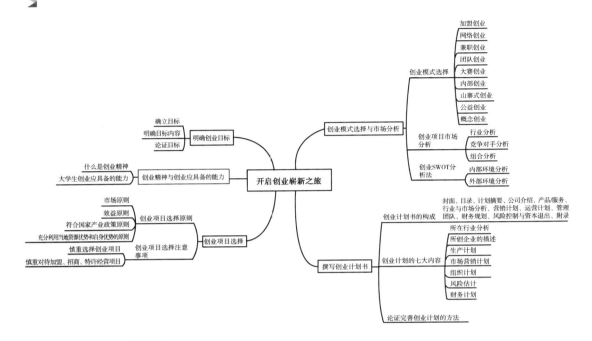

【案例导入】

    王伟是某高职院校的畜牧兽医专业毕业生，毕业时面临着两种选择：一是在企业做技术员，二是他怀揣很久的创业梦想。经过毕业前几个月的市场考察，他带着创业计划回到老家，与家人商量要开展生猪养殖业。他的想法刚开始受到家人的极力反对，并受到外界人士的讥讽、嘲笑，但家人看了他的创业计划书后，特别是其中王伟充分分析了目前自己的技术优势和生猪养殖的前景及经济可行性，最终得到了家人的支持，他的家人也加入到创业队伍中，并有了第一笔4万元的投入款。

    在生猪养殖创业计划书里，王伟把创业划分为三步走：第一步为准备实验阶段，第二步为发展阶段，第三步为生产发展、深加工与销售阶段，并详细规划了各个阶段的发展蓝图，初步设想实现三个步骤需要十年的时间。

    他的生猪养殖场现有存栏量为500多头（不含母猪），生猪养殖场的规模从原有3亩地扩大到现在12亩地，每头商品猪从出生到出栏需要7个月的时间，平均每头体重在110千克左右，三年来共出栏生猪（商品猪）850头左右，平均每头的利润在800~1000元。目前，无论是资金、技术还是人员管理都走向了成熟，王伟的养殖场已初见成效。

    王伟的创业能够顺利起步，是因为他选择了一个自己非常熟悉的行业，并且认真收集行业相关信息，发掘出足够的商业价值，并进一步论证了商业模式的可行性，凭借着清晰的市场定位和执行步骤，制订了相对可行的创业计划，从而成功说服家人（合伙人）加入，并获得家人（投资人）的资金支持，这是创业最关键一步。

【理论链接】

党的二十大报告指出，要完善促进创业带动就业的保障制度，支持和规范发展新就业形态。因此，一是要不断优化创业环境，二是要加强创业政策支持，三是要激发劳动者创业积极性、主动性，四是要支持和规范发展新就业形态。作为青年创业的重要群体，大学生要熟悉创业的相关知识、政策，为实现更充分的就业打下坚实基础。

一、明确创业目标

任何人类实践活动都离不开一定的目标。创业活动也是如此，因为它是一项复杂的社会实践活动，尤其需要找准目标、果断决策和周密计划。

（一）确立目标

有目标才会成功。那么，在成百上千个社会行业中，究竟选择哪一个行业作为自己一显身手的领域呢？选择依据主要体现在以下三个方面。

1．社会需求

社会是创业的大舞台，要想在社会大舞台上获得创业的一席之地，就必须使创业目标与社会需求保持一致。正如人们常说的那样，急社会发展之所急，供社会发展之所求，只有这样做，社会才能支持你的创业行为，认同你的创业成果。总之，要摒弃职业有贵贱的观念，以社会需求作为确立创业目标的首要依据，力争在社会发展的大舞台上大有作为。

2．扬其所长

不同的行业因其性质、特点不同，对创业者的能力要求也不同，精于此，往往疏于彼。因此，在选择创业目标时，必须正确地认识自己的能力倾向及优势所在。力求与创业的具体要求相匹配。所谓能力倾向，通俗地讲就是指能力的现有水平和发展的可能性。同学们在评价自己能力时，既不能狂妄，更不能自卑。正确的态度是全面分析自己的潜能，因为任何创业成功者都不是天生的，成功的根本原因是最大限度地挖掘自己的潜能。

3．符合兴趣

兴趣是干好一件事情的动力。兴趣又可分为有趣、乐趣、志趣三个层次。当乐趣与创业意向、社会责任感结合起来时，便进入了兴趣的更高层次了。根据自己的兴趣来确定创业目标，就是指实现由第二层次的乐趣向第三层次的志趣的转变过程。当然，人的兴趣并不是固定不变的。由于诸多原因，有时创业目标的确定与自己的兴趣不完全符合，在这种情况下，就应当从与自己兴趣相近的职业中进行选择，并培养自己的职业兴趣。否则，完全拘泥于自己现有的兴趣，反而会作茧自缚，不利于创业目标的正确选择。

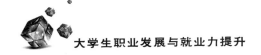

（二）明确目标内容

创业目标是指创业者在创业过程中努力争取达到的预期结果。创业目标一般包括干什么、怎么干、干的结果是什么三方面内容。如果这三方面的问题都回答清楚了，那么，创业目标的内容就基本上明确了。

第一，要明确干什么。回答这一问题看似简单，其实很需要费一番思考。"干什么"是目标确定的逻辑起点。如果这个"点"选准了，创业就有成功的希望；如果选得不够准确，创业活动就会走弯路；如果完全选错了，创业就会失败。

第二，要明确怎么干。"干什么"问题的解决和内容的明确，仿佛只是找到"过河的渡口"，对于"怎么干"问题的回答，要求我们还要找到"过河的船"，没有"船"，河是过不去的。因此，在确定创业目标时，要系统思考实施创业的措施、方法和步骤。只有创业目标实施措施得力、方法科学、步骤合理恰当，创业才能有所进展。

第三，干的结果是什么。创业的结果大致可分为理想或不理想两大类。在理想类中又可分为很理想、基本理想两个层次，在不理想类中又有程度不同的区别。总之，在对创业结果进行预测时，应将各种可能出现的创业结果考虑周全，同时，要有全面的心理准备和相应的对策，既要向最好处努力，也要做最坏的打算。

当创业目标的上述三方面内容得到明确之后，所确定的创业目标就具有下列作用：一是具有指向作用，使创业的目的性、针对性更强；二是具有激励作用，能激发创业者加倍努力，克服困难，为创业目标的实现而奋斗；三是具有标尺作用，即用已经制定好的目标去衡量和判断创业行为的成效；四是具有凝聚作用，使参与创业的所有成员都能心往一处想，劲儿往一处使。

（三）论证目标

创业目标的论证，实际上是指依据一定的标准对目标进行分析、研究得出结论的过程。不管是何种创业目标，对其论证的通用性标准有两个：一是科学性，二是可行性。科学性的核心内容是切合实际，可行性的核心内容是能够付诸实践，也就是说，创业目标应既切合实际，又可以付诸实践。对创业目标进行论证，也就是对这两方面问题进行研究、分析得出结论。

创业目标切合实际，主要是指要切合社会需要实际，切合已经具备的和能够争取到的创业条件的实际，切合创业者自身能力和兴趣的实际。这三个方面如果有某一个方面产生了脱离实际的问题，都有可能导致创业行为的受挫或创业目标的落空。这是因为任何创业目标的实现都需要有其必要的先决条件。那种不考虑创业所必需的先决条件，仅凭着主观想象而确定的创业目标，不仅难以指导创业实践，难以带来创业的成功，还会将创业引入歧途。当我们对创业目标是否切合实际这一科学性问题进行论证之后，还必须进一步对可行性问题予以分析。这是因为任何好的创业目标，都要通过实践才能成为现实，否则充其量只能算是纸上谈兵而已。

创业目标的论证方法是多种多样的，可以向行家个别咨询，可以邀请他人一起讨论分析，也可以自己去调查市场行情等。究竟采取何种论证方法，要因人、因项目、因条件而异，没有必要强求一律。但这项工作是创业决策的必要条件之一，所以，应该花力气去做好。

二、创业精神与创业应具备的能力

（一）什么是创业精神

创业精神是创业的心理基础，是指在创业者的主观世界中，那些具有开创性的思想、观念、个性、意志、作风和品质等。

创业精神对于创办新企业尤为重要。创业者如果没有创业精神，那么就会失去创业的动力，从根本上陷入创业的瓶颈。如果一个创业者具备全面的创业精神，那么他将在创业路途上勇往直前。创业精神包括如下 9 个要素。

1. 强烈的创业意识

创业意识是指创业者在创业过程中起着动力作用的个性倾向，包括需要、动机、兴趣、理想、信念和世界观等心理成分。创业意识支配着创业者的态度和行为，规定着创业者态度和行为的方向、力度。

创业需要的是创业活动的最初诱因和动力，当需要上升为动机时，标志着创业活动即将开始。

当前不少创业者不明白创业的真谛，因此创业者创业首先必须树立正确的创业意识，使自己具备创造梦想、发现机遇、凝聚梦想、不懈追求、学习新知、进取提升、突破陈规、创新创造、敢于担当、直面挑战、居安思危、自省自警的意识。

2. 充沛的创业激情

创业的过程总是困难重重、艰辛曲折，创业者需要具备极大的创业激情，将创业团队凝聚在一起，克服困难。

3. 鲜明的创业个性

创业成功者一般都有鲜明独特的个性品质：一是敢冒风险，敢于走别人没有走过的路，这样更容易抓住创业机会，创造出自己独特的东西；二是执着，全身心融入创业活动中；三是能独立自主地解决生活及创业过程中遇到的困难和问题，不受各种外来因素的干扰。

4. 顽强的意志

创业者要拥有顽强的创业意志，百折不挠地将创业行动坚持到底以达到目的。创业意

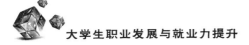

志主要包括创业目的明确、决断果敢、具有恒心和毅力。

5．批判精神

批判精神是一种十分宝贵的创业精神，是一个成功的创新企业领导者需要具备的精神品质。要想成为优秀的创业者，首先需要的就是敢于走出经验的误区，大胆地进行创意并实践，从而捕捉到商业机会。

6．适应能力

适应能力是优秀创业者应具备的重要特质之一。具有独立创业精神的现代人，必然具有较强的环境适应能力，在人与环境的互动过程中，个体能够以前瞻性的眼光与思维做出预测与判断，并及时改进、提升或按照顾客意愿定制服务，以持续满足顾客所需，而不是被动地等待时机。

7．领导力和亲和力

好的领导人一定具有很强的领导力和亲和力，他能更好地凝聚创业团队，成为创业团队的精神力量和榜样。

8．合作精神

现在是一个讲求团队合作、抱团取暖的时代，没有合作精神，单纯依靠个人的力量创业会非常困难，而具备合作精神的创业者则能够寻找到更多的创业机会，拥有更多的创业资源。

9．诚信精神

不管创业者做的是小生意还是大买卖，创业者都需要具备诚信精神。一个创业者或一家企业，没有诚信就无法在竞争残酷的市场立足。

创业测试题一：创业自信心评测

1．对下面的问题，回答"是"与"否"

（1）一旦你下了决心，即使没有人赞同，你仍然会坚持做到底吗？

（2）参加晚宴时，即使很想上洗手间，你也会忍着直到宴会结束吗？

（3）你认为你是个绝佳的情人吗？

（4）如果店员的服务态度不好，你会告诉他们经理吗？

（5）你不常欣赏自己的照片吗？

（6）别人批评你，你会觉得难过吗？

（7）你很少对人说出你真正的意见吗？

（8）对别人的赞美，你持怀疑的态度吗？

（9）你总是觉得自己比别人差吗？

（10）你对自己的外表满意吗？

（11）你认为自己的能力比别人差吗？

（12）在职会上，只有你一个人穿得不正式，你会感到不自然吗？

（13）你是个受欢迎的人吗？

（14）你认为自己有魅力吗？

（15）你有幽默感吗？

（16）目前的工作是你的专长吗？

（17）你懂得搭配衣服吗？

（18）危急时，你很冷静吗？

（19）你与别人合作无间吗？

（20）你认为自己只是个寻常人吗？

（21）你经常希望自己长得像某某人吗？

（22）你经常羡慕别人的成就吗？

（23）你会为了不使他（她）难过，而放弃自己喜欢做的事吗？

（24）你会为了讨好别人而打扮吗？

（25）你勉强自己做很多不愿意做的事吗？

（26）你会任由他人来支配你的生活吗？

（27）你认为你的优点比缺点多吗？

（28）你经常跟人说抱歉吗，即使在不是你有错的情况下？

（29）如果在非故意的情况下伤了别人的心，你会难过吗？

（30）你希望自己具备更多的才能和天赋吗？

（31）你经常听取别人的意见吗？

（32）在聚会上，你经常等别人先跟你打招呼吗？

（33）你每天照镜子超过三次吗？

（34）你的个性很强吗？

（35）你是个优秀的领导者吗？

（36）你的记性很好吗？

（37）你对异性有吸引力吗？

（38）你懂得理财吗？

（39）买衣服前，你通常先听取别人的意见吗？

2．评分说明

选择"是"得1分，选择"否"得0分。

3．评测结果

（1）分数为25～39：说明你对自己信心十足，明白自己的优点，同时也清楚自己的缺点。但如果你的得分将近39的话，别人可能会认为你很自大狂傲，甚至气焰太盛。你不妨在别人前面谦虚一点，这样人缘才会好。

（2）分数为12～24：说明你对自己颇有自信，但是你仍或多或少缺乏安全感，对自

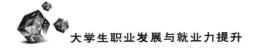

己产生怀疑。你不妨提醒自己，在优点和长处各方面并不输给别人，特别强调自己的才能和成就。

（3）分数为11分以下：说明你对自己显然不太有信心。你过于谦虚和自我压抑，因此经常受人支配。从现在起，尽量不要去想自己的弱点，多往好的一面想；先学会看重自己，别人才会真正看重你。

【交流与讨论】

1. 你觉得自己身上具有创业精神吗？

2. 如果让你选择一种创业项目，你会选择哪种？说说理由。

（二）大学生创业应具备的能力

优秀的管理技能、专业技能、社交技能和规划技能是大学生创业必须具备的能力。

1. 管理技能

管理技能是创业的核心，其主要包括目标管理技能、财务管理技能、信息管理技能、团队管理技能和项目管理技能。

（1）目标管理技能

该技能是指一个创业者必须能够制订目标、分解目标。目标包括长期目标（5～10年）、中期目标（3～5年）及短期目标（一年和日程计划）。

（2）财务管理技能

该技能是指一个创业者必须具备管理公司财务资金流的能力。财务资金流是公司能够正常运营的核心，资金流断裂对于新创立的企业来说是致命的打击。

（3）信息管理技能

该技能是指一个创业者必须具备掌握信息并有效使用信息的能力。随着互联网的快速发展，在信息时代中，掌握信息就意味着掌握市场和先机。

（4）团队管理技能

该技能是指一个创业者必须具备进行团队分工合作管理的能力。随着企业的发展和运作，不同个性的人汇聚在一起，他们之间需要不停地磨合，这就需要团队成员共同合作，通过团队成员的合作形成内部的合力，而不是分力。

（5）项目管理技能

该技能是指一个创业者必须拥有独立管理、策划、运作具体项目的能力。

2. 专业技能

专业技能是大学生创业的一条特色之路。对于打算创业，但创业资金不够雄厚的大学生创业者来说，采取加强技术创新和开发具有独立知识产权的产品的方式，可以吸引投资商，并利用投资商手中的资金进行创业。

3. 社交技能

对大学生创业者来说，多积累人脉，扩大社交圈，通过结交更多的朋友来掌握更多信息，以寻求更大发展，是成功创业的有效方法。尤其是随着互联网技术的发展、移动时代的到来，创业者的社交能力变得越来越重要。

4. 规划技能

没有任何创业经验的大学生，首先应该学会按照自己的创业规划撰写《创业计划书》，然后根据实际情况审视创业计划的可行性，清晰的创业规划可以大大提高大学生创业成功的可能性。

创业测试题二：创业能力自测

1. 测试题（请你根据自己的实际情况，回答"是"或"否"）

（1）你在学校是个成绩优异的学生吗？

（2）你在学生时代是否喜欢参加集体活动？

（3）你在少年时是否常常喜欢独处？

（4）你在童年时是否做过报童，或帮人做过小生意？

（5）你儿时是否很倔强？

（6）你少年时是否很谨慎，在活动时是否喜欢最后上场？

（7）你是否在乎别人对你的看法？

（8）你是否对每天都一样的例行工作感到厌倦？

（9）你会孤注一掷经营生意，即使亏本也在所不惜吗？

（10）你的新事业失败了，是否会立即另起炉灶？

（11）你是否属于乐天派？

2. 评分标准

（1）是：+4，否：-4；（2）是：+1，否：-1；（3）是：+1，否：-1；（4）是：+2，否：-2；（5）是：+1，否：-1；（6）是：+4，否：-4；（7）是：+1，否：-1；（8）是：+2，否：-2；（9）是：+2，否：-2；（10）是：+4，否：-4；（11）是：+1，否：-1

3. 测试结果

请你把各题的得分加起来，用总分与下面的分析相对照。

19~23分：表明你已具备了成为创业家的一切特质。

0~18分：表明虽然你创业成功希望微弱，但仍有强劲的创业精神。

-10~0分：表明你能自行创业成功的机会很勉强。

-11分以下：表明你不具备创业能力，不是这方面的人才。因此，如果你目前并不是自己做老板，你值得庆幸（如果你的得分虽然如此低，但你已在自己经营生意而且相当成功的话，那么请记住：你是一个难得的幸运者）。

【交流与讨论】

1. 除了书中介绍的创业能力，你认为创业还应该具备哪些能力？

2. 谈谈如何培养自己的创业能力。

三、创业项目选择

当今的经济市场充满着各种各样的创业机遇，创业项目也是纷繁复杂。由于大学生创业群体的特殊性，其应尽量选择能够发挥其优势的项目。

（一）创业项目选择原则

1. 市场原则

以满足市场需求为前提，重点发展需求量大、发展前景广阔的产业或项目。正如人们常说的那样，急市场之所急，供市场之所求，只有这样，市场才会支持你的创业行为。

2. 效益原则

讲求投资项目有较高的投入产出比，即投资要讲究一定的回报率。只有具有较高的投资回报率，才能够吸引投资者进行投资。

3. 符合国家产业政策原则

大学生创业要选择的创业项目应该是国家政策鼓励、支持的项目，对于国家产业投资明确限制的项目应该尽量回避，同时还要考虑所选项目是否需要特别资格、特许经营，自己是否具备相应资格或能力申请到相应的资格等相关问题。

4. 充分利用当地资源优势和自身优势的原则

选择自己熟悉并拥有资源优势的项目，不盲目追求社会经济热点，以避免决策失误、浪费劳动和投资。不同行业因其不同性质、不同特点，对创业者的能力要求也不同，精于此而疏于彼的现象在日常生活中随处可见，因此大学生创业一定要认清自己的能力倾向以及优势所在，力求与创业的具体要求相匹配。例如，具备某一类的商品知识、制造技术与从业经验；懂得某种服务性行业的服务要求和服务方法以及相关技术，还要具备相应的经营管理能力与经验；了解供应商的供货方式；十分清楚顾客群的基本情况等。

（二）创业项目选择注意事项

1. 慎重选择创业项目

隔行太大的项目要慎重；市场消费对象不明确的项目要慎重；本地一家都没有做的项目要慎重；低投入高回报的项目要慎重；远距离加工回收的项目要慎重；号称高科技转让的项目要慎重。

2．慎重对待加盟、招商、特许经营项目

（1）有些商家主要欺骗没有创业经验的人

这些加盟商针对的都是一些想创业但没有经验的人，这些商家在报纸上、网络上做的广告都非常吸引人，都说自己的项目是零风险，只赚不赔，然而，经过考察就会发现很多项目都站不住脚。例如，某些加工项目，明明当地有很多劳动力，却要在全国招商。全国招商的生产成本肯定要比当地的生产成本高，其谎言不攻自破。

（2）有些商家用保证金来骗钱

有些加盟商不收加盟费，只要保证金，名义上说是因为要确保加盟商可以按照公司所谓的划分区域经营，或者为了保证生产经营信誉，并且承诺保证金可以退还，而实际上他们会找各种理由拒绝退还保证金。

（3）有些商家以收加盟费进行诈骗

有的商家往往会说因为自身是一个品牌，所以经营必须交加盟费。对于动辄几万的加盟费，大学生创业者要慎重考虑，最好是在考察的基础上再进行论证。

【交流与讨论】

1．选一个你认为创业最成功的人士，调查一下他的创业历程，与同学分享一下你认为他的创业过程中有哪些地方值得借鉴。

2．以小组为单位，调查当前本地区的创业环境。

四、创业模式选择与市场分析

（一）创业模式选择

如今创业市场商机无限，但对于资金、能力、经验都有限的大学生创业者来说，并非都是"遍地黄金"。在这种情况下，大学生只有根据自身特点，找准"落脚点"，才能闯出一片新天地。目前来说，大学生创业主要有以下几种常见的模式。

1．加盟创业

加盟创业是指创业者以合同形式从盟主企业那里获得加盟店经销权或营业权。其最大的特点是利用盟主的金字招牌和现有市场实现利益共享、风险共担。这种创业模式由于可复制，所以创业难度相对较低。

加盟者只需支付一定的费用，包括加盟费、利润比值等，就可以站在"巨人"肩膀上。加盟者通过加盟可以得到一个成熟品牌的使用权，可以获得管理和技术方面的支持，同时也可以获得广告的赞助，这就极大地降低了创业失败的风险。因为加盟品牌是经过市场验证的，这就表示该品牌的商业模式是可行的。

当然，加盟创业并不是没有风险，如今的加盟企业数量众多而且鱼龙混杂，甚至有一些是带诈骗性质的加盟企业。"麦哈姆"特许经营项目就是一个很典型的案例："麦哈姆"打出有诱惑力的广告，称自己为国际知名品牌，宣称"加盟一家成功一家"，使得30多位创业者被骗加入，30多万元的加盟费也打了水漂，事实上"麦哈姆"连基本的工商注册都未办理。由此可见，选择加盟企业，应当先看到其中的风险，不要急功近利。投资者在加盟前一定要擦亮眼睛，不要过分相信加盟总部所提供的报表、数据及分析资料，不要以为自己会稳赚不赔，同时也要做好详细的计划书，明确准备投入多少资金、每月预期有多少收入、获利多少、净利多少、总投资什么时候可以收回。计划书越详细越有利于规避风险。

2. 网络创业

网络购物已成为现代人的生活常态，人们已习惯足不出户、通过互联网享受购物的乐趣。这种满足现代人"宅"需求的电子商务的发展为广大青年的网络创业提供了基础。所谓网络创业就是利用网络资源进行创业，其形式主要有以下三种。

（1）网上开店

即自行在网上注册成立网络商店，销售自己选定的产品。随着新媒体、新应用的不断涌现，网上开店还拓展到了更多更宽的平台，如微信上的微店，利用朋友圈强大的人脉资源以及零成本的推广优势，现正如火如荼地发展着。

（2）网上加盟

即利用母网站的货源和销售渠道以某个电子商务网站门店的形式开展经营。如经营者通过加盟淘宝网这一网上销售和服务平台，获取淘宝的销售渠道和客户资源。除了淘宝，现在很多大型电商都可以加盟开网店，如天猫商城、京东商城、当当网、亚马逊、1号店、苏宁易购、国美商城等。

（3）网络服务

即利用互联网强大的客户资源，通过为广大网民提供某种服务从而获得利益的经营模式。

网络创业的优势在于，其创业的成本较低、风险较小、方式灵活，创业门槛也不高。进行网络创业有时所需的资源投入，也许就是一台电脑 + ADSL（Asymmetric Digital Subscriber Line，非对称数字用户线路）+ 虚拟主机 + 一个小房间。这种创业模式非常适合在校大学生、技术人员、海归人员以及初涉商海的创业者等。

3. 兼职创业

兼职创业是指创业者在学习、工作之余利用日常积累的商业资源和人脉关系进行创业。这种创业模式一方面可以使创业者利用业余时间积累创业经验，另一方面可以使有志创业的大学生逐步实现从学生向企业经营者的转变。

该类创业模式较适合有创业梦想的大学生、有一定商业资源的在职人士等。兼职创业如果能借助创业者所学专业知识或其他优势资源，定会收到事半功倍的效果。

4．团队创业

团队创业是相对于个人创业而言的。由于不是单枪匹马，团队成员往往在研发、技术、市场、融资等各方面能够实现优势互补，汇集群体的智慧和力量更容易获得创业的成功。正所谓"众人拾柴火焰高"，一个优秀的创业团队是创业成功的重要保障。

5．大赛创业

创业大赛起源于美国，又称为商业计划竞赛，此类竞赛主要是为参赛者展示创业项目、获得资金提供一个良性的互动平台，世界上很多著名的企业都是从创业大赛中脱颖而出的，如 Yahoo、Netscape 等。在国内，自 20 世纪 90 年代清华大学率先举办创业大赛以来，各种创业大赛层出不穷，不断发展，形势一片大好，受到了众多创业青年的追捧和关注，也催生了一大批企业，造就了一批优秀的企业家。

创业大赛提供给创业者一个展示的平台，它一般要求参赛者能够组建一支优势互补的竞赛团队，提供一项具有市场前景的技术产品或服务，并且围绕这一产品或服务，以获得最终的风险投资为目的，完成一份完整、务实、科学、具体、深入的创业计划书。计划书中必须包括企业概述、业务与业务展望、风险因素、投资回报与退出策略、组织管理、财务预测等方面的内容。在国内，创业大赛已经进行到了相当成熟的阶段，引起了包括在校大学生、新闻媒体、企业界以及风险资本的广泛关注，已经成为一个不可忽视的重要创业途径。很多创业者通过参加创业比赛全面地了解了创业者所必须具备的知识和技能体系，锻炼了自己的组织能力和协调能力，获得了综合素质的提升。很多创业者通过参加创业大赛结识了志同道合的合作伙伴，共同开辟了新的事业。也有一些创业者最终通过利用参加比赛获得的奖金或赢得风险投资等方式，走上了创业的道路，并且获得了巨大的成功。

6．内部创业

内部创业是一种新兴的创业模式，它是指一些有创业意向的员工在企业的支持下，承担起企业内部某些业务或项目的研究开发工作，最终与企业共享创业成果的创业模式。创业者一般无须自己投资，而可以充分利用企业已有的丰富的各项创业资源，企业也会在其他的诸多方面给予创业者一定的优惠和便利。内部创业具有成本低、风险小等优势，已经在很多世界著名的企业内部取得成功，如松下、沃尔玛、丰田等，越来越受到创业者的青睐和关注。

作为一种相对独辟蹊径、自力更生的创业方式，内部创业这种模式在资金、设备、人才等各方面具有十分明显的资源优势：企业本身已经形成一定的规模，可以为内部创业人员提供一定的资金、技术、人才等方面的支持，同时企业在相关机制和管理政策上也会对内部创业进行优待和照顾，创业人员可以充分利用企业已经积累多年的财力、市场、人力以及营销网络等，放开手脚，一展抱负。创业成功了，企业可以丰富自身的经营方式，扩大市场领域，提高市场份额，节约成本，延续企业的发展周期，个人可以满足自己的创业理想，获得晋升的机会，企业和个人可以达到"双赢"。即使创业失败了，后果也主要由企业来承担，个人所需要承担的责任很少，这样，在创业过程中，个人就不必瞻前顾后，完全可以轻装上阵，也不必为成本担忧。这对创业者而言就是一个思想大解放，创业者所承受的压力将大大减轻，思想包袱也没那么重，有更多的时间和精力投入创业项目中。

内部创业关乎企业和个人两个方面的利益，如若处理得当，就能达到双赢的局面；如若处理不当，不仅个人的创业要宣告失败，而且对企业也会造成一定的损失。因此，内部创业，关键在于正确处理创业过程中企业和个人创业者之间的关系。

7．山寨式创业

"山寨"现象从经济领域延伸到文化、社会领域，从网络蔓延到整个社会，成为一种典型的泛文化现象。"山寨"现象在大学校园中衍生出了多种多样的版本，产生了广泛的影响。"山寨"具有草根性的平民主体和克隆、模仿、复制的形式，大学生就业创业可以从"山寨"中得到有益的启示，如事业起点上立足草根、扎根基层；模式选择上克隆模仿、大胆创新；努力方向上觉察空白、填补市场。

8．公益创业

公益创业主要指个人、社会组织或者网络等在社会使命的激发下，追求创新效果和社会效果，是面向社会需要、建立新的组织、向公众提供产品或服务的社会活动。公益创业区别于传统的办企业、开公司的创业模式，它以公益取向、进入门槛低、社会服务和创新性等优势为大学生就业提供一个新的视角。以社会公益为导向，兼具经济效益与社会效益的大学生公益创业是近年以来创业带动就业的新思路。

目前志愿公益活动是大学生公益创业主要实践活动形式，在一些高校和社会企业的支持下，通过建立公益创业集群、培育公益组织、孵化公益项目等，初步探索以公益事业为目的的营利公司的创业模式。

9．概念创业

概念创业即凭借创意、点子、想法开创的创业活动。概念创业适合本身没有很多资源的创业者，他们需要通过独特的创意来获得各种资源，包括资金、人才等。

一个点子就能造就一个企业，概念创业有时的确有着四两拨千斤的神奇作用。但成百上千的想法，难以计数的灵感，就像沙子一样，创业者如何才能从中淘出金子般的创业设想呢？要把概念变为"金矿"，必须要经过两个重要步骤：

第一步：严谨分析，创业者应对创业点子进行冷静而细致的分析，了解清楚自己的创意是否独具匠心，有没有强大的市场需求，是否具有可操作性；

第二步：多方咨询，任何梦想的实现都需要实实在在的实施，并且需要依靠许多外部条件。因此，概念创业者行动前最好多听听各方面的意见和建议。

50多年前，美国人弗雷德·史密斯（Fred Smith）凭着一个想法——隔夜传递，被风险投资家看中，创办了"联邦快递"。法国人贝利用自己独特的想法改变了旧报纸的命运。在贝利看来，每个人对自己的生日都很敏感，希望收到特别的礼物，而鲜花、蛋糕等传统礼物，由于其短暂性和普遍性，无法很好地体现生日的特殊性。于是，他创立了一家"历史报纸档案公司"，把旧报纸当成礼品，出售给生日日期与报纸出版日期相同者。从表面上看，贝利卖的只是一个"日子"，但却抓住了人们追求个性化的心理，同时也抓住了独特的商机。

创业概念必须标新立异，还必须具有可操作性，而非天方夜谭。至少在打算进入的行业或领域中是个创举，只有这样，才能抢占市场先机，才能吸引风险投资商的眼球。

 【知识窗】

概念创业的四种类型

1. 异想天开型

异想天开中蕴藏着诸多的成功机会，飞机的发明源于莱特兄弟"人类也能像鸟一样飞翔"的想法；大卫·H.克罗克的离奇想法则造就了"会飞的邮件"——电子邮件。创业也是如此，奇特的创意有时也能成为一种创业资本，有着剑走偏锋的神奇作用。当然，与众不同的创意，在创业初始会受到怀疑甚至嘲弄，禁不起考验的就会如昙花一现，而那些坚持下来并积极把想法转化成实际的人，往往有着抢占先机的优势。

2. 问题解决型

每个人在日常生活中都会碰到或大或小的恼人问题，有人埋怨几声就息事宁人了，有人则从自身经历或朋友的困境中发现商机。例如，有人晚上遛狗时小狗差点被车撞到，由此发明宠物反光衣；有人发现孩子不会用大人的吸管，就开始生产弯曲吸管等。这一类型的创业者能一针见血地抓住问题所在，并且开动脑筋，想出解决问题的办法。

3. 异业复制型

创业成功者未必都是新领域中第一个"吃螃蟹"的人，有时他们的创业想法来自成熟领域，只是在某些方面进行了创新。如果你不是点子王，但很会举一反三，联想能力丰富，那么不妨试着把一个行业的原创概念复制到另一个行业。异业复制的好处是有范本可循，不必瞎摸索，但不同行业的经营模式能否移花接木得浑然天成，则是对创业者智慧的考验。

4. 国外移植型

如果你经常出国旅游或浏览国外资讯，见多识广，洞察力强，那么不妨把国外的新鲜点子搬回来，这是最便捷的创业方式。当然也需注意文化差异，要对国外的创业概念进行本土化改造，以免好点子"水土不服"。

（二）创业项目市场分析

市场分析的主要目的是研究商品的潜在销售量，开拓潜在市场，安排好商品地区之间的合理分配以及企业经营商品的地区市场占有率。通过市场分析，可以更好地认识市场的商品供应和需求的比例关系，采取正确的经营战略，满足市场需要，提高企业经营活动的

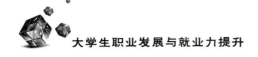

经济效益。

1．行业分析

行业分析是指根据经济学原理，综合应用统计学、计量经济学等分析工具对行业经济的运行状况、产品生产、销售、消费、技术、行业竞争力、市场竞争格局、行业政策等行业要素进行深入分析，从而发现行业运行的内在经济规律，进一步预测未来行业发展的趋势。行业分析是介于宏观经济与微观经济分析之间的中观层次的分析，是发现和掌握行业运行规律的必经之路，是行业内企业发展的大脑，对指导行业内企业的经营规划和发展具有决定性的意义。

各行业的经济性质、竞争状况、竞争力、吸引力以及发展前景是不同的。企业所在的行业环境影响着行业内的企业，企业要密切关注行业环境。行业吸引力和竞争力分析是创业者决定进入一个行业以及明确自己所处位置以采取相应行动的基础。

2．竞争对手分析

进行竞争对手分析的目的是通过了解竞争对手的信息，获知竞争对手的发展策略以及行动，以做出最适当的应对。对于创业者而言，竞争对手分析就是要借此寻找自己创业项目的核心优势。

企业竞争对手是指在市场上和本企业提供相同或者类似的产品和服务，且在配置和使用市场资源的过程中与本企业有竞争的企业。一旦确定了竞争对手，那么从战略制定上讲，需要对竞争对手做以下四个方面的分析：①竞争对手的各期目标和战略；②经营状况和财务状况分析；③技术经济实力分析；④领导者和管理者背景分析。

对竞争对手与自身之间进行分析比较，须坚持客观、中肯的原则，以数据为依据，以市场需求为标准，兼顾政府政策和社会利益，从而为公司做出决策提供可靠的理论依据。

3．组合分析

组合分析是一种用来研究消费者对于产品或服务偏好的研究技术。通过这种技术，我们可以获取有关新产品的各种相关属性在消费者的购买行为中的影响程度，从而帮助客户从多种可选择的产品性能中做出准确判断。组合分析还可以模拟出理想状态下的市场份额分布，对于新产品的每一种组合有可能占据的市场地位及其竞争产品的市场占有情况进行形象的描述。

（三）创业 SWOT 分析法

SWOT 分析法是一种能够较客观而准确地分析和研究一个单位现实情况的方法。SWOT 是 4 个英文字母的组合，分别代表优势（strength）、劣势（weakness）、机会（opportunity）和威胁（threat）。利用这种方法可以从中找出对自己有利的、值得发扬的因素以及对自己不利的、应该去避开的东西，发现存在的问题，找出解决办法，并明确以后的发展方向。根据这个分析，可以将问题按轻重缓急分类，明确哪些是目前急须解决的问题、哪些是可以稍微拖后一点的事情、哪些属于战略目标上的障碍、哪些属于战术上的问题。SWOT 分析法很有针对性，有利于领导者和管理者在企业的发展上做出较正确的决策和规划。

从整体上看，SWOT 可以分为两部分：第一部分为 SW，主要用来分析内部环境；第二部分为 OT，主要用来分析外部环境。

1. 内部环境分析（SW，**优势与劣势分析**）

企业的优势是指在执行策略、完成计划以及达到确立的目标时可以利用的能力、资源以及技能；企业的劣势是指能力和资源方面的缺少或者缺陷。识别环境中有吸引力的机会是一回事，拥有在机会中成功所必需的竞争能力是另一回事。每一公司必须管好某些基本程序，如新产品开发、原材料采购、对订单的销售引导、对客户订单的现金实现、顾客问题的解决时间等。每一程序都创造价值并需要内部部门之间的协同合作。虽然每一部门都可以拥有一个核心能力，但如何管理这些优势能力的开发仍是一个挑战。

很显然，公司不应试图去扭转其所有劣势，也不应对其优势不加利用。主要的问题是公司究竟应只局限在已拥有优势的机会中，还是去获取和发展一些优势以找到更好的机会。有时，企业发展慢并非因为其各部门缺乏优势，而是因为它们不能很好地协调配合。例如，有一家大型的电子公司，工程师们轻视销售员，视其为"不懂技术的工程师"；而推销人员则瞧不起服务部门的人员，视其为"不会做生意的推销员"。因此，评估内部各部门的工作关系作为一项内部审计工作是非常重要的。

2. 外部环境分析（OT，**机会与威胁分析**）

环境机会的实质是指市场上存在着"未满足的需求"。机会可能来源于宏观环境，也可能来源于微观环境。随着消费者需求的不断变化和产品寿命周期的缩短，会引起旧产品不断被淘汰、要求开发新产品来满足消费者的需求，从而在市场上出现了许多新的机会。环境机会对不同企业有不同的影响力，企业在每一特定的市场机会中成功的概率，取决于其业务实力是否与该行业所需要的成功条件相符合。例如，人们对节约水资源的关注，为海尔节水洗衣机提供了强大的竞争优势。环境机会能否成为企业的机会，要看此环境机会是否与企业目标、资源及任务相一致，与其竞争者相比，企业能否利用此环境机会获取更大的利益。

环境威胁是指对企业经营活动不利或限制企业经营活动发展的因素，对企业形成挑战，对企业的市场地位构成威胁。这种环境威胁，主要来自两个方面：一方面，是环境因素直接威胁着企业的经营活动，如随着国内外对环境保护要求的提高，某些国家实施"绿色壁垒"，这对某些生产不完全符合环保要求的产品的企业而言无疑是一种严峻的挑战；另一方面，企业的目标、任务及资源同环境机会相矛盾，特定的经营环境条件只对于那些具有相应内部条件的企业来说是市场机会。

因此，市场机会是具体企业的机会，市场机会的分析与识别必须与企业具体条件结合

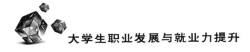

起来进行。如人们从对自行车的需求转为对摩托车的需求，使自行车厂的目标和资源同这一环境机会产生矛盾。自行车厂要将"环境机会"变成"企业机会"，需淘汰原来产品，更换全部设备，必须重新培训员工、学习新的生产技术，这对自行车厂无疑是一种威胁。摩托车的需求量增加，自行车的销售量必然减少，给自行车厂又增加一份威胁。

【交流与讨论】

互联网已经给我们的生活带来了巨大的变化，请根据在校学生的特点，想一想，如何运用互联网在校园内开展创业活动？

五、撰写创业计划书

（一）创业计划书的构成

创业计划书是创业者叩响投资者大门的"敲门砖"，是创业者计划创立的业务的书面摘要，一份优秀的创业计划书往往会使创业者取得事半功倍的效果。一般来说，一份完整的创业计划书中应该包括以下 12 个方面内容。

1．封面

封面的设计要有品味和艺术性，一个好的封面会使阅读者产生最初的好感，形成良好的第一印象。

2．目录

投资人在阅读创业计划书时，不一定会从头到尾通读，而会按需检索相关内容。因此，建立一个附带页码的目录，能够帮助投资人快速找到感兴趣的信息。

3．计划摘要

摘要是整个商业计划书的"凤头"，是对整个计划书的最高度的概括。从某种程度上说，投资人是否中意你的项目，主要取决于摘要部分。摘要涵盖了创业计划书的要点，要求一目了然，以便能使投资人在最短的时间内清楚你的项目、评审计划并做出判断。摘要概述要尽量简明、生动，特别要说明自身企业的不同之处以及企业获取成功的市场因素。

4．公司介绍

这一部分需对公司基本情况做初步介绍。要介绍公司的主营产业、产品和服务、公司的竞争优势以及成立地点时间、所处阶段等基本情况，让投资者在短时间内对公司有一个整体的初步了解。

5．产品/服务

对产品/服务方面的介绍也就是对公司的商业模式的介绍。要用通俗易懂的语言让风险投资者明白和理解，你的公司怎么赚钱，解决了客户的什么问题，填补了什么市场空白。这一部分需对公司主要产品或服务做出详细的阐述，最好能附上产品/服务的原型照片或者其他佐证材料。

6．行业与市场分析

"行业"和"市场"是两个不同的概念，需要分开分析。行业是指生产或提供相似产品/服务的企业群体，是公司所生存的整个行业大环境；市场是行业中的一部分，是企业所追逐和吸引消费者注意的那部分目标市场。

行业分析与市场分析是创业公司对其所生存的外部环境的具体研究。行业分析主要介绍企业所归属的产业、行业领域的基本情况以及企业在整个产业或行业中的地位。和同类型企业进行对比分析，通过做 SWOT 分析，展现企业的核心竞争优势等。市场分析主要介绍产品或服务的市场情况，包括目标市场基本情况、未来市场的发展趋势、市场规模、目标客户的购买力等。

7．营销计划

这一部分需要阐述公司产品/服务如何从生产现场到达最终用户的营销策略，需从产品策略、价格策略、渠道策略和促销策略等多个方面进行阐述。企业营销计划的全部内容都应该明确以客户需求为导向，确保营销活动都是基于营销的总体任务和对目标市场的深入了解。

8．运营计划

这一部分需介绍企业如何生产产品和提供服务，应包含以下内容：企业选址、工艺流程、设备引进、生产周期、生产计划、物料需求、劳动力需求、库房管理、质量管理、售后服务等。如果是创意服务类，由于运营的复杂性较低，这一部分可侧重于介绍企业的人力资源、位置优势、信息优势、售后等。

9．管理团队

这一部分需详细阐述初创企业的管理团队和企业组织结构。高素质的管理团队和良好的组织结构是管理好企业的重要保证。对主要管理人员需介绍他们所具备的能力、经历、背景以及在公司的职务和责任。对公司的组织结构需提供公司的组织结构图，并介绍各部门的功能和职责范围、各部门负责人及主要成员、公司的报酬体系、公司的股权分配情况等。

10．财务规划

财务规划是指初创企业对相关资金使用、经营收支及财务成果等信息梳理整合的书面文件。这一部分首先需做出企业的基本财务假定，即对销售量、销售成本和毛利润做出预期或假设；还需要制作和分析三大财务报表：现金流量表、资产负债表和利润表；除此之外，还需分析盈亏平衡点、资金的来源和使用情况。

11．风险控制与资本退出

这一部分需详细分析初创企业可能会面对的风险种类和程度，企业将采取何种措施和

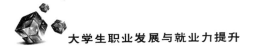

方案去降低或防范风险。创业者需在这一部分中告诉风险投资者，他们的投资将会以何种方式退出，预期能获得多少回报。

12．附录

为了保证创业计划书正文内容重点突出且不影响阅读的连贯性，需要把一些非必要内容和相关支撑材料放在附录中，为创业计划书的正文内容提供客观翔实的补充材料。

（二）创业计划的七大内容

1．所在行业分析

行业分析应包括对该行业的展望，即该行业的历史成就和将来的发展趋势；在行业分析中，创业者也应该提供关于该行业新产品开发的看法；竞争分析也是行业分析的重要内容，创业者应该识别每一个主要的竞争对手，分析他们的优势与劣势，特别是分析竞争对手将如何影响本企业在市场上潜在的成功。

在做行业分析时，下面是值得创业者考虑的关键问题。

①在过去的五年中，该行业的销售总额是多少？

②该行业预计的增长率如何？

③在过去的三年中，该行业有多少新进入的公司？

④该行业最近有什么新产品上市？

⑤最接近的竞争者是谁？

⑥你的企业如何经营才能超过该竞争者？

⑦你的每个竞争者的优势和劣势是什么？

⑧你的每个竞争者的销售额是在增长、减少还是保持稳定？

⑨你的客户的特点是什么？

⑩你的客户与你的竞争者的客户有什么区别？

2．所创企业的描述

对新创企业进行的描述主要明确企业经营的范围和规模。关键要素应包括产品和服务、企业的地点和规模、所需人员和办公设备、创业者的背景以及该企业的历史。

3．生产计划

如果新创企业是属于制造业，则必须制订一个生产计划，这个计划应该描述完整的生产过程。如果新创企业准备将某些甚至所有制造工序分包给其他企业，则应该在生产计划中对分包商加以说明。对于创业者自己将要实施的全部或部分制造工序，也需要描述厂房布局，制造运营过程中所需要的机器设备，所需原材料及供应商的姓名、地址、制造成本以及任何资本设备将来的需求等。

如果新创企业是零售店或服务型企业，则这一部分计划内容为"经商计划"，其内容应为对货物购买、存储控制系统以及库存需求等的具体描述。

这部分创业计划的关键问题有以下几点。

①你将负责全部还是部分制造工序？

②如果某些制造工序被分包，谁将成为分包者？（给出分包商的姓名和地址）

③为什么选择这些分包者？

④分包制造的成本怎样？（包括几份书面合同）

⑤生产过程的布局怎样？（如果可能，应列出步骤）

⑥产品的制造需要什么设备？

⑦产品的制造需要什么原材料？

⑧原材料的供应商是谁？相应的成本怎样？

⑨产品制造的成本是多少？

⑩新创企业将来的资本设备需求怎样？

⑪如果是零售或服务型企业，货物将从谁那里购买？

⑫存储控制系统如何运营？

⑬存货需求怎样？存货如何被促销？

4．市场营销计划

市场营销计划是创业计划中的一个重要组成部分，它主要描述产品或服务将如何被分销、定价以及促销。营销计划是新创企业成功的关键。因此，创业者应该尽一切努力把该计划准备得全面而具体，以便投资者弄清新创企业的目标是什么以及为了有效地实现这个目标将实施什么战略。

营销计划包括的内容有市场机构和营销渠道的选择、营销队伍和管理、促销计划和广告策略以及价格决策。

对新创企业来说，其很难进入其他企业已经稳定的销售渠道中。因此，新创企业不得不暂时采取高成本低效益的营销战略。营销计划应该每年制订，并把它当作制订短期决策的行路图。

5．组织计划

组织计划主要描述新创企业的所有制形式，即新创企业的所有制将是独资形式的、合伙制的还是公司制的。如果新创企业是合伙制企业，计划中就应该加上合伙的有关条款；如果新创企业是一个公司，就应该明确被核准的股份份额、优先认股权、公司的经理及高层管理者的姓名、地址及简历，除此以外，还应提供组织结构图，用以表明组织内成员的授权及责任关系。

这部分计划需要创业者回答的关键问题有以下几点。

①组织的所有制形式是什么？

②如果是合伙制企业，谁是合伙者，以及合伙协议的条款是什么？

③如果是股份公司，谁是主要的股票持有者？他们拥有多少股票？

④发行什么类型的股票？发行了多少有表决权股和非表决权股？

⑤谁是董事会成员？（给出姓名、地址和简历）

⑥谁有支票签字权和控制权？

⑦谁是管理小组的成员？他或她的背景怎样？

⑧管理小组的每个成员的角色和责任是什么？

⑨管理小组每个成员的薪水、红利或其他形式的工资怎样？

6．风险估计

创业者有必要进行风险估计以便制订有效的战略来应对这些威胁。新创企业主要的风险可能来自竞争者的反应，来自自身在市场营销、生产或管理方面的弱势，来自技术的进步带来的产品过时。创业者也有必要提供备选战略以应对上述风险因素的发生。

7．财务计划

财务计划也是创业计划的重要组成部分，它表明新创企业所需要的潜在投资承诺，并表明创业计划在经济上是可行的。

财务计划通常要包括三个项目。

①新创企业初始三年中的预计销售额及相应的支出，其中第一年的有关预测还应按月提供。

②需要预测初始三年的现金流量，其中第一年的预测也要按月提供。

③需要预测资产负债表。

（三）论证完善创业计划的方法

创业计划论证是对创业计划的项目做出的一个可行性的评估。创业计划论证考察的内容有：执行总结、项目和公司、产品或服务、市场分析与营销策略、经营管理、团队、财务分析、融资回报、可行性、计划书的写作。具体论证考察部分要有以下几点。

①如属科技创业：学生自己的科研成果；在导师指导下参与科研的项目；与导师合作的科研成果。

②技术优势明显：具有潜在的研发领先能力或自主知识产权。

③市场需求大：目标市场明确，潜在需求具有现实性。

④替代主流产品与模式：产品可以替代主流产品或模式。

⑤经济效益显著：销售量、利润、现金流量、回收期、报酬率。

⑥创业计划报告书文本应确保：主题明确、结构合理、逻辑严谨、论证充分、分析规范、文字通畅、装帧整齐。

⑦团队优秀：专业结构合理、精干、合作性强、自信坚韧。

创业计划论证的标准主要是考察创业方案的以下几个主要性质。

①是否具有可支持性（创业的动机与理念是什么）。

②是否具有可操作性（如何保证创业成功）。

③是否具有可盈利性（创业能否带来预期的回报）。

④是否具有可持续性（企业能生存多久）。

创业计划的论证标准主要是考察创业方案的以下几个主要效度。

①论证创业项目的真实效度：创业项目是否真实可信，是否有详细的市场调查数据，项目的各种信息的准确程度等。

②论证创业项目的盈利效度：创业者一定要对项目的风险性进行充分的论证、对项目可行性进行论证。论证内容包括选址、客户流量、营销周期、产品受欢迎程度、经营者的经营方式、雇员多少、业务熟练程度以及估算其成本和投入产出。对于风险承受能力不足的中小投资者来说，投资安全是第一位考虑的因素；此外，他们也要了解项目方在知识产权方面（技术、商标等）和品牌方面是否存在纠纷，是否拥有完全的所有权。

③论证创业项目的行为效度：项目运作是否规范，是否有统一的内外标志；操作流程是否规范，工艺流程是否规范，服务流程是否规范，章程是否规范等。

④论证创业项目的发展效度：从低层次看，项目在市场扩张上是否能够为投资者提供强有力的支持；从高层次看，项目是否拥有将事业做大的决心，是否拥有长期的战略规划以及项目能否提供强有力的促销支持，如物质方面的支持和政策方面的支持。这些都对创业者能否扩大经营有着直接的影响。另外，项目能否持续提高自己品牌的价值，则对创业者能否进行有效的扩张有着间接的影响，项目产品创新的能力也决定着投资者跟随成长的结果。

⑤论证创业项目的人才效度：在对项目进行论证的时候，除了要论证项目主导人的人品、性格、经历、知识结构、拥有的企业资源和社会资源外，还要着重论证项目方的团队，包括成员的素质、从业经历、从业经验、既往业绩、圈内口碑以及在性格和专业上的互补性和团队的稳定性等。

总的来说，创业者对创业项目方案的论证是一件非常细致的事情，需要创业者有足够的耐心和敏感度。为了降低创业风险，就需要仔细推演和论证，在此基础上修正自己的创业计划。

 【榜样力量】

蒙正林：创业先锋楷模　能工巧匠典范

"他是个干实事、讲诚信的好老板。""他让我们有了工作，带我们一起增收，跟着他干我们很放心。"在独山县百泉镇的黔南州鑫成金属回收有限公司，提起蒙正林，车间里的员工们个个对他赞不绝口，见到他时，他正在报废汽车车间指导员工操作机器，600 多

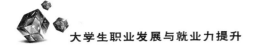

平方米的加工车间里，工人们一边聚精会神地听讲，一边实践操作报废汽车的各个程序。

今年56岁的蒙正林是土生土长的独山人，家住百泉镇三桥村，在经历了多年外出务工后，不想继续在外漂泊的他，通过一系列专业的培训，不断学习，不但提升了实际操作能力，还考取了特种焊接和切割操作证。在积累了丰富的经验后，蒙正林决定返乡创业，在打拼一份属于自己的事业的同时，也可以让邻里乡亲能有一个稳定的工作。1990年他回乡，开始了自己的创业路。

"在创办工厂时，我也曾遇到过一些困难。"回忆起自己创业的坎坷，蒙正林感叹连连。

有一次，由于资金链中断，蒙正林不得不暂停生产，就在他多方奔走、四处求助之际，独山小微企业商会向他伸出了援手，主动帮助他与各银行沟通协调，最终得到了政府和银行的大力支持，资金问题得以解决，公司才能按期正常运营。

随着工厂的不断发展壮大，蒙正林的事业也越做越大，在当地政府及相关部门的支持下，蒙正林先后在独山创办了永盛五金机械加工厂、永盛炉具厂、黔南永盛科技开发有限公司、黔南州鑫成金属回收有限公司等7家企业。

在永盛炉具厂，仓库里摆满了炉具、水箱等，工人们正熟练地开展着加工炉具的各个工序，现场一派繁忙景象。

在工人身侧，我们惊讶地看到了蒙正林一同忙碌的身影，虽然身为公司的董事长，蒙正林干起活来却很是利索，生产车间里的每个环节，他都亲自督促。随着工厂规模的不断扩大，附近不少群众都来到这里就业务工，蒙正林不但常常关心大家的生活和家庭情况，而且也会来到工厂与大家一起工作，在指导提升大家技术的同时，更鼓舞了大伙儿的干劲儿。

在车间忙碌的工人黄胜平是百泉镇三桥村人，因为放心不下家里的老人，选择来到厂里务工。"蒙老板的厂真是让我们受益不少，我们在家门口上班，每个月还能有4 000多元的收入，照顾家里人也方便，我们都非常感谢他。"黄胜平激动地说。

拥有近二十年企业经营管理经验的蒙正林，创办了多家企业，为了每一个企业都能良好运营下去，多年来，他始终坚持精益求精，做优质产品。

在蒙正林心里，诚实守信是企业经营的首要准则，为此，对公司每一个产出的产品，他都要求多次检测，确保无瑕疵、无错漏。一件件产品，都展示了他执着专注、精益求精的工匠精神。

自2014年以来，蒙正林先后申请到了恒温烤漆房、柴煤两用节能炉、汽化式柴炉等28项专利，申报了一个商标，获得十余项荣誉证书，他创办的永盛炉具厂更是连续三年被贵州省工商管理局评为贵州省重合同守信用企业。

"只有保证产品质量，提供优质的服务，才能提升销售量。"蒙正林说，下一步，他将继续扩大公司规模，让公司运营得更好，带动更多群众就业，帮助大伙儿增收致富，更好地回报社会。

——摘自人民资讯，2021 - 12 - 06

本章自我小结

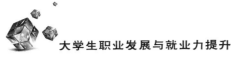

【实践训练】

训练一：撰写创业计划书

结合自己的专业选择一个创业项目，设计创业计划书并将相关内容填入下面的创业计划书模板。

_____创业计划书

公司名称：_____

【主联系人】

【职务】

【电话号码】

【传真号码】

【电子邮件】

【地址】

【邮政编码】

日期：_____

创业团队成员寄语

目　　录

1. 执行摘要

1.1 公司概况

公司名称	
公司类型	□有限责任公司　□个体工商户　□个人独资企业　□合伙企业 □其他_____（打✓选择，若为其他请填写）
注册地址	
经营范围	
市场定位	

1.2 注册资金

1.3 产品/服务特征

1.4 商业模式（盈利模式）

1.5 市场机会

1.6 投资与财务

单位：元

投资额		投资收益率（％）	
预期净利润（税后利润）	第一年	第二年	第三年
		年增长率（％）	年增长率（％）
备注			

2. 市场分析

2.1 市场定位与目标客户

目标市场和目标客户	
市场定位	

2.2 市场预测（市场占有率）

2.3 竞争分析

2.4 项目 SWOT 分析

优势	
劣势	
机遇	
威胁	

3. 营销策略

3.1　产品定价与销售收入预测

产品或服务	单位	成本单价（元）	最低批发单价（元）	零售单价（元）	平均销售单价（元）	同类产品市场零售单价（元）	月均销售数量	月均销售收入（元）
其他产品								
合计	—	—	—	—	—	—	—	

3.2　地点（渠道/选址）

经营地址	面积（m²）	租金（元/年）	选择该地址的主要原因
备注			
分销渠道	□面向最终消费者　□通过零售商　□通过批发商（打✓选择）		
选择该销售方式的原因			
主要批发/零售商情况			

3.3　促销/宣传推广

推广方式	主要内容	金额（元/年）
广告宣传		
会展推广		
公关活动		
优惠活动		
人员推销		
网络推广		
促销/宣传推广费用占营业收入的比例（%）		费用合计

4. 人员与组织结构

4.1 组织结构

4.2 管理团队

姓名	年龄	职务	最高学历及专业	主要工作经历	优势专长

4.3 部门/岗位职责

部门/岗位	负责人	职责
总经理		
_____部		
_____部		
_____部		
_____部		

5. 财务分析报告

5.1 固定资产：生产经营所需设备、工具和办公家具

项目	原值（元）	月折扣（元）	说明（主要设备）	备注
工具和设备				
交通工具				
办公家具和设备				
店铺/厂房				
合计				

5.2 原材料采购计划

产品或服务	单位	数量	原材料单价（元）	金额（元）	说明（主要原材料）
其他产品					
合计					注：本表数量和费用均为第一年的月均数

5.3 营业（成本）费用预测

项目		成本/费用（元）	备注
可变成本/费用（月）	原材料采购/进货		
	销售提成		
	流转税		
	可变成本/费用共计		
固定成本/费用（月）	场地租金		
	促销/宣传推广		
	人员工资		
	办公用品		
	水、电、交融费		
	折旧		
	其他费用		
	固定成本/费用共计		

5.4 资金需求

筹资渠道	资金提供方	金额（元）	占投资总额比例（%）
自由资金			
私人拆借			
银行贷款			
其他融资			
总计	—		

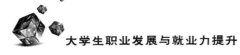

5.5 盈亏平衡点（保本额）

项目	金额（元/年）	备注
销售收入		
流转税		
销售净收入		
变动成本		
毛利		
毛利率（%）		
固定成本		
盈亏平衡点（保本额）		

6. 风险分析与对策

风险类别	风险内容	应对措施
财务风险		
市场风险		
管理风险		
政策风险		

附录（略）

训练二：母婴保健创业机会发现与评估

近几年，人们对传统的"坐月子"习惯有了重新认识，母婴保健作为新生事物，正在被大众逐步接受，拥有很大的发展空间。该项目可以为孕妇提供产前、产后咨询服务，包括婴幼儿早期智力开发、月嫂培训、制订合理的产后配餐、产妇身体保健等。

1. 请运用头脑风暴法进行企业构思

产品	制造线	销售线	服务线	副产品线
企业构思				

2. 利用 SWOT 分析法对创办的企业进行分析

优势	
劣势	
机会	
威胁	
结论	

3. 接下来分析企业的潜在顾客

顾客特征	描述内容
谁会成为你的顾客	
性别、年龄	
居住区域	
收入水平	
文化背景	
顾客平均多久购买一次你的产品或服务	
顾客的购买量	
客流量大小	

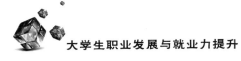

4．分析企业的竞争对手

项目	竞争对手 1	竞争对手 2
企业知名度		
顾客满意度		
企业位置		
产品类型		
产品价格		
产品质量		
员工水平		
促销手段		
盈利水平		
售后服务		

第七章　把握就业形势与政策，保持良好竞争力

　　近年来，随着教育体制改革和高等教育的不断发展，各高校不断扩招，高校教育已经由"精英化教育"向"大众化教育"转化，全国普通高校毕业生由 2002 年的 140 多万人增长到了 2022 年的 1076 万人。大学扩招让更多的人可以拥有接受高等教育的机会，提高了我国人口的素质，为我国经济社会的可持续发展奠定了人力基础。然而，扩招的速度远远超过经济、社会发展所能提供的就业岗位数量的增长速度，再加上社会就业创业环境的不完善，使我国高校毕业生就业形式非常严峻。大学生要认清当前的就业形势，熟悉就业相关政策，以便在严峻的就业形势中保持良好的竞争力。

【学习目标】

1. 了解当前大学生就业面临的形势就业发展趋势。
2. 熟悉当前大学生就业的相关政策。

【名人名言】

　　要敢想敢做，要勇于走向孤独。不流俗不平庸，做世界一流企业，这是生命充实激越起来的根本途径。

——任正非

【本章思维导图】

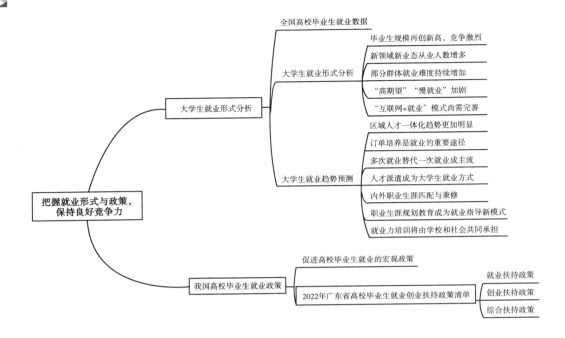

【案例导入】

张华在大学学的是建筑学专业，在一次招聘会中，他看中了一家国内著名的太阳能热水器代理公司提供的职位——营销员，但公司要求应聘者是市场营销专业毕业生。张华决定碰碰运气。他问招聘人员公司为何只招聘市场营销专业的学生。招聘人员告诉他，公司要扩大业务，需要有市场开拓能力的学生。张华随即表示自己具备市场开拓能力，并列举了自己曾在某电动车厂实习时参与开拓市场并取得不俗成绩的经历。张华的自我介绍和专业水准使招聘人员对他很满意。最后他顺利通过了面试，得到了这个理想的职位。

高校毕业生就业是一项政策性很强的工作。了解国家有关就业政策及当前面临的宏观和微观就业形势是大学生求职择业的关键一步。有人曾经形象地把求职择业中不熟悉就业政策的高校毕业生比作"不懂比赛规则而上场比赛的运动员"。的确，面临求职择业的高校毕业生如果不了解国家及有关部门的就业政策、不熟悉最新的就业形势和就业市场环境，可能会到处碰壁，白白失去很多就业机会。

【理论链接】

党的二十大报告指出，要"完善重点群体就业支持体系，加强困难群体就业兜底帮扶"。就是要拓宽高校毕业生市场化社会化就业渠道，强化高校毕业生就业服务，加大对离校未就业、困难毕业生帮扶力度，帮助毕业生更好择业、更快就业。

就业是最大的民生，牵动着千家万户的生活。高校毕业生作为国家宝贵的人才资源，其就业情况更关乎经济社会的长远发展。2023 年 3 月 2 日，我国人力资源和社会保障部部长王晓萍表示，2023 届全国高校毕业生将达到 1 158 万人，同比增加 82 万人，创历史新高。从实际来看，尽管全国经济持续恢复、各项政策措施不断落地见效、就业服务不断创新完善，但高校毕业生的就业形势依然严峻复杂。

一、大学生就业形势分析

高校毕业生是我国社会主义现代化建设的宝贵人才资源，合理利用这一人才资源是落实科教兴国战略的重要措施。随着近年来高等教育改革的不断深入，高校毕业生数量逐年增多，就业成为亟须破解的难题。

（一）全国高校毕业生就业数据

根据教育部统计，2022 年我国高校毕业生人数首次突破 1 000 万，达到了 1 076 万，比 2021 年增长 167 万人。

表 7 - 1　近年全国高校毕业生人数

毕业时间	毕业生人数
2001 年	114 万
2002 年	145 万
2003 年	212 万
2004 年	280 万
2005 年	338 万
2006 年	413 万
2007 年	495 万
2008 年	559 万
2009 年	611 万
2010 年	631 万
2011 年	660 万
2012 年	680 万

续表

毕业时间	毕业生人数
2013 年	699 万
2014 年	727 万
2015 年	749 万
2016 年	765 万
2017 年	795 万
2018 年	820 万
2019 年	834 万
2020 年	874 万
2021 年	909 万
2022 年	1 076 万
2023 年	1 158 万（预）

1．2022 届高校毕业生主要去向

据教育部发文，2022 年研究生招生考试共有 457 万人报考，比 2021 年增加了 80 万，报名总数和增量都创历史新高。2022 届高校毕业生选择考研的人数在逐渐增多，占比为 40.78%，较 2021 届增长 6.57 个百分点。除考研外，2022 年国家公务员考试报名人数高达 212.3 万，首破 200 万；2022 届高校毕业生考取公务员/事业单位占比为 17.57%，较 2021 届增长 0.73 个百分点；选择企业就业的高校毕业生占比为 34.21%，较 2021 届下降了 7.21 个百分点。创业占 4.25%，较 2021 届增长 0.58 个百分点；出国深造占 2.07%，较 2021 届减少 0.58 个百分点；其他占 1.12%，较 2021 届减少 0.03 个百分点。

2．各专业就业情况

（1）绿牌专业

绿牌专业主要是指薪资、就业率持续走高，且失业率较低的专业，为需求增长型专业。

2022 年本科就业绿牌专业包括信息安全、网络工程、信息工程、微电子科学与工程、数字媒体技术、能源与动力工程等；高职就业绿牌专业包括铁道机车、铁道工程技术、铁道供电技术、社会体育、发电厂及电力系统、道路桥梁工程技术等。

（2）红牌专业

红牌专业主要指失业率较高，就业率持续走低，且薪资较低的高失业风险型专业。

2022 年本科就业红牌专业包括汉语国际教育、绘画、应用心理学、音乐表演、法学、历史学、化学、美术学等；高职就业红牌专业包括数学教育、小学教育、英语教育、语文教育、法律事务、烹调工艺与营养、导游、汉语、初等教育等。

3．就业的主要行业、职业、雇主、地区变化

我国建筑、电气、机械行业发展时间长、规模大，并且所辖央企、国企数量多，工作相对稳定、环境较好、薪酬待遇相对较高，所以对毕业生有很大的吸引力。从 2022 届中国高校毕业生就业意向行业方面来看，建筑、电气、机械行业在受高校毕业生青睐行业中排名前三，建筑、建材、工程行业以 11.29% 的简历申请量占比位列第一；电气、电力、水利行业排名第二，简历申请量占比为 7.86%；机械、设备、重工位列第三，简历申请量占比为 7.03%。

北上广深作为一线城市，一直是毕业生求职的重要选择地，也是吸纳毕业生的主要城市。但近年来，随着新一线城市近年来迅速发展和新兴行业逐步兴起，对人才需求量也大大增加，也为毕业生带来了新的选择。加上新一线城市针对以应届生为代表的年轻人才制定的优惠政策，购房优惠、落户、现金补贴等手段不拘一格，有效地吸引了高校毕业生的目光。从 2022 届中国毕业生城市青睐排名来看，北京、上海、天津依次排名第一、第二、第三，吸引力分别为 9.4%、7.9%、6.31%，重庆、成都、西安、南京、武汉、深圳、广州紧随其后。

4．大学毕业生就业质量

2022 年 6 月 13 日，麦可思《2022 年中国大学生就业报告》（就业蓝皮书）（以下简称报告）正式发布。数据显示，在当前严峻的就业形势下，大学毕业生的薪资增速在放缓，选择考研、考公的比例在持续上升，本科毕业生脱产备考公务员的比例较 5 年前翻了一番。

报告显示，受新冠疫情影响，大学生薪资增速放缓。2020—2021 届大学生毕业半年后月收入起薪平均涨幅（本科：4%，高职：3%）低于疫情前的 2018—2019 届的起薪平均涨幅（本科：7%，高职：6%）。2021 届本科、高职毕业生平均月收入分别为 5 833 元、4 505 元。

不同区域的薪资水平差异明显，长三角、珠三角地区经济发达程度较高，应届生在长三角（2021 届本科：6 484 元，高职：4 984 元）和珠三角地区就业的薪资水平（2021 届本科：6 431 元，高职：4 748 元）始终保持领先。

从专业差别来看，本科计算机类、高职铁道运输类专业毕业生月收入较高。2021 届本科计算机类、高职铁道运输类专业毕业生月收入较高，分别为 6 886 元、5 280 元。在本科专业方面，月收入最高的本科专业是信息安全专业，达到了 7 439 元，软件工程专业月收入也超过了 7 000 元。此外，信息工程、计算机科学与技术、网络工程、互联网工程、电子科学与技术、微电子科学与工程、信息管理与信息系统、自动化等专业也进入前十名。

（二）大学生就业形势分析

1．毕业生规模再创新高，竞争激烈

随着大学生就业压力增加，考研、考公、"慢就业"等成为"蓄水池"，也在一定程

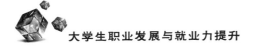

度上起到了缓解就业压力的作用。尤其是新冠疫情发生以来，宏观经济复杂性和不确定性上升，给毕业生就业带来更多挑战。

2. 新领域新业态从业人数增多

根据国家信息中心《分享经济发展报告》的数据显示，2015—2020年参与共享经济的平台从业者人数增加3 400万人，年均增长率9%。可以看到，新就业形态群体已经成为我国当前以及未来劳动力市场不容忽视的就业群体，共享经济发展是我国劳动力市场发展的重要趋势，蕴含着巨大的发展动力和潜力。

3. 部分群体就业难度持续增加

部分毕业生由于内在或外在、可控或不可控、稳定或不稳定的因素，导致在就业市场上竞争力不足，在求职过程中处于弱势地位，加上近年来年岗位竞争激烈，就业难度持续增加。

4. "高期望""慢就业"加剧

当大多数高校毕业生为找工作而焦急忙碌时，有一小部分学生既不着急就业，也没有继续深造，而是选择去游学、支教或者创业考察等，慢慢考虑人生道路。这种做法被称为"慢就业"。

大学生"慢就业"现象的出现，是由于人们的思维不再受到"毕业即就业"观念的限制，此外，随着社会经济的发展，大学生就业观念发生了转变，已经从"要找到一个饭碗"转变成"要找到一个金饭碗"。简单说，不着急找工作，很大程度上是因为家长和学生本人对工作期望值高。既然一时之间无合适工作，更多的家长宁愿选择让孩子继续深造。

**【知识窗】**

"慢就业" ≠ "懒就业"

当大多数高校毕业生在为找工作忙碌时，有一部分毕业生却不着急就业，他们通过创业考察等方式考虑着自己的人生道路。这种做法被称为"慢就业"。

"慢就业"本质上是一个重新认识自己、调试自我的过程。"慢就业"看似放慢了找工作的脚步，实际上给有创业愿望的毕业生提供了更好地认识自我、找准方向、提升自我的契机；只要找准了目标、用对了方法，"慢就业"的年轻人也能后来居上，实现"弯道超车"。

"慢就业"一族并非拒绝找工作，而是在积蓄力量、提升自我，他们希望找到的是一份更能"实现价值、发挥作用"的工作。但如果某些毕业生以"工作难找"为借口消极逃避，整天"宅"在宿舍或家里，这就是"懒就业"了。

"慢就业"的流行，或许有毕业生跟风的不理智一面存在，但我们也要从中读懂年轻人的现实焦虑，同时看到藏于其间的自我缓解压力乃至自我实现。对"慢就业"现象，不妨辩证地看待，给年轻人多些包容和理解，提醒他们莫把"懒就业"当成"慢就业"，同时为他们创造更好的就业和创业环境，帮助他们尽快地成长起来。

5. "互联网＋就业"模式尚需完善

"互联网＋"通过其自身的优势，对传统行业进行了优化升级转型，使得传统行业能够适应当下的新发展，从而推动社会不断地向前发展，推进大学生精准就业。但同时，当前"互联网＋就业"模式建设还存在理念认知上的偏颇、大数据技术在大学生就业服务中的应用还不够充分、就业指导服务方式还不够科学等现实之困。要让"互联网＋就业"模式成为推进大学生精准就业的新样态，还需要进一步完善其实现路径。

（三）大学生就业趋势预测

目前，我国大学生就业存在七大趋势：区域人才一体化趋势更加明显，订单培养是就业的重要途径，多次就业替代一次就业成为主流，人才派遣成为大学生就业方式，内外职业生涯匹配与兼修，职业生涯规划教育成为就业指导新模式，就业力培养将由学校和社会共同完成。要以更优的质量打造就业服务新内涵，广泛应用"互联网＋就业"新模式，促进供需精准对接。

1. 区域人才一体化趋势更加明显

区域经济与区域人才一体化存在着互相推动、共同发展的关系。随着用人制度的进一步市场化和户籍制度改革，大学生就业的跨区域流动速度加快，范围更广，大学生就业不再紧盯着出生地、学校所在地或者几个大城市，异地求职、全国网络招聘、跨地区就业、跨区域流动成为大学生的就业趋势。同时，各地政府为吸引人才，也大力开展区域人才服务合作，实现人才资源合理配置。

2. 订单培养是就业的重要途径

用人单位更倾向于使用具有一定工作经验的社会从业人员。为适应市场发展需要，大力发展以工匠精神为引领的职业教育，实施以职业能力培养为中心的教学模式，为企业培养既有良好职业素质又有很强的操作技能的应用型人才。不少企业逐步从注重"现货"向注重"期货"转变，和学校签订了人才智力合作协议，设立学生实训就业基地，建立学生实训就业合作关系。这种订单式的人才培养，将改变企业"即缺即用、即招即用"的传统引才模式。高等院校根据"订单"企业的实际需要培养人才，既增强了人才培养的针对性和适用性，又降低了企业的招聘成本，还为企业建立起充足的人才资源库。

3. 多次就业替代一次就业成为主流

近年来，员工流动已成为企业最不确定的风险，人们一辈子做一份工作的概率大大降低。这是因为，一方面，企业会优中选优；另一方面，一些大学生因为找不到工作，而不得不暂时性地选择就业，一有机会，就会转职，职业再选择与职业流动的速度加快。

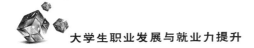

4．人才派遣成为大学生就业方式

随着毕业生人数不断增加，就业竞争变得更加激烈。作为人力资源服务提供商的人才派遣企业，一方面是人才供需信息的集散地，可以有效地帮助毕业生和企业进行求职愿望与用人需求的"双匹配"，帮助更多大学生了解就业信息，调整择业策略，更有效地迈出职业生涯发展的第一步；另一方面，目前中国的人才派遣多侧重于辅助性岗位，这正与没有什么经验的大学生能扮演的角色相吻合，所以越来越多的企业也乐于通过人才派遣的方式录用毕业生。可以说，人才派遣的就业形势快速促进了"学生军"向高绩效"职业人"的转变。

5．内外职业生涯匹配与兼修

职业生涯早期，大学生在组织中的主要角色是初学者，最大的收获应是在内心与外界的碰撞中使内职业生涯发展大于外职业生涯发展。大学生此时的工作重心应放在对自己的认知、了解和素质提升上，如果一毕业就追求外职业生涯，一般不利于职业生涯的可持续发展。因此，在校大学生尤其应该重视内职业生涯的修炼，积极参加社会实践活动，特别是到校外实习实训基地学习、锻炼，提高职业适应力，缩短任职后的职业试用期。

6．职业生涯规划教育成为就业指导新模式

目前，对自己将来的发展做出规划的大学生仍是少数，还有大部分大学生对自己的发展没有规划。随着大学生认知水平的提升，现行偏重于"成品包装"的就业指导模式将被"产品设计"式的职业生涯规划和提升就业力的新模式所代替，大学生将更加关注个人发展的持久性，而非仅把重点放在可就业性上。

7．就业力培训将由学校和社会共同承担

就业力培训将会从学校独自承担过渡到由学校、社会共同承担，职前教育和职业生涯管理培训将掀起热潮。近年来，高校的教育改革正如火如荼地展开，大量职业设计及能力提升课程和培训正在进入大学课堂。而今后，学校和社会共同承担学生就业力培训将成为一大趋势。

【交流与讨论】

1．针对目前的就业趋势，你觉得自己应该从哪些方面提高自己的就业能力？

2．简要说说你对"工匠精神"的理解。

二、我国高校毕业生就业政策

大学生就业政策是贯穿大学生就业活动始终的，对指导就业活动起着不可替代的作用。特别是大学生由于对就业政策的缺乏和忽视，经常会给就业活动造成障碍，甚至会留下遗憾。因此，了解大学生就业政策，并能合理利用就业政策是大学生顺利就业的关键。

（一）促进高校毕业生就业的宏观政策

当前，随着高等教育规模的不断扩大，高校毕业生就业形势日益严峻。2011 年 5 月，国务院下发《关于进一步做好普通高等学校毕业生就业工作的通知》，要求各地区、各有关部门要继续把高校毕业生就业摆在就业工作的首位，进一步加大工作力度，多渠道开发就业岗位，完善相关政策措施，切实加强就业服务，千方百计促进高校毕业生就业。

1. 适应加快转变经济发展方式和调整经济结构的进程，积极拓展高校毕业生就业领域

（1）在构建现代产业体系中努力创造更多适合高校毕业生的就业机会

在推进战略性新兴产业发展中培育新的就业增长点，着力发展既具有较高科技含量又具有较强吸纳就业能力的智力密集型、技术密集型产业，开发更多适合高校毕业生的就业岗位。在加快转变经济发展方式和调整经济结构中实施有利于发挥劳动力比较优势的技术进步和产业升级战略，带动生产性就业岗位增长，努力扩大吸纳高校毕业生就业的规模。大力发展具有增长潜力的生产性服务业和生活性服务业，积极鼓励发展服务外包、动漫、现代信息技术、现代服务业等产业，创造更多高校毕业生就业机会。积极支持和鼓励高校毕业生投身现代农业建设，鼓励农业企业吸纳高校毕业生就业。在安排政府投资、重大建设项目和制订产业规划时要充分考虑扩大就业的需要，探索建立投资带动就业评估机制，更好地发挥投资对就业的带动作用。支持相关行业和产业与高校联合开展人才培养和岗位对接活动，使广大高校毕业生能够学有所用。

（2）鼓励中小企业吸纳高校毕业生就业

中小企业是吸纳高校毕业生就业的主要渠道。要进一步改善中小企业发展环境，大力发展劳动密集型产业、服务业、小型微型企业和创新型科技企业，将落实中小企业扶持政策与做好高校毕业生就业工作结合起来，鼓励企业积极吸纳高校毕业生就业。

2. 鼓励引导高校毕业生面向城乡基层、中西部地区以及少数民族地区、贫困地区和艰苦边远地区就业

（1）鼓励高校毕业生面向城乡基层就业

各地要根据统筹城乡经济和加快基本公共服务发展的需要，大力开发社会管理和公共教育、医疗卫生、文化等领域服务岗位，增加高校毕业生就业机会。要进一步完善相关政策，重点解决好高校毕业生在工资待遇、社会保障、人员编制、户口档案、职称评定、教育培训、人员流动、资金支持等方面面临的实际问题，鼓励和引导高校毕业生到城乡基层特别是城市社区和农村教育、医疗卫生、文化、科技等基层岗位工作。对在公益性岗位就业并符合条件的高校毕业生，按规定给予社会保险补贴和公益性岗位补贴。

（2）鼓励高校毕业生到中西部地区、少数民族地区、贫困地区和艰苦边远地区就业

要结合中部地区崛起和西部大开发战略的实施以及产业梯度转移的需要，鼓励和引导

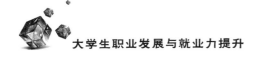

高校毕业生到中西部地区就业。

3. 鼓励支持高校毕业生自主创业，稳定灵活就业

（1）落实和完善创业扶持政策

各地区、各有关部门要进一步落实和完善各项创业扶持政策，改善创业环境，积极引导高校毕业生创业。要进一步完善和落实行政事业性收费减免等优惠政策，按照法律法规的规定，适当放宽市场准入条件，鼓励高校毕业生创业。

（2）加强创业教育、创业培训和创业服务

高校要广泛开展创业教育，积极开发创新创业类课程，完善创业教育课程体系。积极推广成熟的创业培训模式，鼓励高校毕业生参加创业培训和实训，提高创业能力。对高校毕业生在毕业年度内参加创业培训的，根据其获得创业培训合格证书或就业、创业情况，按规定给予培训补贴。要根据高校毕业生的特点和需求，组织开展政策咨询、信息服务、项目开发、风险评估、开业指导、融资服务、跟踪扶持等"一条龙"创业服务。在充分发挥各类创业孵化基地作用的基础上，因地制宜建设一批大学生创业孵化基地，并给予相关政策扶持。对基地内大学生创业企业要提供培训和指导服务，落实扶持政策，努力提高其创业成功率，延长企业存活期。

（3）稳定灵活就业

鼓励支持高校毕业生通过多种形式灵活就业，并给予相关政策扶持。对符合就业困难人员条件的灵活就业高校毕业生，要按规定落实社会保险补贴政策。对申报灵活就业的高校毕业生，各级公共就业人才服务机构按规定提供人事、劳动保障代理服务，做好社会保险关系接续工作。

4. 支持高校毕业生参加就业见习和技能培训，鼓励科研项目单位吸纳高校毕业生就业

（1）支持高校毕业生参加就业见习

各地要结合当地产业发展需要和高校毕业生情况，鼓励和扶持一批规模较大并具有一定社会影响力的企事业单位作为就业见习单位，为有见习需求的未就业高校毕业生提供见习机会。积极引导有条件的科技企业孵化器创建大学生科技创业见习基地。毕业生见习期间基本生活补助费用由见习单位和地方政府分担。

（2）支持高校毕业生参加职业技能培训和技能鉴定

组织有培训需求的高校毕业生参加职业技能培训和技能鉴定，帮助其提高就业能力。对高校毕业生在毕业年度内参加职业技能培训的，根据其取得职业资格证书或就业情况，按规定给予培训补贴。

（3）鼓励科研项目单位吸纳高校毕业生就业

鼓励高校、科研机构和企业结合国家产业发展和技术进步的需要开展研究，并按照公开、自愿、双向选择的原则，在所承担的项目实施过程中，聘用优秀高校毕业生作为研究助理或辅助人员参与研究工作。聘用期满，根据工作需要可以续聘或调到其他岗位就业，就业后工龄与参与研究期间的工作时间合并计算，社会保险缴费年限合并计算。

5. 大力加强就业指导、就业服务和就业援助

（1）加强就业指导和就业服务

高校要全面开展职业发展指导和就业创业教育，将就业指导课程纳入教学计划，建立贯穿于整个大学教育期间的职业发展和就业指导课程体系，帮助大学生树立正确的成才和就业观念。各地区、各有关部门要根据高校毕业生求职就业特点，创新就业服务模式，完善服务措施，采取组织企业进校园、召开专场招聘会和供求洽谈会、开展网络招聘等活动方式，为高校毕业生提供方便、快捷、直接、有效的就业信息服务。各地公共就业人才服务机构、高校毕业生就业指导服务机构及其他就业服务机构要加强合作，建立健全高校毕业生就业信息服务平台，提供政策发布、岗位信息、网络招聘、远程面试、指导咨询等就业服务。要大力推动互联网就业服务的健康发展，加强信息监督管理，规范互联网求职就业行为。要加强人力资源市场需求预测，完善职业供求信息搜集和发布制度，引导高校毕业生理性求职、用人单位积极招聘和高校科学合理设置专业。鼓励各类职业中介机构为高校毕业生提供就业服务，对为登记失业高校毕业生提供服务并符合条件的机构给予职业介绍补贴。鼓励企业与高校合作，为大学生提供有针对性的指导和服务，帮助大学生提升专业能力和职业能力。全面落实为登记失业高校毕业生免费提供政策咨询、职业指导、职业介绍和人事档案托管等服务政策。支持工会、共青团、妇联等组织开展多种形式的高校毕业生就业创业扶持活动。

（2）开展就业失业登记

各级公共就业人才服务机构要按照《中华人民共和国就业促进法》的规定，为已就业高校毕业生免费办理就业登记，并按规定提供人事、劳动保障代理服务。要进一步完善就业登记办法，建立就业登记与劳动合同管理、社会保险费缴纳联动机制，维护高校毕业生就业权益。对未就业的高校毕业生可按规定办理失业登记，并纳入户籍所在地失业人员进行统一管理，落实相关就业扶持政策。各级人力资源社会保障部门、教育部门和各高校要加强合作，进一步完善以实名制为基础的高校毕业生就业统计制度，做好高校毕业生毕业前后的信息衔接和服务接续。

（3）强化就业援助

各级公共就业人才服务机构要将就业困难的高校毕业生纳入当地就业援助体系，建立专门台账，实施"一对一"职业指导和重点帮扶，并向用人单位重点推荐，或通过公益性岗位安置就业。对符合条件的高校毕业生按规定落实社会保险补贴和公益性岗位补贴。各高校可根据困难家庭毕业生的实际情况，给予适当的求职补贴。各地要高度重视大城市聚

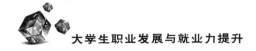

居地长时间失业高校毕业生以及女性、残疾人和少数民族等高校毕业生的就业问题，提供有针对性的就业服务和就业指导，鼓励有条件的地区制定实施专门的就业扶持政策。

（4）保障就业权益

各城市应取消高校毕业生落户限制，允许高校毕业生在就（创）业地办理落户手续（直辖市按有关规定执行）。各地要按照《中华人民共和国就业促进法》《中华人民共和国劳动合同法》《中华人民共和国公务员法》等的要求，进一步深化高校毕业生就业制度改革，简化高校毕业生就业程序。对到各类用人单位就业的高校毕业生，其职称评定、工资待遇、社会保险办理、工龄确定等要严格按照国家有关规定执行。高校毕业生从企业、社会团体到机关事业单位就业的，其参加基本养老保险缴费年限合并计算为工龄。要加大对各类企业特别是中小企业在劳动用工、缴纳社会保险费等方面的劳动监察力度，切实维护高校毕业生的合法权益。要进一步加强人力资源市场管理，大力开展人力资源市场清理整顿工作，严厉打击非法职业中介和招聘过程中的各类欺诈行为。要认真执行《残疾人就业条例》的有关规定，保障残疾高校毕业生的就业权益。

（二）广东省高校毕业生就业创业扶持政策清单①

本书以广东省为例，介绍2022年广东省高校毕业生就业创业扶持政策。

1．就业扶持政策

（1）社保补贴

小微企业社保补贴。小型微型企业招用毕业2年内高校毕业生，与其签订1年以上期限劳动合同并按规定缴纳社会保险费的，按其为符合条件人员实际缴纳的基本养老保险、基本医疗保险、失业保险费、工伤保险费、生育保险费给予补贴，补贴期限最长不超过2年。用人单位为享受社会保险补贴条件的人员缴纳各项社会保险费后，原则上应按季度（或半年）向所在地人力资源社会保障部门申请对上季度（或半年）已缴纳的社会保险费给予补贴。首次补贴申请应于首次签订劳动合同之日起1年内提出。

灵活就业社保补贴。毕业2年内高校毕业生，向公共就业人才服务机构以灵活就业类型登记就业并以个人身份缴纳社会保险费的，每月按不超过其实际社保缴费额2/3的标准给予补贴，补贴期限最长不超过3年。补贴对象原则上按季度（或半年）向参保地人力资源社会保障部门申请对上季度（或半年）已缴纳的社会保险费给予补贴。首次补贴申请应于办理就业登记之日起1年内提出。

① 广东省人力资源和社会保障厅．广东省高校毕业生就业创业扶持政策清单［EB/OL］．（2022-05-05）［2023-12-01］http：//hrss.gd.gov.cn/zwfw/mdml/content/post_3063710.html？eqid=b33bfaea00002a9b000000066437c7ef.

（2）基层就业补贴

毕业 2 年内高校毕业生到中小微企业、个体工商户、社会组织等就业，或到乡镇（街道）、村居社会管理和公共服务岗位就业（机关事业单位编内人员除外），签订 1 年以上期限劳动合同（或服务协议）并按规定缴纳社会保险 6 个月以上的，可享受一次性基层就业补贴。在珠三角地区就业（服务）的，按每人 3 000 元标准给予补贴；在粤东西北地区就业（服务）的，按每人 5 000 元标准给予补贴。补贴对象（或用人单位）应于稳定就业满 6 个月之日起 1 年内，向就业地人力资源社会保障部门提出补贴申请。

中等职业学校、技工院校应届毕业生到粤东西北地区就业且符合上述相关条件的，也可申请本项补贴。

（3）高校毕业生基层岗位补贴

毕业 2 年内高校毕业生到乡镇（街道）、村居社会管理和公共服务岗位就业（含参加政府部门组织的服务基层项目，机关事业单位编内人员除外），签订 1 年以上期限劳动合同（或服务协议），并按规定缴纳社会保险费的，可享受高校毕业生基层岗位补贴。补贴标准为每人每月 200 元，补贴期限最长不超过 3 年。用人单位（或补贴对象）原则上应按季度（或半年）向所在地人力资源社会保障部门申请对上季度（或半年）的补贴。首次补贴申请应于签订劳动合同或服务协议之日起 1 年内提出。本项补贴与公共就业服务岗位补贴、基层就业补贴不得叠加享受。

（4）就业见习补贴

用人单位（劳务派遣单位除外）组织毕业 2 年内高校毕业生或 16～24 岁失业青年参加就业见习，且每月按不低于当地最低工资标准 80% 的标准对见习人员支付工作补贴的，可按规定享受就业见习补贴。补贴标准按每人每月不高于当地最低工资标准且不高于用人单位实际支付的工作补贴金额。补贴期限最长不超过 12 个月。用人单位应于就业见习结束之日（实际见习时间不少于 3 个月）起 1 年内，向所在地人力资源社会保障部门提出补贴申请。

对见习期未满即与高校毕业生签订劳动合同的单位，可申请剩余期限的见习补贴。（此条款实施至 2023 年 12 月 31 日）

（5）求职创业补贴

在省内普通高等学校、中等职业学校、技工院校就读的毕业学年学生，属城乡困难家庭（低保家庭、残疾人家庭、脱贫人口家庭、特困职工家庭）成员、特困人员、残疾人、曾获得国家助学贷款的，可给予一次性求职创业补贴，补贴标准为每人 3 000 元。毕业生所在学校负责收集补贴申请材料，代为向所在地人力资源社会保障部门提出补贴申请。补贴申请应于有关学生毕业前提出。

（6）技能提升补贴

高校毕业生参加职业技能培训，获得国家职业资格证书、本省颁发的职业技能等级证书以及被纳入补贴范围的专项职业能力证书、特种作业操作证书、培训合格证书等，按照《广东省劳动力职业技能提升补贴申领管理办法》（粤人社规〔2019〕18号）规定申请技能提升补贴。符合条件的高校毕业生应于获得相关证书后1年内在网上办理职业技能提升补贴申领。

（7）公开招聘高校应届毕业生工作

集中开展2022年广东省事业单位公开招聘高校毕业生工作，通过统一招聘时间、统一募集岗位、统一报考条件、统一发布公告、统一组织报名、统一笔试等"六个统一"，推动高等学校、职业教育、技工院校应往届毕业生品质就业。除集中公开招聘外，全省各级各类事业单位自主招聘仍按原方式有序进行，考生可以关注各级人社部门门户网站公告，掌握招聘动态，选择合适岗位报考。

（8）应征入伍服义务兵役

应征地为广东的大学生士兵，退役2年内在省内各类企业就业、自主创业、落户、公共就业人才服务等方面享受在基层工作高校毕业生同等政策待遇。每年全省各级机关至少安排300名指标，面向广东省退役大学生士兵招录公务员，职位重点向基层一线单位倾斜；国有企业每年要拿出一定数量的岗位定向招聘广东省退役大学生士兵，招聘数量不低于当年退役大学生士兵人数的15%。部队服役经历视为基层工作经历。

（9）"三支一扶"基层就业项目

从事支教、支农、支医和帮扶乡村振兴（以下简称"三支一扶"）工作的大学生，服务期间，享受工作生活补贴（参照本地乡镇事业单位从高校毕业生中新聘用工作人员试用期满后工资收入水平确定），参加社会保险。生活补贴每人每月3600元，每人每年1000元的交通补贴。按照每人3000元标准，给予每名新招募且在岗服务满6个月的"三支一扶"人员一次性安家费补贴。参加广东省"三支一扶"计划的支医人员，可按《广东省卫生健康委关于广东省千名高校毕业生下基层从医上岗退费实施方案》规定要求，申请上岗退费，符合条件的每人每年退费标准为8000元。服务期满考核合格的"三支一扶"大学生，自服务期满之日起3年内参加我省（广东省）事业单位公开招聘的，可适当加分，其中参加县、乡各类事业单位公开招聘的，笔试成绩加10分，参加地级以上市、省直及中央驻粤事业单位公开招聘的，笔试成绩加5分，同等条件下优先聘用；鼓励各地统筹利用县级以下基层事业单位编制接收服务期满考核合格"三支一扶"人员。服务期满考核合格的"三支一扶"大学生，在山区县及以下单位就业的，可直接执行转正定级工资，转正定级时级别工资（或薪级工资）高定2档，如5年内调离原工作单位，到珠三角洲地区7个市（不含山区县）工作或到其他地级市直属机关事业单位［不含派驻县、乡（镇）的单位］工作的，其高定的2档工资予以取消；服务期满考核合格的"三支一扶"大学生，进入机关和国有企事业单位工作的，其服务期限计算为工龄，继续在经济欠发达地区镇（乡）及镇（乡）以下基层工作满 1 年以上，可申请代偿其在学习期间获得的国家助学贷款本息。

（10）参加广东省基层服务项目的优惠政策

每年拿出全省公务员考录计划的 10% ~15%，面向广东省招募的大学生村干部、"三支一扶"人员、大学生志愿服务西部计划、广东大学生志愿服务山区计划等期满考核合格的服务基层项目人员定向考录，服务基层项目人员较少的地方可适当降低比例，但考录数量不少于当年服务期满人员数的 10%。地级市以下事业单位公开招聘，可拿出一定数量的岗位，用于定向招聘符合条件的基层服务项目人员。广东省招募的上述基层服务项目人员服务期满考核合格的，原单位属事业单位性质，有岗位空缺需补充人员，经本人自愿、单位同意，并报同级事业单位人事综合管理部门批准，可采取直接考察的方式招聘。广东省招募的上述基层服务项目人员其服务期限计算工龄。基层服务项目人员服务满 1 年且考核合格后，可按规定参加职称评定。参加基层服务项目前无工作经历的人员且服务期满考核合格后 2 年内，在参加机关事业单位考录（招聘）、各类企业吸纳就业、自主创业、落户、升学、公共就业人才服务等方面可同等享受应届高校毕业生的相关政策。

2．创业扶持政策

（1）创业培训补贴

具有创业要求和培训愿望并具备一定创业条件的在校大学生及高校毕业生，参加创业培训定点机构免费创业培训并取得合格证书的，可对培训机构给予创业培训补贴，其中创办企业培训每人最高可补贴 1 500 元，网络创业培训每人最高可补贴 2 000 元，特色创业实训每人最高 2 800 元。创业培训机构向当地人力资源社会保障部门办理开班申请，经批准同意组织学员免费创业培训并取得培训合格证书后，应于证书核发之日起 12 个月内向培训备案所在地人力资源社会保障部门提出补贴申请。

（2）一次性创业资助

在校大学生及毕业 5 年内高校毕业生成功创业（在广东省领取工商营业执照或其他法定注册登记手续，本人为法定代表人或经营者）的，登记注册满 6 个月，申请补贴前连续 3 个月有在职员工（不含法定代表人或经营者）正常缴纳社会保险费，且申请时未被市场监管部门列入"经营异常名录"的，可申请 1 万元的一次性创业资助。符合条件人员只能享受一次创业资助。符合条件人员应于相关创业主体登记注册之日起 3 年内，向登记注册地人力资源社会保障部门提出补贴申请。

（3）创业租金补贴

在校大学生及毕业 5 年内高校毕业生创办初创企业（在广东省领取工商营业执照或其

他法定注册登记手续，本人为法定代表人或经营者）并租用场地用于经营（租赁地址与注册登记地一致，相关场地非法定代表人或经营者自有物业），申请补贴前连续 3 个月有在职员工（不含法定代表人或经营者）正常缴纳社会保险费、且申请时未被市场监管部门列入"经营异常名录"的，可申请租金补贴。补贴标准为：珠三角地区每年最高 6 000 元，其他地区每年最高 4 000 元。补贴期限累计不超过 3 年。补贴对象向登记注册地人力资源社会保障部门提出补贴申请。首次补贴申请应于相关创业主体登记注册之日起 3 年内提出。

（4）创业带动就业补贴

初创企业（所有股东均为法人股东的企业除外）吸纳高校毕业生就业，按其吸纳就业人数（签订 1 年以上期限劳动合同、申请补贴前连续 6 个月缴纳社会保险费且申请补贴时仍在本企业就业，法定代表人或经营者除外）给予创业带动就业补贴。招用 3 人（含 3 人）以下的按每人 2 000 元标准给予补贴；招用 3 人以上的每增加 1 人给予 3 000 元补贴，总额最高不超过 3 万元。首次补贴申请应于相关创业主体登记注册之日起 3 年内提出，最后一次申请时间不得超过登记注册之日起 4 年。初创企业吸纳高校毕业生就业申请补贴后 12 个月内，不同初创企业吸纳同一劳动者就业的不能再次申领补贴。

（5）创业担保贷款

个人创业担保贷款额度最高为 30 万元，创业带动 5 人以上就业的借款人，个人最高贷款额度可提高至 50 万元；合伙经营或创办小企业的可按每人最高 30 万元、贷款总额最高 300 万元实行"捆绑性"贷款；对符合条件的小微企业，贷款额度最高为 500 万元。贷款利率不超过 LPR＋50BP，其中 LPR－150BP 以下部分由借款人和借款企业承担，剩余部分由政府贴息。对还款积极、带动就业能力强、创业项目好的重点扶持对象借款人和小微企业，可继续提供创业担保贷款及贴息，累计次数不得超过 3 次。

（6）优秀创业项目资助

在校大学生、高校毕业生创业项目参加广东"众创杯"创业创新大赛获得特等奖及金、银、铜奖的，企业组分别按 50 万元、20 万元、15 万元、10 万元标准给予资助；团队组实行分段资助，特等奖及金、银、铜奖（或相当奖级）第一阶段分别按 25 万元、10 万元、8 万元、5 万元标准给予资助，项目 2 年内在广东省行政区域内登记注册后，可分别申请第二阶段 25 万元、10 万元、7 万元和 5 万元资助。

3．综合扶持政策

公共就业人才服务机构为高校毕业生提供免费的就业失业登记、职业指导、创业指导、职业介绍、就业见习、人事档案管理等公共就业创业服务。

 **【知识窗】**

2023年广东省高校毕业生就业创业十大行动方案

为深入贯彻党中央、国务院关于做好高校毕业生就业工作的决策部署，认真落实省委、省政府有关工作要求，做好2023年高校毕业生就业创业工作，助力全省高质量发展，制定本行动方案。

一、目标任务

以习近平新时代中国特色社会主义思想为指导，深入贯彻党的二十大精神和省委十三届二次全会部署，把高校毕业生就业作为就业工作重中之重，千方百计加大岗位供给、拓展就业渠道、创造锻炼机会，引导更多高校毕业生投身县域振兴、助力产业发展，力争全省应届高校毕业生毕业去向落实率7月底达70%以上、年底达90%以上，确保高校毕业生就业水平总体稳定。

二、主要措施

（一）市场岗位拓展行动

1. 强化民营企业拓岗激励

支持企业更多吸纳高校毕业生就业，按规定落实小微企业社保补贴、创业担保贷款及贴息、税费减免等扶持政策。鼓励有条件的地市在安排纾困资金时，对吸纳高校毕业生就业达到一定数量且符合相关条件的中小微企业予以倾斜。（完成时限：持续推进。责任部门：省工业和信息化厅、省财政厅、省人力资源社会保障厅、省税务局按职责分工负责）

2. 加大政府高校访企拓岗力度

组织市、县（区）人社局长对往年吸纳高校毕业生较多的民营企业进行动员走访，每市走访企业不少于100家，新收集岗位信息应当在广东省急需紧缺人才供求信息平台公开发布，对相关企业在毕业生引进、就业服务等方面给予重点支持。深入开展书记校长访企拓岗促就业专项行动，2010年以后新建普通本科高校、高等职业院校走访企业原则上不少于100家；就业去向落实率低于当地平均水平的高校，原则上新开拓用人单位不少于100家。（完成时限：2023年8月。责任部门：省教育厅、省人力资源社会保障厅、各普通高等学校按职责分工负责）

3. 发挥社会组织吸纳就业作用

组织实施"百城千社万企助就业"专项行动，发动1 000家以上社会组织参与链接岗位资源、提供就业岗位和专业服务。推动社会团体、基金会以及教育、医疗、养老等领域社会服务机构增加专职就业岗位，加大高校毕业生聘用力度。（完成时限：2023年9月。责任部门：省民政厅牵头，省教育厅、省人力资源社会保障厅、省退役军人事务厅配合）

4. 强化重点产业招才引智

坚持"制造业当家"，大力发展新一代电子信息、绿色石化、智能家电、汽车产业等十大战略性支柱产业集群和半导体与集成电路、高端装备制造、智能机器人、区块链与量子信息等十大战略性新兴产业集群，支持制造业大企业、大项目通过校企合作、订单培养、定向招聘、组团招聘等方式，吸纳优秀高校毕业生就业。（完成时限：2023 年 6 月。责任单位：省发展改革委、省教育厅、省工业和信息化厅、省人力资源社会保障厅按职责分工负责）

（二）基层人才引导行动

1. 实施各类基层服务项目

全省"三支一扶"计划招募高校毕业生 3 000 人，"广东大学生志愿服务西部（山区）计划"招募高校毕业生 350 人，广东高校毕业生志愿服务乡村振兴行动招募高校毕业生约 5 000 人，按规定落实好符合条件人员定向招录公务员等政策。（完成时限：2023 年 8 月。责任部门：省委组织部、省人力资源社会保障厅、团省委按职责分工负责）

2. 补充基层急需紧缺人才

招聘基层劳动合同制法官助理和书记员、编制外司法行政人员 1 342 人，基层劳动合同制检察官助理和书记员、政府雇员 396 人。全省中小幼教师招录 4 万人，做好公费师范生就业及高校毕业生到农村从教上岗退费工作。支持符合条件的退役大学生士兵到中小学任教。（完成时限：2023 年 7 月。责任部门：省教育厅、省人力资源社会保障厅、省退役军人事务厅、省法院、省检察院按职责分工负责）

3. 实施社区岗位支持计划

加强社区工作者队伍建设，原则上 2023 年所有社区工作者新招聘岗位全部向高校毕业生开放，力争每个城市社区至少招录 1 名 2023 届高校毕业生。鼓励具备条件的行政村结合吸纳高校毕业生到村担任村务工作者。"广东兜底民生服务社会工作双百工程"继续招募约 2 000 人。（完成时限：2023 年 12 月。责任部门：省民政厅）

4. 落实基层就业扶持政策

强化"百县千镇万村高质量发展工程"人才支撑，对到省内艰苦边远地区、老工业基地县以下基层单位就业的高校毕业生，按规定落实学费补偿和国家助学贷款代偿、高定工资等政策；对到中小微企业、个体工商户、社会组织及基层社会管理和公共服务岗位就业的高校毕业生，按规定落实基层就业补贴等支持政策；通过"最美城乡社区工作者""最美基层高校毕业生"等宣传品牌，大力选树扎根基层、干事创业的优秀高校毕业生典型，按规定进行表彰奖励。（完成时限：持续推进。责任部门：省教育厅、省民政厅、省财政厅、省人力资源社会保障厅按职责分工负责）

（三）政策岗位快招行动

1. 加快完成公务员招录

做好 2023 年全省考试录用公务员、选调应届优秀大学毕业生工作，提供公务员考试录用岗位不少于 2 万个，加强招录实施进程与高校毕业生求职时间的衔接。（完成时限：

2023 年 8 月。责任部门：省委组织部、省人力资源社会保障厅按职责分工负责）

2. 稳定事业单位招聘规模

全年全省提供不少于 6.8 万个事业单位工作岗位面向高校毕业生招聘。组织开展全省事业单位集中公开招聘高校毕业生工作，鼓励各地各单位结合实际开展自主公开招聘，统筹安排考试时间，及早完成招聘工作。（完成时限：2023 年 12 月。责任部门：省委组织部、省人力资源社会保障厅按职责分工负责）

3. 发挥国有企业引领作用

全省国有企业（含文化、金融国有企业）力争全年新招用高校毕业生不少于 2.8 万人，其中省属国有企业招用不少于 8 000 人。珠三角各市国有企业应在保持招收规模稳定的基础上，进一步挖掘岗位潜力，积极扩大招收数量。鼓励国有企业加大定向吸纳广东省退役大学生士兵力度。（完成时限：2023 年 8 月。责任部门：省国资委牵头，省委宣传部、省财政厅、省人力资源社会保障厅、省退役军人事务厅配合）

（四）创业创新自强行动

1. 强化资金扶持

对符合条件的在校大学生科技创新团队，按规定资助其开展自然科学、哲学社科和科技发明制作等方向的实践研究。对符合条件的自主创业高校毕业生，按规定落实一次性创业资助、租金补贴、创业担保贷款及贴息等扶持政策。（完成时限：持续推进。责任部门：省财政厅、省人力资源社会保障厅、团省委、人民银行广州分行按职责分工负责）

2. 落实税收优惠

落实国家减税降费政策，高校毕业生在毕业年度内从事个体经营且符合规定条件的，在 3 年内按一定限额依次扣减其当年实际应缴纳的增值税、城市维护建设税、教育费附加、地方教育附加和个人所得税。（完成时限：持续推进。责任部门：省财政厅、省税务局按职责分工负责）

3. 促进成果转化

引导政府投资开发的孵化器、大学科技园、众创空间、创业孵化基地等创业载体优先安排高校毕业生创业工位。引导大学科技园设立创新创业成果转化服务机构，建立相关成果与行业产业对接长效机制。继续举办"互联网＋""众创杯""挑战杯""创青春"等品牌赛事，促进项目、资源、资金等高效对接。（完成时限：持续推进。责任部门：省教育厅、省科技厅、省人力资源社会保障厅、团省委按职责分工负责）

4. 鼓励返乡创业

实施 2.0 版"农村电商"工程，开辟高校毕业生返乡创业助力县域振兴绿色通道，优先安排进驻区域性农村电商产业园和现代农业产业园，鼓励符合条件的高校毕业生参加省级"精英训练营"、市级"带头人"培训，优先作为农村电商"头雁引领"培育对象。（完成时限：持续推进。责任部门：省人力资源社会保障厅、省农业农村厅按职责分工负责）

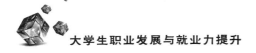

5. 支持灵活就业

鼓励高校毕业生到数字经济、平台经济等领域灵活就业，对其中以灵活就业形式参加社会保险的，按规定落实最长 3 年的灵活就业社保补贴政策。（完成时限：持续推进。责任部门：省人力资源社会保障厅）

（五）专项渠道历练行动

1. 鼓励升学深造

积极争取扩大研究生、本科生招生规模，及早组织完成各类升学招生计划。全年全省研究生招生不少于 6.8 万人，普通专升本招生不少于 8.4 万人，第二学士学位招生不少于 600 人。积极落实退役大学生士兵免试"专升本"及专项硕士研究生招生计划等优惠政策。（完成时限：2023 年 6 月。责任部门：省教育厅、省退役军人事务厅按职能分工负责）

2. 鼓励入伍锻炼

加大征兵宣传进校园工作力度，畅通入伍绿色通道，全年大学生征集数量达到 1.2 万人以上，其中高校毕业生征集数量达到 8 400 人以上。鼓励技工院校毕业生报名应征，技工院校取得高级工以上职业资格（职业技能等级）证书毕业生享受高等院校毕业生同等入伍政策。（完成时限：2023 年 12 月。责任部门：省征兵办牵头，省教育厅、省公安厅、省财政厅、省人力资源社会保障厅、省退役军人事务厅、各普通高等学校配合）

3. 扩大科研助理规模

全省开发 8 900 个以上科研助理岗位，支持承担国家科技计划（专项、基金等）的高校、科研院所和企业扩大科研助理岗位规模。督促指导高校和科研院所对招录科研助理给予经费政策支持，落实好社会保险、户口档案等政策。（完成时限：2023 年 12 月。责任部门：省教育厅、省科技厅按职责分工负责）

（六）职业能力提升行动

1. 加强就业指导

加强就业指导队伍建设，督促各高校按每 500 名应届毕业生不少于 1 个的比例配备专职就业指导人员。完善就业创业指导课程标准，打造一批就业指导名师、优秀就业指导课程和教材。通过校企供需对接、职业规划竞赛、简历撰写指导、面试求职培训、一对一咨询等多种形式，为学生提供个性化就业指导和服务。（完成时限：持续推进。责任部门：省教育厅、各普通高等学校按职责分工负责）

2. 强化实践锻炼

实施"展翅计划"广东大学生就业创业能力提升行动，提供 10 万个以上实习岗位。实施见习岗位募集计划，全年募集见习岗位数不少于 6 万个，在全省认定或建设一批示范性见习基地。（完成时限：2023 年 12 月。责任部门：省教育厅、省人力资源社会保障厅、团省委按职责分工负责）

3．加强技能培训

鼓励高校毕业生在获得学历证书的同时获得相关职业资格证书或职业技能等级证书，对需要学历学位证书作为报考条件的，允许先参加考试评定，通过考试评定的，待取得相关学历学位证书后再发放职业资格证书或职业技能等级证书。引导高校毕业生积极参与"粤菜师傅""广东技工""南粤家政"三项工程。（完成时限：持续推进。责任部门：省人力资源社会保障厅）

（七）湾区就业助力行动

1．拓宽就业渠道

纵深推进粤港澳大湾区、深圳先行示范区和横琴、前海、南沙三大平台建设，引导港澳青年到各类企业特别是先进制造业、战略性新兴产业、现代服务业就业。做好港澳青年参加粤港澳大湾区事业单位公开招聘和"三支一扶"招募工作。举办"粤港澳大湾区就业实习双选会"。（完成时限：持续推进。责任部门：省发展改革委、省人力资源社会保障厅、省港澳办、珠海市人民政府按职责分工负责）

2．强化创业扶持

引导各类创业创新大赛开设港澳赛区，推进"1＋12＋N"港澳青年创新创业基地体系建设，联合香港特别行政区、澳门特别行政区政府共同推动青年创新创业基地建设，对自主创业的港澳青年按规定落实创业资助、创业担保贷款及贴息、税收优惠等扶持政策。依托创新创业基地等载体，组织港澳青年到大湾区开展交流活动。（完成时限：持续推进。责任部门：省教育厅、省财政厅、省人力资源社会保障厅、省港澳办、省税务局按职责分工负责）

3．提升服务温度

实施"大湾区职场导师计划"，支持各地招募一批有内地职场经验和生活经历的港澳籍人士担任职场导师，为港澳青年提供实习锻炼、岗位推荐、职业指导等服务。支持各地探索建设一批"港澳青年就业之家"，为港澳青年提供"港味澳味"就业创业服务。（完成时限：持续推进。责任部门：省人力资源社会保障厅、省港澳办按职责分工负责）

（八）公共服务畅享行动

1．推动公共就业服务进校园

指导各地通过政府购买服务方式在高校校园内打造"就业创业e站"，2023年底前力争实现省内普通高等学校全覆盖，推动就业创业政策宣传、就业创业指导、技能培训、补贴申领等就业创业服务向校园延伸。督促各地组织开展政策辅导进校园或职业指导进校园活动，全省全年组织进校园活动不少于100场，力争每所高校组织1场以上。（完成时限：2023年12月。责任部门：省教育厅、省人力资源社会保障厅、各普通高等学校按职责分工负责）

2．大力组织线上线下招聘活动

打造权威公信的高校毕业生招聘服务品牌，密集组织开展"百日千万网络招聘"

"24365 校园网络招聘""木棉花暖""一企一岗""急需紧缺人才百校万企公益招聘""展翅计划""筑梦青春·就业启航"等高校毕业生招聘活动 2 000 场以上。推广运用"直播带岗""视频面试"等便捷模式，促进毕业生与招聘岗位便捷对接。（完成时限：持续推进。责任部门：省教育厅、省工业和信息化厅、省人力资源社会保障厅、省国资委、省工商联、团省委按职责分工负责）

3. 归集发布优质岗位信息

强化广东省急需紧缺人才供求信息平台归集展示功能，建立高校毕业生岗位发布专区，动态发布各地基层机关事业单位、基层服务项目、制造业大企业、专精特新企业等面向应届毕业生的岗位招募（聘）计划。推进全省国有企业招聘信息统一在省人才市场网招聘专区同步发布。（完成时限：持续推进。责任部门：省教育厅、省工业和信息化厅、省民政厅、省人力资源社会保障厅、省国资委按职责分工负责）

（九）实名服务暖心行动

1. 扎实做好离校未就业高校毕业生实名服务

7 月底前完成离校未就业毕业生信息移交，运用线上失业登记、求职登记小程序、基层摸排等各类渠道，及早锁定服务对象，集中开展分类就业帮扶工作，对有就业意愿的离校未就业毕业生至少提供 1 次职业指导、3 次岗位推荐、1 次职业培训或就业见习机会。（完成时限：2023 年 12 月。责任部门：省教育厅、省人力资源社会保障厅按职责分工负责）

2. 强化困难毕业生结对帮扶

大力推进宏志助航计划，助力家庭经济困难毕业生就业，提升高校毕业生就业能力。建立健全脱贫家庭、低保家庭、零就业家庭、残疾等困难高校毕业生"一对一"帮扶责任制，推动校院领导、就业指导教师、班主任、专任教师、辅导员与困难学生开展结对帮扶，确保每一个困难学生都得到有效帮助。（完成时限：2023 年 7 月。责任部门：省教育厅、省残联、各普通高等学校按职责分工负责）

3. 兜牢困难毕业生就业底线

建立离校未就业困难毕业生实名台账，实施"一人一策"专项帮扶。对通过市场渠道确实难以实现就业的，统筹利用公益性岗位等进行安置，确保有就业意愿的困难毕业生 100% 实现就业。做实做细残疾高校毕业生的建档、调查、跟踪、服务工作，帮助残疾高校毕业生树立良好就业观，顺利融入社会。（完成时限：2023 年 12 月。责任部门：省人力资源社会保障厅、省残联按职责分工负责）

（十）权益保障安心行动

1. 强化就业安全教育

将就业安全作为就业指导课程的重要内容，建立用人单位招聘黑名单制度，将经认定存在就业歧视、欺诈等问题的用人单位纳入黑名单，定期向毕业生发布警示提醒信息，增强毕业生风险防范意识。（完成时限：持续推进。责任部门：省教育厅、各普通高等学校

按职责分工负责）

2. 打击就业违规行为

开展平等就业相关法律法规政策宣传，坚决防止和纠正性别、年龄、学历等就业歧视。依法打击"黑中介"、虚假招聘、售卖简历，以及以就业、培训为名义的信贷陷阱和传销、诈骗等违法犯罪活动。（完成时限：持续推进。责任部门：省教育厅、省公安厅、省人力资源社会保障厅按职责分工负责）

3. 推动体检结果互认

对在全省范围内经县级以上卫生健康行政部门审批的健康体检机构进行常规入职体检、体检结果在6个月有效期内的高校毕业生，指导用人单位原则上不要求重复体检，法律法规对入职体检另有明确规定的除外。指导用人单位合理确定入职体检项目，常规入职体检项目以建议项目为主，严格落实国家有关不得违法违规开展乙肝、孕检等检测的要求。（完成时限：持续推进。责任部门：省人力资源社会保障厅、省卫生健康委按职责分工负责）

4. 规范毕业去向统计

取消《就业报到证》，不再将就业报到证作为办理高校毕业生招聘录用、落户、档案接收转递等手续的必需材料。建立高校毕业生毕业去向登记制度，做好登记信息的查询、核验、共享。严格落实就业统计监测工作"四不准""三严禁"要求，对违反规定的高校和相关人员，严肃查处通报，纳入负面清单管理。组织开展就业统计监测专门培训，持续开展毕业生就业状况布点监测。（完成时限：持续推进。责任部门：省教育厅、省公安厅、省人力资源社会保障厅、各普通高等学校按职责分工负责）

三、组织保障

（一）压实主体责任

各高校要认真落实"一把手"工程，成立就业工作领导小组，严格落实就业机构、人员、场地、经费"四到位"要求，加强毕业生就业管理、服务和指导。把毕业生就业工作纳入省委、省政府重大教育决策部署督察、各地履行教育职责评价、学科专业评估、高校领导班子年度考核等重要内容。建立健全全省高校毕业生就业工作情况周报、专班通报制度，加强工作督导，确保顺利完成工作目标。

（二）加强部门协同

省各有关单位要按照任务分工要求，安排专人跟进，细化工作举措，建立工作台账，明确工作时限。省就业工作领导小组办公室要发挥统筹协调作用，加强进展调度和督促提醒，确保行动方案提出的各项举措落实到位。

（三）积极宣传引导

各地各部门各高校要主动做好政策宣传解读，大力宣传到部队、艰苦地区和行业、基层一线工作的典型，在全社会形成示范引领效应。加强高校毕业生就业涉法教育引导、宣

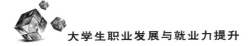

大学生职业发展与就业力提升

传提醒。加强舆情监测和舆论引导，及时主动回应社会关切，稳定就业预期，营造全社会支持高校毕业生就业创业的良好氛围。

——资料来源：广东省人力资源和社会保障厅政策文件，2023-04-06

【交流与讨论】

阅读下面的案例，分析如何帮助小程顺利找到工作。

小程即将大学毕业，但他始终找不到方向，想干的事很多，却又不知道从哪里干起。小程是"两耳不闻窗外事，一心只读圣贤书"的典型，他对当前大学生的就业形势和政策基本没有了解，而且三年的大学生活让他已经彻底地松懈下来，他不想吃苦，也无法适应那种朝九晚五的生活。因此，面对即将步入的职场，小程明显得很迷茫。

提示：①小程应首先了解当前大学生的就业形势和就业政策；②解剖自我，清楚认识自己的优点和缺点、兴趣爱好等；③确定就业方向，灵活就业。

 【榜样力量】

毛相林：当代"愚公"

在重庆的一座深山中，有一条蜿蜒曲折的"天路"，一头扎入谷底村庄，一头通向群山之巅，这就是下庄村的出山公路。而这条"天路"的修建带头人，就是下庄村党支部书记、村委会主任毛相林。

毛相林，1959年1月生，1992年9月加入中国共产党。他带领村民打通出山路，走上致富路，先后被授予"全国脱贫攻坚楷模""时代楷模""全国脱贫攻坚奖奋进奖""中国好人"等荣誉称号。

老下庄村坐落在巫山县竹贤乡的大山深处，四周绝壁合围，形似天坑，从村口到村底，落差1 100多米，出村只有一条挂在绝壁上的羊肠小道，到县城要走3天。全村近400人住在"井"底，世代与世隔绝。1997年，为了改变下庄村闭塞落后的面貌，毛相林决定向绝壁要出路。但面对既无资金又无机械，要硬生生在悬崖上抠出一条路的现实，村民们都说毛相林疯了。困难面前，毛相林没有泄气，而是首先与驻村干部达成一致意见，然后组织村"两委"干部统一思想，再是片会、群众会……他说："山凿一尺宽一尺，路修一丈长一丈，就算我们这代人穷十年、苦十年，也一定要让下一辈人过上好日子！"就这样，通过反反复复与村民们"打嘴仗"、算细账，全村上下终于达成了修路共识。此后，在毛相林的带领下，全村人克服艰难险阻，历时7年，终于在2004年修成了8公里长的绝壁天路。

路修通了，但贫困还在这个山沟沟里扎着根。村里没有能带来稳定收益的产业，对此，毛相林看在眼里，急在心里。一次，他听说种漆树能挣钱，便带领村民在村里培育出2万余株幼苗，没承想，因为不懂技术，当年夏天树苗就全部枯死。后来，他又在村里养山羊、种桑树养蚕，也是因为不掌握技术，均以失败告终。后来，毛相林跑到县里，请来了农技专家，询问后才明白，原来下庄村的海拔与气候不适宜种漆树，也不适宜养蚕和养羊。

面对挫折，毛相林并不服输，他下定决心，一定要让下庄村走出一条产业扶贫的新路子。他请来县里农业专家对下庄的气候、土壤环境进行了全面考察分析，确定了发展柑橘、桃树、西瓜三大产业的规划方案。为打消村民们的顾虑，他积极争取上级补助，组织村民代表到曲尺乡实地考察柑橘产业，还率先种植了 10 亩柑橘。同时，他让开车跑运输的儿子到邻近的奉节县自费学习技术，回来后无偿为村民提供指导。几年下来，全村种下 650 亩柑橘，还成立了专业合作社进行统一管理，其中 500 多亩已挂果，每年给村民增加收入 200 万元。现在，650 亩柑橘实现了套种小麦、红苕和土豆，150 亩桃园完成西瓜套种，下庄村呈现一派勃勃生机。

2016 年，下庄村在全县率先实现整村脱贫。2020 年，下庄村人均可支配收入超过 13 000 元，是修路前年收入的 40 多倍。

下庄村翻天覆地的变化，写在村民脸上，甜在村民心里。如今，毛相林正以自己数十载的执着坚守与辛勤付出，诠释着自己人生的最大值——"成为一名群众身边的好干部"！

——摘自人民资讯，2022 - 08 - 02

本章自我小结

【实践训练】

训练一：就业状况调查分析

针对你所在的院校某专业就业情况进行调研，调查对象为本专业毕业五年内的大学毕业生，对调查结果进行分析。

大学生就业形势调查问卷

大学：_____　专业：_____　性别：男　女

1. 您如何看待您自己所学的专业未来的就业情况（　　）

A. 良好　　　　　B. 一般　　　　　C. 不好

2. 您对自己未来工作要求的月薪是（　　）

A. 2000～3000　　　　　　　　　B. 3000～4000

C. 4000～5000　　　　　　　　　D. 5000 以上

3. 您认为如今的大学就业形势如何（　　）

A. 形势严峻，就业难　　　　　　B. 形势较好，就业容易

C. 形势正常　　　　　　　　　　D. 不了解

4. 请问您从什么时候开始关注就业信息的（　　）

A. 大一　　　　B. 大二　　　　C. 大三　　　　D. 没关注过

5. 您的择业观念是（　　）

A. 一步到位，有固定收入　　　　B. 先就业，后择业

C. 不就业，继续深造　　　　　　D. 自主创业

6. 您认为自己目前最欠缺的素质是（　　）

A. 基本解决问题的能力　　　　　B. 沟通协调能力

C. 承受压力、克服困难的能力　　D. 相关工作或实习经验

E. 专业知识与技能　　　　　　　F. 其他

7. 您以后将要选择什么样的单位就业（　　）

A. 国有企业　　　B. 民营企业　　　C. 合资企业　　　D. 政府部门

E. 自主创业　　　F. 其他

8. 您择业前考虑的首要因素是（　　）（最多选三项）

A. 福利薪资水平　　B. 个人发展机会　　C. 专业知识的应用

D. 工作的稳定性　　E. 企业知名度　　F. 其他

---

9. 您认为用人单位最关心毕业生的哪些条件（　　）（最多选三项）

A. 专业技能 B. 对单位的忠诚度

C. 综合素质 D. 逻辑思维能力

E. 敬业精神和职业素质 F. 沟通能力与亲和力

G. 团队精神与协作能力 H. 在最短时间内认同企业文化

10. 请问您最主要通过什么方式了解就业信息的（　　）（最多选三项）

A. 学校学生就业网站 B. 院（系）就业在线网站

C. 专业性就业招聘网站 D. 校供需见面会

E. 其他供需见面会 F. 相关人才市场的招聘信息

12. 大学期间，学校是否有就业方面的介绍，例如，就业指导、求职技巧之类（　　）

A. 有，非常多 B. 偶尔有，不是很了解

C. 从来没有接触过

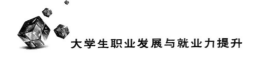

训练二：填一填你的就业意向

请根据自己的实际情况，按照下表给出的选项进行填写，梳理出自己的就业意向。

就业意向分析表

	前三位选择
行业	1.
	2.
	3.
企业：可用具体公司代表	国企类：1.　　　2.　　　3.
	外企类：1.　　　2.　　　3.
	民企类：1.　　　2.　　　3.
职能：可用具体岗位代表	1. 岗位1：　　　岗位2：　　　岗位3：
	2. 岗位1：　　　岗位2：　　　岗位3：
	3. 岗位1：　　　岗位2：　　　岗位3：
地域	1.
	2.
	3.

第八章　准备求职材料，从容面对机遇

【学习目标】

　　"工欲善其事，必先利其器。"求职材料是毕业生走向人才市场、赢得用人单位信任的重要工具，也是用人单位初步了解毕业生基本情况的重要途径。通过准备的书面求职材料，用人单位可从中了解到毕业生的身份、能力、综合素质等基本情况，以判断和评价毕业生的学习成绩、工作潜力，从而确定能否给毕业生提前面试的机会。求职材料的质量对求职者谋取职位有着不可估量的作用。

【学习目标】

　　1. 了解求职时需要准备的材料。
　　2. 掌握求职信的写作规范。
　　3. 学会制作简历。

【名人名言】

　　如果有人错过机会，多半不是机会没有到来，而是因为等待机会者没有看见机会到来，而且机会过来时，没有一伸手就抓住它。

——罗曼·罗兰

【本章思维导图】

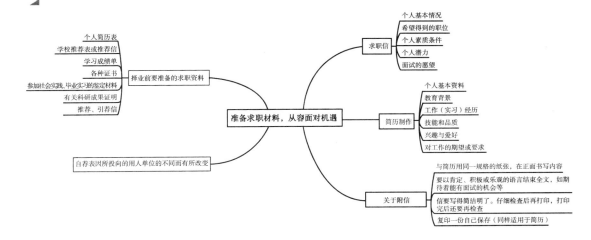

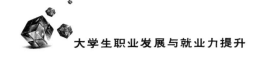

【案例导入】

一位青年去参加招聘面试，当他赶到时已经有20位求职者排在他的前面，于是他写了一张纸条，折好，托秘书交给老板，老板看后大笑，原来纸条上写着："先生，我排在队伍的21位，在您看到我之前，请不要做任何决定。"最后这位青年如愿以偿通过了面试。这位青年求职的成功从技巧方面讲，在于他新颖的创意，唤起了主考官的特别注意。能否引起招聘考官的注意，是走向成功的第一步，这一点对写求职信尤为重要，一些看似不经意的问题，有时却能起到意想不到的作用。

【理论链接】

在择业竞争中，决定胜败的因素很多，其中择业前有关资料的充分准备是非常重要的一步。求职资料不仅是求职信的重要补充，而且是毕业生综合实力、综合素质最具说服力的证明。有的毕业生把相关的求职资料装订成册，再加以简单的装饰，做成一份精巧的求职档案，给人一种耳目一新的感觉，值得借鉴。

一、择业前要准备的求职资料

择业前要准备的求职资料大体包括以下几项。

①个人简历表。这种表格设计各不相同，从要求上讲，以简单明了为好。主要内容应有：本人基本情况、主要经历、所学主要课程、个人特长、担任社会工作和取得的各种荣誉成绩等。表格上方要贴上一张一寸近照。

②学校推荐表或推荐信。一般由所在院系填写推荐意见，因为这是组织对你的全面评价，招聘单位一般是比较重视的。

③学习成绩单。这是反映毕业生大学期间学习成绩的证明，应由学校教务部门填写、盖章。

④各种证书，如毕业证书，学位证书，外语、计算机、会计等级证书，获得的各种荣誉称号证书，获奖学金以及各类竞赛的证书等。

⑤参加社会实践、毕业实习的鉴定材料。

⑥有关科研成果证明，在报刊发表的文章（数量较多的可选有代表性的附上）。

⑦推荐、引荐信。如果是通过老师或亲友介绍你去某个单位，最好带上一封推荐、引荐信。

重要提示：上述材料在择业前一定要准备好，参加"双选"活动时要带够。笔者经常发现有些毕业生进入"双选"会场后发现材料没带足，不得不排长队去打印，白白耽误了许多宝贵时间。

二、自荐表

在高校毕业生填制自荐表的现场，常见部分同学从复印室里抱着大叠厚厚的自荐表满意地走了出来。显然是准备向那些自己中意的公司各投一份。然而，这种一式多份的自荐表实在不妥，自荐表也该因所投向的用人单位的不同而有所改变。自荐表是毕业生向用人单位自我展示、自我推销的手段和形式，同时更是向用人单位说明自己符合其要求、胜任其工作的有效形式，因为一个单位绝不会接收一个不符合自己单位需要、不能胜任本单位工作的人。这就客观上要求毕业生必须根据自身条件、用人单位的要求精心制作一份既美观又实用的自荐表。

第一，每一个高校毕业生，自小学到中学再到大学，已有十多年的读书经历，相对来说，他们所具有的优点和长处以及在各方所具有的能力在自荐表仅有一两页的情况下未必都能详细罗列。这就要求毕业生在填写自荐表时，必须进行适当筛选：该填哪些，不该填哪些；该详细列举，还是该概括说明等。

第二，自荐表一般要分别投递向不同性质、不同专业的用人单位。这些单位都会根据自己的专业志向、实际情况对所需人才有着不同的要求。比如报社里需要编辑人才，便会在文字能力方面有特殊要求；某企业需要业务秘书，便会在政治素质和组织能力方面特别在意；而某高校需要从教人员，又会在文化素质方面有特别要求。因此，自荐表内容要根据不同的投递公司内容各有侧重，突出优势。

三、求职信

求职信力求简洁，如果资料较多，确实较长，可以借鉴报纸或杂志的编排手法，通过设小标题、分设不同字体、分段、空行等使全部内容版块清晰、脉络分明、主旨突出、易于把握重点。否则，密密麻麻、乱糟糟的一大片令人难以阅读。能够让人事主管人员认真审阅你的求职信，你就向成功又迈进了一步。

（一）求职信的写作

"求职信"属书信式自荐材料，又称"应聘书""自荐信"，它主要表述毕业生的主观愿望与专业特长。求职信常以突出的个人特征与求职意向而打动招聘者。求职信带有一定的主观性质，行文时可以带有一定的感情色彩，但也不可无限夸张、矫揉造作。这种形式的自荐材料既可以针对大部分用人单位，也可以具体针对某用人单位，甚至具体针对某个关键人物。书信式自荐材料的特点在于以情动人，优美的言辞、真挚的情感，再加上丰富的内容，会让用人单位或领导对你刮目相看。

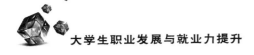

1．求职信的基本内容

求职信是求职者把自己的信息传送给用人单位的重要途径，一封标准的求职信应当具备以下方面的内容。

（1）个人基本情况

如果你的求职信和简历同时出现，那你的个人基本情况就基本上可以省略了。现在的求职实践基本都是这样的。如果你想写一封单独的求职信，可以在上文提到的简历基本内容中加以选择，同时注意用适当的语言把它们连贯起来。

（2）希望得到的职位

用人单位在招聘时，往往同时招聘多个职业岗位的人员，因此，在求职信中必须说明自己想应聘的岗位。为了提高求职的成功率，在讲清自己想得到哪一种职位后，还可以表示除某岗位外，愿意接受其他什么工作，以拓宽求职范围，增加成功的概率。

（3）个人素质条件

个人素质条件与能胜任的职位是求职信最重要的部分。其写作要诀是让招聘单位感到该求职者具有胜任某种职位的素质。个人的素质条件可以分为四个方面：一是学历层次和所读的专业、学习的课程、具备的技能及持有的与需求职位相关的证书等；二是个人的性格、能力、特长；三是在相同或相似岗位上工作过、实习过的经历；四是取得的工作业绩，如发明、成果、专利等。

（4）个人潜力

这是求职信中最具个人特色的部分，也是最能引起招聘单位注意和好感的部分。在求职信的内容大同小异的情况下，要想在众多的求职者中脱颖而出，应主要通过这部分内容来打动招聘方。

（5）面试的愿望

在求职信的结尾部分，应表示出希望能有一个面试机会的愿望，并写清联系的多种方式：一是详细通信地址，一定要写明邮政编码；二是电话号码，如果是家庭电话还应说明白天是否有人接电话；三是手机号码；四是电子信箱。写清多种联系方式的目的，是让招聘单位感到求职者真切的求职愿望，也为对方提供了联系的方便。

2．求职信撰写要点

从内容结构上来讲，求职信一般由四部分构成，即开头、主体、结尾和落款。开头部分，包括称呼和引言。称呼一般不直呼×××同志，而是称呼其职务、职称或头衔。如果对象身份不清，则可用"尊敬的领导"一语代替。引言作用有两点：一是吸引企事业负责人看完材料，二是引导对方进入你所设计的主题而不感到突兀。所以，开头虽然简单，要写好它却不容易。主体部分是自荐信的重点，一般来说，这部分主要简述学业基本情况、个人综合素质、个人的特长优势，并且申述求职动机和附带说明对未来的设想等。最后一个部分是结语。结语要令人难忘，记忆深刻。这部分可以恰当地表达求职的迫切心情，恰当地恳请用人单位考虑你的求职要求。当然，最后落款要写清姓名和日期。

在撰写求职信时应当注意以下几点。

（1）实事求是，扬长避短

诚实，是每个招聘单位、每个招聘者都重视的。求职信应该实事求是，扬长避短。在求职信中，对自己的优点应充分展示，但绝不要说大话、假话，不能让人感到是自我吹嘘，最好的办法是用具体的事实和成绩恰如其分地介绍自己，不用华而不实的辞藻。例如，可以说明自己从事过什么工作、担任过什么职务、组织过什么活动、取得过什么业绩，让招聘者从事实中感到该求职者有组织、管理能力，而不要在求职信上出现"有很高的组织能力"之类空洞的自我表扬性言辞。又如，求职者可以介绍自己利用业余时间又进修了什么课程、取得了哪些证书，但不要使用"有远大理想""好学上进"之类的修饰语，要让招聘单位从你摆出的事实中得到结论。

对自己的缺点、弱点当然不必写，但不能用与此缺点相反的优点来欺骗招聘单位。

（2）文字简练，突出重点

求职信要求简洁明快，清楚准确。简洁是指文字上的不浪费和表述的精简，用尽量少的文字，表达最丰富的内容。准确是指用词的恰当和表意的精确。固定的内容要记述准确，一些提法要符合规范和实际。譬如"大学三年"就是"大学三年"，说"我的前半生"就显得夸大，与事实不符；"省优干"不能随便说成"优干"，这样就漏掉了级别，对择业不利。同时求职信还要重点突出，安排有序。一些项目的具体细节，有重有轻，有主有次，如何安排要十分讲究，以便能够做到重点突出，安排有序。特长爱好要重点突出，容易给人留下深刻的印象。篇幅过长的求职信，容易让对方厌烦；过短的求职信，会让招聘者感到求职者心意不诚。因此，求职信的篇幅以千字左右为宜。

此外，关于重点突出还要注意的是要对自己的知识、技术、能力、特长、个性、经验有所取舍，主要内容应当写自己从事某岗位工作的条件和潜力，与职位无关的内容不要写。例如，谋求档案管理员岗位时，在求职信中就不应表现"活泼好动、性格开朗、能歌善舞"，因为这些特点与档案管理工作的要求相悖，使招聘方认为求职者不适合这个岗位。

（3）逻辑严密、结构清晰

求职信包括毕业生的基本情况、学业成绩与知识结构、社会实践与科研成果、获奖情况等，尤其是对单位的兴趣等许多内容。每个部分的内容都要注意结构合理、布局清晰，能给人思路清晰、章法严谨、引人注目的感觉，要注意逻辑规律。

（4）针对性强

求职信针对某个用人单位的岗位及其情况而写比泛泛而写的效果要好。信中的内容最好有对该用人单位和需求岗位的描述，即使这是该单位招聘广告说过的情况，也会让对方产生亲切感。你的求职信要富有个性才能吸引人，个性的形成主要依赖于材料本身，当然写作的个性化也是形成个性的重要因素。因此，在自荐材料的撰写过程中，一定要用自己

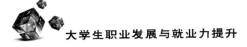
的语言风格进行表述，切不可模仿他人，照抄照搬，那样做的结果只能是千人一面，给人印象平庸、呆板，不能引起用人单位的注意。

（5）语言考究，避免反感

求职信有三忌，我们在求职中应该避免。一忌抬高身价，如"现有几家公司与我联系聘用问题，所以请贵公司从速答复"，这很容易使招聘者认为你心不诚，甚至是用别的单位来压本单位。二忌为对方规定义务，如信中说"本人愿应聘贵公司的推销员，盼望得到贵公司的考虑和尊重"，这里的"尊重"二字，易使对方反感，它有"不聘我就是对我不尊重"之嫌。三忌限定时间，如"本人将赴外地探亲，敬请×月×日前复信或回电为盼"。文字貌似客气，但限定了联系时间，还指定了联系方式，有咄咄逼人的味道，这往往会起反作用。

（6）文字流畅，字迹整洁

招聘单位读求职信，可以说是对应聘者的第一次"考核"，可能形成对其的第一印象，成为招聘初期筛选的主要依据。因此，求职信应当做到语言通顺、文字流畅、段落分明字迹整洁，让招聘者感觉舒服。

如果求职信字迹潦草、杂乱无章，必然面临被淘汰的结果；字迹清楚、书写整洁则是写好求职信的基本要求。能写一手好字，亲笔书写求职信，正是求职者展示自己文化素养的好机会。如果求职者的字写得不好，则应当打印求职信并使用一些排版技巧。

（7）涉外单位，使用外文

到外资企业、合资企业求职，最好用中文、外文各写一份求职信。外文求职信的撰写，可以参考有关书籍。如果出现遣词造句的错误甚至拼写错误，会弄巧成拙，影响录用。所以写完求职信之后，最好请专业人士把把关。

（二）中文求职信范例

尊敬的××先生/女士：

您好！请恕打扰。我是一名刚刚从××职业院校财务管理专业毕业的大学生，申请贵单位的会计职位。

很荣幸有机会向您呈上我的个人资料。在投身社会之际，为了找到符合自己专业和兴趣的工作，更好地发挥自己的才能，实现自己的人生价值，谨向各位领导做一下自我推荐。现将自己的情况简要介绍如下。

作为一名会计学专业的大学生，我热爱我的专业，并为其投入了巨大的热情和精力。在三年的学习生活中，我所学习的内容包括了从会计学的基础知识到运用等许多方面。通过对这些知识的学习，我对这一领域的相关知识有了一定程度的理解和掌握，此专业是一种工具，而利用此工具的能力是最重要的，在与课程同步进行的各种相关实践和实习中，我具有了一定的实际操作能力和技术。在学校工作中，我加强锻炼处世能力，学习管理知识，吸收管理经验。

我知道计算机和网络是将来的必备工具，在学好本专业知识的前提下，我对计算机产生了浓厚的兴趣，并阅读了大量有关书籍，学习了 Windows、金蝶财务、用友财务等系统、应用软件和 C、Java 等程序语言。

我正处于人生中精力充沛的时期，渴望在更广阔的天地里展露自己的才能，我不满足于现有的知识水平，期望在实践中得到锻炼和提高，因此我希望能够加入贵单位。我会踏踏实实地做好自己的工作，竭尽全力地在工作中取得好的成绩。我相信经过自己的勤奋和努力，一定会作出应有的贡献。

感谢您在百忙之中所给予我的关注，愿贵单位在事业上蒸蒸日上，屡创佳绩！祝您的事业百尺竿头，更进一步！

希望各位领导能够对我予以考虑，我热切期盼你们的回音。谢谢！

此致

敬礼！

×××

××年×月×日

【交流与讨论】

1. 求职信应该包括哪些内容？

2. 说说在写作求职信时需要注意什么？

四、简历制作

简历是一项系统工作，它不仅仅是个人情况的直接反映，还考验了求职者的文字功底、审美倾向、个人习惯等因素，以及在这些因素背后潜在的职业素质。简历的主要内容应有：本人自然情况，包括姓名、性别、出生年月、民族、政治面貌、籍贯、毕业学校、院系、主修专业、辅修专业、学历、学位、外语水平、计算机水平、毕业时间、身体状况、特长等；主要经历（从高中写起）；从事的社会工作、组织的活动、担任的职务；社会实践、生产实习、科研经历和成果；受奖励情况及对工作的期望或要求等。

（一）简历的写作技巧

下面分几个方面来介绍简历的写作技巧。

1. 个人基本资料

一般包括姓名、性别、年龄、籍贯、政治面貌和生理状况（如身高或健康状况）等信息，这些信息都是最为基本的。

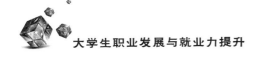

2．教育背景

招聘人员通常对应聘者受教育情况和考试成绩很感兴趣。在这部分中要概述你就读的大学、专业及学位情况。列出你所学的科目，把重点放在与申请的工作有特殊关系的科目上。在教育背景中要写上相关课程，但千万不要为了拼凑篇幅，把所有的课程一股脑儿地都写上。

3．工作（实习）经历

这部分内容根据个人情况的不同相差很大。有较多工作经验的学生或兼职人员比只有短暂的上学期间或假期实习工作经历的大学生可以填写的内容要多。应届毕业大学生一般没有过多的工作经历，应将社会工作细节放在工作经历中，这样会填补工作经验少的缺陷。例如，在做团支书、班长等学生干部时组织过什么活动、联系过什么活动、参与过什么活动，都可以一一罗列。如果只做过一件事，那就尽量写详细一些，如领导过多少人，完成了什么事，起到了什么作用。如果做了较多的事，一件事写一行字就可以了。

4．技能和品质

现在，许多招聘单位对招聘员工的专业技术和工作态度有特别的要求，而且这种现象越来越普遍。应聘者可以罗列一些与求职目标相关的工作技能和工作业绩，并说明自己是怎样克服困难、完成这些工作的，很多用人单位都对这些感兴趣。

5．兴趣与爱好

兴趣与爱好，在很多时候二者其实反映的是一回事。人的兴趣与爱好可能有很多，认真考虑一下在简历中写上哪些内容会对找到工作有帮助。建议选择与求职目标有最大关系的两三样，谨防言多必失。

6．对工作的期望或要求

有的就业指导书籍不主张在简历中体现对工作的期望和要求，但简短的、合理的要求会使你的目标单位得出以下结论：你在一定程度上了解这份工作的要求，并且对获得这份工作表现出了很强的愿望。要多提与工作有关的要求，而不是薪水、休假之类的要求。

除了上面的信息，还有一些内容是可以自主决定的。自主决定是否填写的信息主要是指那些能证明你比其他应聘者更适合这份工作的信息和经历。

（二）简历的类型

不同形式的简历让你有机会强调自己的优点，简要介绍其他特点或避而不谈其他方面可使简历中的个人特点得以凸显。

1．时序型

这是一种写简历的传统方法，根据你的爱好可有所变化。它的重点是介绍到目前为止你所接受的教育和工作经历，其优点是：它是多数工作的"成衣"，以常见的形式为多数雇主提供所有信息；缺点是：在竞争中它显得不是很突出，不能强调你能满足一些工作要求的技术和个性。时序型简历举例见表 8 - 1。

表 8 - 1 时序型简历举例

求职意向：与建筑设计相关			
姓名：王××	性别：男	出生年月：2003 年 10 月	照片
籍贯：广东	民族：汉	政治面貌：中共党员	
毕业学校：广东建设职业技术学院		所学专业：建筑设计	
家庭住址：广州市白云区××路邮编：510000			
联系电话：130××××××		邮箱×××××@163.com	
教育背景	××年至××年	广东建设职业技术学院	
	××年至××年	广州××高级中学	
	××年至××年	广州××初级中学	
主修课程	力学、材料力学、工程测量、土木工程施工、计算机辅助工程制图（CAD）、3dmax、高等数学、理论力学建筑构造、专业外语、素描、色彩等		
证书及获奖情况	2019 年取得计算机三级（数据库技术）证书 2020 取得 AutoCAD 工程制图证书、英语三级证书 2021 年取得 C 语言程序设计证书、QBASIC 语言证书		
社会实践	2022 年利用假期时间在××工程公司进行 BIM 技术应用调研 2022 年做社区义工		
自我评价	性格开朗，爱好广泛，做事踏实，积极主动，能吃苦耐劳，自觉自律，待人真诚，善于与他人相处，有很强的责任感和事业心		
学校推荐意见	情况属实 单位公章		

2. 功能型简历

这是一种不太常用但往往很有效的简历。它强调你的资历与能力，并对你的专长和优势加以一定的分析和说明。工作技能与专长是功能型简历的核心内容。一份功能型简历一般包括目的、成绩、能力、工作经历以及学历等几部分。

你可根据自己的实际情况选择使用功能型简历，它一般适用于：你的部分工作经历及技能与求职目的无关；你只想突出那些与应聘职务相关的内容；你是一个应届毕业生、退

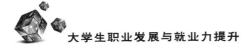

伍军人或者你正想改行；你的工作经历有中断，或存在特殊问题。

3．专业型简历

这是一种将重点放在专业要求的学术资历上的简历类型。专业型简历举例见表 8 − 2，一份专业型简历要注意四个核心原则。

真实性。简历是给企业的第一张"名片"，不可以撒谎，更不可以掺假，但可以进行优化处理。

针对性。做简历时可以事先结合职业规划确定出自己的求职目标，做出有针对性的版本。

价值性。把最有价值的内容放在简历中，简历中尽量提供能够证明自己工作业绩的量化数据，最好还可以提供能够提高职业含金量的成功经历。

条理性。将公司可能雇佣你的理由用自己过去的经历有条理地表达出来。

表 8 − 2　专业型简历举例

吴×× 求职意向：互联网 IT 职位 现居地：深圳市萝岗区 出生年月：2004 年 8 月 电话：136×××××××邮箱：×××××××××@ qq. com 工作年限：0
教育背景 2019. 9—2022. 6 深圳××职业技术学院 主修课程 网站开发课程：网页设计、网站 UI 设计、微信小程序开发、Web 项目应用、企业级网站开发与部署 系统运维课程：Windows 操作系统服务器管理、Linux 操作系统服务器管理、Linux 操作系统定制、自动化运维、Linux 企业级应用、容器技术与应用
校园实践 2020. 07—2021. 08 负责网络维护 工作描述 1. 负责会议室的网络接口绑定 MAC 地址使用 802. 1X 协议来实现限制计算机的功能； 2. 完成计算机系 Java 程序开发，测试，维护； 3. 负责本校里构注册功能，采用 jQuery、validator 插件进行校验，Ajax 异步获取数据

个人技能
1. 语言能力：普通话优秀，英语水平：CET4/6；
2. 具有面向对象思想，扎实的编程功底以及良好的编码习惯；
3. 熟练应用 Struts + Hibernate、SSH2 框架和 MVC 三层架构开发模式；
4. 熟练 Oracle 数据库的操作，能够编写存储过程，熟悉 Mysql 和 SqlServer 数据库
5. 熟练 Tomcat 服务器的部署及应用；
6. 熟悉版本管理器 SVN；
7. 熟练使用 Jsp、HTML、JavaScript、jQuery、Ajax、Css 等 WEB 客户端技术；
8. 了解设计模式，代码重构和项目过程管理，能够编写文档

自我评价
我身体健康，性格温和，不怕苦不怕累，两年多的程序员生活锻炼了我坚强的意志，强化了我的思维，以及培养出强大的抗压性使我做事有耐心，并且乐于学习新知识，在工作中人们常常需要懂得团队合作的优秀品质，而我恰好拥有团队合作精神，对工作认真负责

4. 业绩型简历

业绩型简历强调的是求职者在以前的工作中取得过什么成绩、业绩。一份业绩型简历一般包括目的、成绩、资历、技能、工作经历以及学历等。业绩型简历举例见表 8 - 3。

表 8 - 3　业绩型简历举例

姓名：××	政治面貌：预备党员	照片
学历：大专	毕业院校：北京××职业学院	
专业：电子商务	专业证书：助理电子商务师、英语 B 级、通用管理能力初级	
联系方式：132××××××××	E-mail：×××. com	
教育背景	2019.9—2022.7 就读于北京××职业学院，主修电子商务，专业主修课程有：电子商务、管理学基础、企业网站建设、网络营销等 2020—2021 学年参加院业余党校第五期党课培训 2021—2022 学年任学院第八期党课学习班长，参加学院业余党校第八期党课学习	
奖励	2019—2020 学年荣获院二等奖学金 2020—2021 学年在院级专业知识竞赛中荣获第三名 2020—2021 学年荣获院第五期党课"优秀学员"称号 2021—2022 学年荣获院一等奖学金 2021—2022 学年荣获院"优秀团员"称号 2021—2022 学年荣获院社会实践"十佳个人"	

续表

任职情况	2020—2021 学年担任第八期业余党课学习班长 2020—2021 学年担任系团总支宣传部部长 2021—2022 学年担任班长
工作及实践	2020—2021 学年暑假赴广西社会主义新农村建设考察 2020—2021 学年寒假赴昌平参加与秦家屯大队的联谊活动 2022 学年组织并策划了赴河南社会福利中心的慰问活动 2022 学年在密云烟草公司从事销售工作
自我评价	本人思想积极，要求进步，有上进心，积极参加各项活动；工作认真，责任心强；有吃苦耐劳精神，有团队精神，善于组织协调，乐于助人；在工作中锻炼了自己，磨砺了自己，提高了自己的积极性、主动性，我会以"尽心尽力尽职尽责"的原则做好每一件事；能够熟练使用 Office 办公软件，能独立设计并完成小型数据库（Access）建设，能独立完成中小企业网站建设

（三）简历外观设计

在求职过程中招聘方对应聘方的第一印象很重要。在某种程度上，简历就代表了求职者。写一份合理的简历，内容很重要，但外观设计也同样不可忽视。合理的简历外观应该具备以下几点要求。

1．简洁

简历是一块敲门砖，它最主要的目的是为你争取面试的机会。因此，简历一定要简洁，把最能打动招聘单位的信息放在前面的显著位置。

2．清晰

要确保招聘者扫一眼就能找到他们需要的信息。要使用简单清晰的语言，不要说些高深莫测的话。要保证你选择的字体易看清，易复写。字号大小要适中，标题和姓名可以用稍大字号突出。

3．整体布局合理

要注意各部分之间的布局关系，要做到条目清晰，如何在几张纸上把这些内容很好地反映出来，又能让招聘者很容易获取主要信息，这就需要你在布局和排序上下功夫。在布局上有一些原则，比如先主后次、纵横结合、学会利用分栏、表格、框体、阴影等编辑手段。

4．纸质优良

使用优质纸张，用激光打印机打印，尽量不要用复印件。不同的招聘单位对招聘简历格式有不同的偏好，但是大多数招聘单位都不喜欢格式花哨、字迹不清的纸张。一般而言，不要选用颜色鲜亮的纸尤其是荧光纸制作简历，除非你准备申请的是高级媒体或设计工作，因为这样的工作的招聘者会要求看到应聘者对待事物别出心裁的方面。

（四）需要注意的问题

1．态度要认真

一份高质量的简历，要经过多次的修改和打磨。对刚刚毕业的应届毕业生而言，一份高水准的简历显得尤为重要。

2．设计与众不同的封面

如何使你的求职信在一大堆材料中惹人注目呢？自荐材料封页的作用不可小视，一个经过设计与众不同的封面会使人目光为之一振。

3．校对拼写、语法错误

现在文字处理软件都有拼写检查（spelling check），实在没有理由拼错，否则用人单位会觉得应聘者连最基本的检查都不去做，因此这是完全不能容许犯的错误。小心相近字，这是拼写检查查不出的错误，同时避免明显的语法错误。可以请同学、朋友或老师帮忙看一下，一是从拼写、语法、句式等方面保证无错误；二是从构思的角度看，有没有更合适、更恰当的表达方式。注意一定要先把简历打印出来，反复仔细阅读，这样可能会发现一些在计算机上没有发现的错误。要多次修改，确保不要出现任何拼写、语法、标点或者打印错误。

4．注意"留白"

空白还具有很强的功能性。例如，在合适的位置留一段空白，这样筛选者可以在空白处做批示、记录。

5．重复你的名字

可以在每一页的适当位置署上自己的姓名。这主要是因为在实际中，简历筛选人员往往为了使筛选工作更易进行，会把你的简历拆开来，如把附信和附件拆掉，所以要确保每一页上都有你的名字（可注在页眉或页脚处），这样做还有一个好处就是可以帮助面试考官记住你的名字。

6．中学情况不要写太多

有的人中学经历特别辉煌，做过学生会主席，当过团支部书记，学习成绩也名列前茅，但一般作用不大。但如果你在中学时得过国际奥林匹克比赛大奖或全国性的大奖，可以在简历中提及。

7．切忌千篇一律

在每年的高校毕业生中，简历千篇一律的情况经常发生，当用人单位负责人看到两份相同的简历的时候，会非常反感，认为这些应聘者没有用心去做简历。

8．关于手写简历的问题

现在有一些单位希望看到求职者使用手写的简历，因为他们越来越发现"字如其人"在工作中的意义。但是并不建议大家采用手写简历，除非你的硬笔书法水平过硬，否则尽

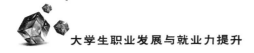

量不要手写。

9．关于附信

在简历的扉页上写一封简短的附信，是一些求职者的习惯。这封信将给招聘人员留下好印象，因此写好它非常重要。

附信需要注意的内容如下：

①与简历用同一规格的纸张，在正面书写内容；

②要以肯定、积极或乐观的语言结束全文，如期待着能有面试的机会等；

③信要写得简洁明了，仔细检查后再打印，打印完后还要再检查；

④复印一份自己保存（同样适用于简历）。

**【知识窗】**

成就动人简历的十二项原则

简历是一份非常重要的自我推销文件，目的在于争取面试机会，要达到这个目的，就得说服用人单位负责人，让对方知道你具有什么条件。你可能要与几百个甚至几千个应聘者竞争，所以必须设法展现自己的才能，瞬间抓住未来雇主的注意力，出奇制胜。在招聘者的挑选过程中，简历是你唯一能够全权控制的部分，至于写出来的简历如何，则与你所做的准备工作成正比。你会发现若要写出"制胜"文件则需要意见和指导，因此让我们先来看看使简历动人的几项基本原则。

（1）内容资料要简单扼要。

（2）避免咬文嚼字以及令人难以理解的措词。

（3）用第三人称的立场写作（仿佛描述另一个人），如此你便可以强调自己的成就，又不会显得自吹自擂。这是最标准的引荐方式，也能增强内容的权威性。

（4）不要只列出过去的职责——要强调你如何做出成果。例如，拉到新的客户、控制预算、节省开支、引进新理念（要显示出你的与众不同）。用精准的事实和数据把成就具体列清楚。譬如说，"使销售额提高了25%"远比"大大提高了销售额"好得多。

（5）采用文字处理机创造专业形象，并设计一份文件格式，可以适用于特定的申请之用。

（6）采用质优白纸，因此色纸影印的效果很差（简历经常会被影印成许多副本，在公司里流传）。基于同样理由，也不要把简历订成一份。

（7）采用效果良好的打印机，如果你提交的是影印本，那么复印效果要很好。这点绝对不要随便将就，必要的话，可以找家印刷公司打印。

（8）需要强调的部分采用粗体字，但是不要用太多花哨的字体或斜体字，因为会分散对方对于重点信息的注意力。

（9）版面设计必须吸引人而且容易阅读，包括一般内文以及特别框示起来的文字。

（10）采用强而有力的字眼显示你如何取得成果。

（11）最多以两页为限，并且一定要把重点写在第一页。

（12）要积极争取，但不要撒谎。一旦你获准面试或者需要接受测试，便很容易露出马脚。

【交流与讨论】

阅读下面的案例，分析该毕业生所写的个人简历是否恰当，并说明原因。

个人简历

姓名：沈××

性别：男

年龄：26

健康状况：良好

政治面貌：中共党员

籍贯：四川省××市

家庭背景：职工家庭

所学专业：市场营销

学历：专科毕业

院校：××职业技术学院

联系电话：18080××××

地址：××市××××

求职意向：产品营销、活动策划、市场调查等方面工作

主修课程：商务谈判、大学英语、调查统计学、现代商业经济学

个人技能：先后自学并掌握了产品促销、零售学、市场调查等方面的知识

计算机水平：熟练使用计算机，掌握 Photoshop 图像处理软件的使用

荣誉证书：外语优秀证书、驾驶证、优秀大学生荣誉证书、一等奖学金等

社会实践：

2022 年 7 月，××公司，业务员实习 2 个月（获得实习证明）；

2022 年 10 月，××超市，临时促销员 15 天；

2023 年 3 月，××投资公司，理财顾问，实习 1 个月（获实习证明）

自我评价：

缺点：嫉妒心强、做事情不能持之以恒

优点：活泼开朗、乐观向上、适应力强、上手快、勤奋好学、脚踏实地、认真负责、吃苦耐劳、勇于迎接新挑战；有较强的组织能力和活动策划能力；有较强的语言表达能力，文笔流畅；有很强的团队合作能力

兴趣爱好：羽毛球，游泳，长跑；擅长文章写作

小结：我认为我是一个有责任心、有理想的青年，对自己所要追求的理想，一刻未曾停止。希望凭借我的实力及真诚，成为企业的一员。我会运用我的理论知识，为公司创造更多的价值

提示：整个简历看上去没有什么大问题，但仔细一看还是存在多处漏洞。首先，求职

意向不明确，列举了产品营销、活动策划、市场调查等多种意向。其次，该简历存在"注水"现象。比如，熟练使用计算机、有很强的团队合作能力，这些都需要提供证据来支持，不是说说就了事。再次，用词欠妥。用人单位比较反感简历中写一些比较主观的词语。比如，小结中的"我认为……"，这样的语言容易给用人单位留下自负的印象。最后，自我认为过于乐观。在自我评价中，列举了大量自己的优点，而缺点几乎是一笔带过，不够全面，这样容易在以后的求职过程中出糗。

五、简历和求职信附件

简历和求职信还有一点是相同的，那就是它们一般都带有附件。因为无论是简历，还是求职信，它们的篇幅都有限，附件则可以达到补充内容和为个人实力提供证明的作用。我们排除简历和求职信互为附件的情况，附件可以包括以下几类。

（1）学习成绩单

这是反映毕业生大学学习成绩的证明，用人单位一般是非常重视的，应由各院系教学部门填写、盖章。

（2）推荐信

推荐信一般包括毕业学校以统一格式印发的推荐材料；老师或社会名人以个人名义向用人单位做出的推荐，这类推荐信在国外是比较常用的。学校印发的推荐表或推荐信，一般由学生所在院系填写推荐意见，因为是组织对你的全面评价，招聘单位一般是比较重视的。

（3）证书

证书包括学历证书、专业培训证书、职业资格证书等，如外语、计算机等级证书，各种荣誉证书，奖学金、各类竞赛的证书，驾照和其他能说明个人能力水平的证书。

（4）作品

作品一般情况下是个人发表的文章、发明的专利、创作的艺术类作品等，还有你的相关科研成果证明。这些作品一般在应聘专业性很强的职位时是非常有价值的，在应聘一般工作时也会起到意想不到的效果。

 【榜样力量】

永远 30 岁的脱贫之花黄文秀

在刚刚过去的这个春节，广西百色市乐业县新化镇百坭村的老百姓们，按照当地习俗缅怀了一个离世时不过 30 岁的姑娘，她就是百坭村原第一书记黄文秀。

2019 年 6 月 16 日，在回村部署抗洪途中遭遇不幸的她，迄今依旧留在当地人深刻的记忆中，似乎她从未离去。以至于当灿烂金黄的砂糖橘挂满枝头，又一箱箱运往外地时，百坭村人在为这片丰收景象感到欣喜时，都不免会感慨：这是文秀书记带领我们发展的砂糖橘！

斯人已逝，但那个自 2018 年 3 月来到百坭村的忙碌身影，却不会被忘记。她带领群众摸索到了适合本村发展的产业——种植砂糖橘、八角、杉木等，目前种植产业已经成为百坭村的支柱产业和群众脱贫致富的主要来源。在她的努力下，百坭村实现了贫困户户户有产业，村集体经济项目翻倍增收。2019 年，百坭村实现整村脱贫。2020 年底，百坭村所有贫困户脱贫摘帽。

"有些人从山里走了，就不再回来；你从城里回来，却再没有离开。来的时候惴惴，怕自己不够勇敢；走的时候匆匆，留下最美的韶华。百色的大山，你是最美的朝霞；脱贫的战场，你是醒目的黄花。"《感动中国 2019 年度人物》给黄文秀的颁奖词如是说。

仅用两个月遍访贫困户

作为毕业于北京师范大学法学专业的硕士研究生，黄文秀来到百坭村的做法，一度让很多人不理解。

"你是大城市的研究生，怎么会来这么偏远的农村工作？"这种问题在她初来乍到时经常遇到。黄文秀的回答不容置疑："百色是我的家乡，更是全国脱贫攻坚的主战场之一，作为一名党员，我有什么理由不回来呢？"

黄文秀出生于百色市田阳县巴别乡，这里也是一个偏远乡村。从小就深切感受到贫困人口生活不易的她，心中始终有一个愿望：为贫困的父老乡亲们做些事情，为改变家乡落后面貌贡献力量。

这样的决心历久弥坚，促使她在 2016 年毕业后作为选调生回到百色，继而主动请缨到基层历练，于 2018 年初以驻村第一书记的身份来到了百坭村。

彼时，百坭村群山环绕，交通、地理条件都很差，产业基础薄弱，470 余户人家中有不少贫困户，贫困发生率达 22.88%。

交通不便，11 个自然屯仍有 5 个屯出行困难，且贫困户分散在不同的山头，这对于想要掌握全村贫困户详细情况的她来说，无疑是困难的。

"越是困难，越要敢于挑战自我。"黄文秀这样勉励自己。

在两个月的时间里，无论刮风下雨，她都会挨家挨户上门走访，山路泥泞，她一脚深一脚浅的步履不会停止；贫困户不愿意她进门，她就一次、两次、三次地去，直到对方接受她；有时候，遇上贫困户去田里不在家，她也不客气，直接再赶到田间，一边帮忙干农活一边了解情况。

慢慢地，村民们对这个真诚且有着一身干劲的姑娘越来越熟悉，开始从心里接受她。黄文秀也逐渐有了一本关于全村贫困户的"账本"：百坭村共有 472 户 2 068 人，建档立卡贫困户 195 户 883 人，2017 年未脱贫为 154 户 691 人，因学致贫和因残、因病致贫占比最高。

驻村一年，黄文秀把全村所有的贫困户遍访了一遍又一遍。韦乃情回忆说，仅2018年，黄文秀就到她家里探望了十多次，帮扶她家种上20亩油茶，并为她协调解决了养老补贴、医疗报销等问题。

从黄文秀的文章里可以看出她彼时斗志昂扬的积极状态："在我驻村满一年的那天，我的汽车仪表盘的里程数正好增加了两万五千公里，我简单地发了一个朋友圈：'我心中的长征，驻村一周年愉快。'"

带领村民发展种植产业

在黄文秀担任百坭村第一书记1年又82天时，她已帮助全村88户418人脱贫，将贫困发生率从22.88%降到2.71%。因为，黄文秀和村两委干部一起带领群众摸索到了适合本村发展的产业——种植砂糖橘、八角、杉木等。

"群众要脱贫，增收是硬道理，村经济发展了，人民群众的收入提高了，驻村扶贫的作用才能充分体现出来。"黄文秀这样认为。

事实上，在黄文秀到来之前，百坭村已有种植砂糖橘的传统，但种植技术不行，又没销路，挣不了多少钱。黄文秀到村里开展工作后，带领村"两委"一班人外出考察学习、请技术专家到现场指导、挨家挨户宣传发动、要求党员带头示范种植。为打通市场销路，黄文秀还积极探索网上销售途径，建立起百坭村电商服务站。

经过努力，全村种植杉木从原来的8 000余亩发展到2万余亩，砂糖橘从1 000余亩发展到2 000余亩，八角从600余亩发展到1 800余亩。仅2018年，黄文秀就通过建立电商服务站，帮助全村群众销售砂糖橘4万多斤，销售额达22万元左右，为30多户贫困户创收，每户增收2 500元左右。

曾经的贫困户班统茂，如今已成为百坭村产业致富带头人，而他正是砂糖橘种植的受益人。"我家种了20多亩砂糖橘，去年亩产6 000多斤，每亩纯收入1万多元。"

不仅种植砂糖橘，班统茂还种植八角、油茶等，年收入也有近10万元。一家人由此过上了好日子，有了3层小楼，还买了一辆小汽车。

为了帮助村民把砂糖橘顺利运出去，黄文秀把修路这件事情也一直记挂在心上。在她牺牲半年后，连通11个屯、全长22公里的路终于建成通车了。

把村民当亲人的外乡人

心系扶贫事业，心系困难群众，黄文秀最不关心的反倒是自己。

在很多村民的记忆中，黄文秀生活非常简朴，却对村里的贫困户非常大方，每当贫困户有困难需要在经济上援助时，她都慷慨相助，还经常自掏腰包慰问村里的孤寡老人和留守儿童，对她们嘘寒问暖。

她还帮助考上大学的贫困生争取各项补助，让村里苦读多年的寒门学子获得上大学的机会。长沙屯黄仕京家的两个孩子都读了大学，一度因为经济困难而供养不起，正是黄文秀伸出援助之手，帮他解决了燃眉之急。

一心扑在脱贫攻坚事业上的她，加班加点是常事，"5＋2"、白加黑，连家人患病住院，黄文秀都没能时时在身边照顾。

就在出事的那一天，2019 年 6 月 16 日，她也是放弃了和父亲过节的机会，提早赶回百坭村组织干部群众开展防汛救灾，最后在途经凌云县时遭遇山洪失联，两天后被确认不幸牺牲。

噩耗传来，很多被黄文秀生前照顾过的乡亲们泪如雨下、泣不成声，对他们而言，黄文秀的离去，意味着永远失去了一位好女儿，一位好姐妹，一位真正把他们当亲人的外乡人。

黄文秀的父亲说："我为有这样的女儿感到欣慰，她为党的工作而牺牲，是党培养了她，她为党的事业作出贡献，我为她骄傲。"

——摘自新华网，2021 年 2 月 22 日

本章自我小结

【实践训练】

训练一：制作个人简历

根据个人的实际情况，按照标准求职简历的模式自制个人求职简历。

注意：1. 求职简历评价以内容结构、文字表达为主，避免华而不实。

2. 简历要实事求是，反映学生本人的真实情况。

3. 撰写简历一律用 A4 纸。

4. 将制作好的个人简历粘在本页空白处。

训练二：盘点你的就业资源

【训练参考】

大学生活是个人职业生涯的准备阶段。在大学阶段，学生们通过学业学习发展了自己的专业知识和职业技能，为将来的职业发展打下基础。在毕业准备求职时，盘点好大学生活和各种就业资源，为顺利就业做好铺垫。

一、大学生活盘点

1. 学业：学习了哪些专业知识、通用知识、专业能力。

2. 社会实践：参加了哪些实践活动、兼职、实习。

3. 技能掌握：掌握了哪些专业技能、通用技能。

4. 人脉：同学、师长、校友、亲戚、活动中结识的朋友。

二、职场通行证盘点

1. 职业资格证：从业资格、执业资格。

等级：初级、中级、高级、技师、高级技师。

目前，我国实行执业资格证书制度的职业主要有教师、律师、注册建筑师、注册会计师、监理工程师、造价工程师、执业药师、人力资源管理师、心理咨询师等。

2. 实习见习证书。

3. 计算机水平等级证书。

4. 英语等级证书。

【训练实操】

根据以上提示填写下表。

就业资源	目前所拥有的	尚需努力获得的
学历		
各种证书		
参与的重大活动		
社会实践		
实习经历		
专业技能		
人脉		
……		

盘点自己的就业资源后，你如何评价自己的求职胜算？

第九章　掌握面试技巧，提升职场形象

　　面试几乎是所有用人单位招录员工时都要采取的方式，有些招聘单位甚至在招聘现场就开始面试。面试是面试官与求职者之间第一次近距离直接交流，毕业生能不能顺利地得到自己心仪已久的工作，不仅取决于自身的实力，还要对面试有全方面的了解，做到知己知彼，才能百战不殆。

【学习目标】

1. 了解面试前需要准备的材料。
2. 熟练掌握面试礼仪规范。
3. 掌握面试技巧。

【名人名言】

不学礼，无以立。

——孔子

【本章思维导图】

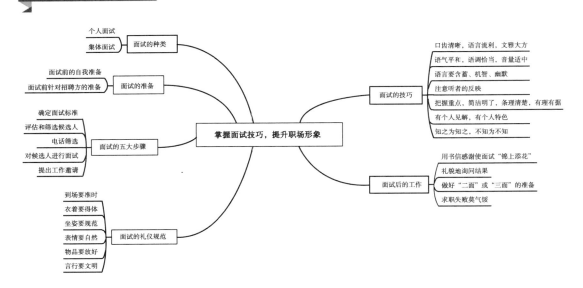

在北京某单位组织的一次面试中，主考官先后向两位应聘者提出了同样的问题："我们单位是全国数一数二的大公司，下面有很多子公司，凡被我公司录用的人员都要到基层去锻炼，基层的条件比较艰苦，你们有思想准备吗?"

应聘者小姜说："吃苦对我来说不成问题，因为我从小在农村长大，父亲早逝，母亲年迈，我很乐意到基层去。而且我认为，只有在基层才能够积累丰富的工作经验，为今后的发展打下基础。"应聘者小何说："到基层锻炼我认为很有必要，我会尽一切克服困难，好好工作。"

在面试的过程中，回答问题的技巧非常重要。对于相同的问题，不同的回答方式，结果是截然不同的。用人单位主要考察应聘者对问题本身的态度，进而了解对职业的态度。显而易见，小姜对到基层去工作的态度端正、诚恳，受到用人单位的赏识。小何思想上明显有顾虑，尽管这是人之常情，但面试时提出来就不合时宜。

同学们在做好充分的求职择业的准备工作后，就要进入大学生就业活动的核心部分——求职择业。求职择业是一项系统、复杂的活动，其核心部分就是笔试和面试。每个同学都是伴随着考试而成长的，考试并不可怕，充分准备、冷静应对，一定能展示自己最佳的一面，力争受到用人单位的青睐。

面试是求职择业的必经环节，也是求职择业成功与否的决定性环节。面试中存在着很多的不确定因素，因此，面试是整个求职过程中最为丰富的环节，也是最能表现个人真实实力的环节。可以说，把握好了面试就把握住了成功。

一、面试的种类

（一）个人面试

个人面试又称单独面试，指主考官与应聘者单独面谈，是面试中最常见的一种形式。单独面试又有两种情况，一是只有一个主考官负责整个面试的过程，这种面试大多在较小规模的单位录用较低职位人员时采用；二是由多位主考官参加整个面试过程，但每次均只与一位应聘者交谈。个人面试的优点是能够提供一个面对面的机会，让面试双方较深入地交流。一旦通过，一般可以参加小组面试。

经过小组面试和小组讨论，从中即可筛选出参加最终面试的应聘者。最终面试会再次采用个人面试。这时可能会有五六位考官，也许更多，他们中的任何人都可能提出各种各样的问题让应聘者来回答，有点像在校时的毕业论文答辩，但和毕业论文答辩又有所不同，毕业论文答辩的内容是在你准备的范围内略有拓展，而面试时你不知道面试官提出的问题会在哪个范围，属于"漫游"型问题；毕业答辩时面对的多数是熟悉的老师，而面试时，面对的全部是陌生的考官。面临这样的场面和气氛，必须事先做好心理准备，应试时才能沉着冷静、应答自如。

然而，无论哪种场合，个人面试所要谋求的都是尽可能地挖掘出应聘者的真实内涵，通过交谈，相互进行了解，要牢记自己的目的是要让对方接纳自己，这是应试者回答问题的出发点和根源所在。

（二）集体面试

集体面试主要用于考查应聘者的人际沟通能力、洞察与把握环境的能力、组织领导能力等。在集体面试中，通常要求应聘者做小组讨论，相互协作解决某一问题，或者让应聘者轮流担任领导主持会议、发表演说等，从而考查应聘者的组织能力和领导能力。

无领导小组讨论是最常见的一种集体面试法。众考官坐在离应聘者一定距离的地方，不参加提问或讨论，通过观察、倾听为应聘者进行评分，应聘者自由讨论主考官给定的讨论题目，这一题目一般取自拟任岗位的职务需要，或是现实生活中的热点问题，具有很强的岗位特殊性、情景逼真性和典型性及可操作性。

1．一次性面试与分阶段面试

一次性面试指用人单位对应试者的面试集中于一次进行。在一次性面试中，面试考官的阵容一般都比较"强大"，通常由用人单位人事部门负责人、业务部门负责人及人事测评专家组成。在一次性面试中，应聘者是否能面试过关，甚至是否被最终录用，就取决于这一次面试的表现。面对这类面试，应聘者必须集中所长，认真准备，全力以赴。

分阶段面试又可分为按序面试和分步面试两种。

按序面试一般分为初试、复试与综合评定三步。初试一般由用人单位的人事部门主持，将明显不合格者予以淘汰。初试合格者则进入复试。复试一般由用人部门主管主持，以考查应聘者的专业知识和业务技能为主，衡量应聘者是否适合拟任岗位。复试结束后，再由人事部门会同用人部门综合评定每位应聘者的成绩，确定最终合格人选。

分步面试一般是由用人单位的主管领导以及一般工作人员组成面试小组，按照小组成员的层次，由低到高，依次对应聘者进行面试。面试的内容依层次各有侧重，低层一般以考查专业及业务知识为主，中层以考查能力为主，高层则实施全面考查与最终把关，逐层淘汰筛选，越来越严。应聘者要对各层面试的要求做到心中有数，力争在每个层次均留下好印象。在低层次面试时，不可轻视、麻痹大意，在面对高层次面试时，也不必过度紧张。

2．常规面试与情景面试

常规面试就是我们日常见到的主考官和应聘者面对面，以问答形式为主的面试。主考官提出问题，应聘者根据主考官的提问作出回答，以展示自己的综合素质。在这种面试条件下，主考官处于主动提问的位置，根据应聘者对问题的回答以及应聘者的仪表仪态、身体语言、在面试过程中的情绪反应等对应试者的综合素质状况作出评价；应聘者一般是被动应答的姿态，不断地被面试官观察、询问、剖析、评价。

情景面试是面试形式发展的新趋势。情景面试突破了常规面试即主考官和应聘者一问一答的模式，引入了无领导小组讨论、公文处理、角色扮演、演讲、答辩、案例分析等人员甄选中的情景模拟方法。在这种面试形式下，面试的具体方法灵活多样，面试的模拟性、逼真性强，应聘者的才华能得到更充分、更全面的展现，主考官对应聘者的素质也能作出更全面、更深入、更准确的评价。

在情景面试中，应聘者应落落大方，自然和谐地进入情景，去除不安和焦灼的心理，只有这样，才能发挥出最佳效果。

3. 其他面试形式

会议面试，就是让应聘者参加会议，就会议的议题展开讨论、确定方案、得出结论。这种面试内容通常就某一具体案例进行分析处理，从中可以比较直观、具体、真实地展现其实际应用知识的水平和能力。会议面试主要考查应聘者分析问题、解决问题的能力，考查其知识水平、思维视野、分析判断、应用决策等素质。

二、面试的准备

面试的准备主要从两个方面着手，即自身和招聘方。

（一）面试前的自我准备

在面试之前，应聘者应该从语言表达、自我介绍和求职材料三个方面做准备。首先，注意语言表达能力的锻炼。对应聘者来说，流利自如、文雅幽默的谈吐是面试成功的必备条件。大学生平时就要有意识地加强语言表达能力的训练，逐渐养成与陌生人自如交谈的习惯。多参加集体活动和在课堂讨论时大胆发言，也有助于讲话能力的训练。

其次，要做好自我介绍。面试官往往以询问应聘者的有关情况作为面试的切入点。这个问题看似简单，其实不然。因为要在很短的时间内将自己较完整地介绍给陌生人并不是一件容易的事，而且还要简繁得当，谈吐流利。因此，面试前准备一个简短的自我介绍的腹稿是有必要的，以免在面试官出人意料的询问下手足无措。

最后，准备好自己的背景材料。包括求职信、简历、成绩单、获奖证书、推荐信、学校鉴定意见等，在面试中可以起到辅助作用。

（二）面试前针对招聘方的准备

俗话说："知彼知己，百战不殆。"针对招聘方做面试的准备，是很有必要的。一般来

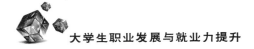

说，针对招聘方做的准备是建立在了解招聘方情况的基础之上的，大致有以下三个方面。

首先，要尽可能多地了解对方。面试官提问的出发点，往往与招聘单位有关。因此，面试前尽可能多地了解一些招聘单位的情况，对单位的性质、业务范围、发展情况等做到心中有数，才能有的放矢。另外，了解所应聘的工作岗位对知识技能的具体要求也有利于有针对性地展示自己的所长。

其次，预测对方可能提到的问题。招聘者在面谈时习惯提的问题有"你了解我们单位吗""谈谈你的情况好吗""你为什么想来我们这儿工作""你对我们这个行业的发展做过什么预测""你对我们单位的规章制度和人事制度有什么看法""你的人际关系如何""你有什么业余爱好""你的主要缺点是什么""你有什么特长""我们单位工作压力大，竞争激烈，你能否接受得了""举例说说某项工作如何做"等，都应该认真做好准备。

最后，要掌握各类招聘者的心态，做到有的放矢。在面谈前，最好调查清楚招聘者的类型，根据招聘者的特点准备材料，这是求职成功的诀窍。

【交流与讨论】

假设你现在要去应聘面试，在面试之前请找出自己的 3~5 个优点，为每个优点找出几个例子（最好来自学习、工作和生活三个方面），在这些优点之中选出一两个和所申请职位最吻合的。

三、面试的五大步骤

面试总体有五大步骤，熟悉这些程序，将有助于提高大学毕业生求职面试的成功率。

第一步：确定面试标准。

有经验的管理者知道，拥有一批优秀员工的最佳方法之一是为适当的人安排与其技能、专业背景相匹配的工作，而基于表现的面试可以帮助用人企业实现这一目标。一般而言，人力资源经理在筛选申请人之前，首先会确定面试的标准以帮助其他面试官确认针对招聘职位哪些申请人是合格的，其次是描述招聘职位的具体职责，并确定胜任该职位所必需的专业背景和技能。

第二步：评估和筛选候选人。

满足该职位必须具备的条件与要求后，面试官会快速浏览所有的简历，淘汰那些明显不符合要求的简历，留下满足部分或看似符合所有要求和条件的简历。然后对简历进行细致的分析与比照，如工作经验、教育与培训经历、职业稳定性、职位提升、领导力、取得的成绩等。

第三步：电话筛选。

通常，面试官会在对满足全部或部分必备条件的候选人进行面试之前，进行小型的电话测试。可视电话屏幕面试正日益普遍，因为很多公司想通过屏幕进行面试，避免舟车之旅，从而降低招聘开支，且希望在打电话给你的当时就进行面试。运用可视电话开展面试，招聘者可以很快淘汰大部分人选，并决定好人选进行面谈。

大多数企业会采用电话通知的方式对候选人进行初步的筛选，因此应聘者千万不要掉以轻心。有些人习惯邮寄或在网上发送个人简历，却忽视相应的记录工作，以至于接到面试电话通知时还不知道对方是哪家公司、从事何种业务、自己应聘的什么职位。应聘者应准备一个记录本，具体记下某一类的简历投递给了哪家公司、什么时间投递、具体职位、工作职责与要求是什么。这将帮助你在面试前有个很好的心理准备。

第四步：对候选人进行面试。

面试是证明应聘者的确符合该职位必须具备的要求，而且就是最佳的人选。面试就像解答一道求证题，面试官的目的就是要通过各种提问与测试来反复求证应聘者和该职位的一致性。面试官对每位候选人按相同的顺序提出相同的问题，以便记录与权衡、比较。面试官会采用一些封闭型的问题来验证简历或电话面试中的信息，也会用一些开放型或基于表现的问题来检验应聘者面对将来工作中的一些情况的可能反应。面试官经常会问"如果……你会怎么办""告诉我你曾经面临的工作挑战以及你是如何解决它的""说说你曾经历的最困难的谈判及最后的结果"等。

建议应聘者用描述性的方法来解答面试官关于匹配度的疑团，而且这些回答将帮助面试官了解应聘者的思考和行为模式。

在面试过程中，经验老到的面试官会以老朋友聊天的方式让应聘者放松，但他仍以猎人般犀利的眼光审视、分析应聘者的一举一动、一言一笑。千万不要被面试官"慈祥"的外表所迷惑，自始至终保持警觉，从应聘者踏入公司大门的那一刻起，便已处在"监视"之中，直到离开公司。大多数面试官信奉"见微知著"，他们不会放过任何一个细节。

第五步：提出工作邀请。

基于面试的表现，面试官通常会将工作机会留给那些品质和技能都能满足特定工作要求的候选人。

当面试官向应聘者发出工作邀请时，他会了解应聘者前一份工作的薪水回报或期望公司提供的薪水水平。应聘者无法回避这样的问题，如果想获得理想的薪水，首先要对自己的实力有个清醒认识，其次是了解、评估市场行情。最好在面试前咨询职业顾问，像应聘者应聘的这类专业、技能和工作经验的人在当前人才市场上的稀缺程度，同行业同类职位的薪酬水平，以及应聘者具备的优势是否具有独特性，等等。

建议应聘者在谈薪水问题时，最好采用"以攻为守"的方法，主动了解用人企业的薪酬制度及构成，如底薪、补贴、福利、年底分红等，并高姿态地表示"大多数企业都有一套完整的薪酬体系，不会因为某个人而特例，我乐意遵循公司既有的原则"。最后，应聘者可逐一分解前一份工作的薪水构成（或期望的薪水），并用税后工资的总额做收尾陈述。

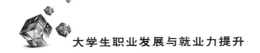

如果你想成为面试官的眼中"盯"，最重要的是自信与坚定对自己充满自信，并以坚定的态度、恰当的表达方式与内容告诉面试官，自己就是他苦苦找寻的最佳人选！

四、面试的礼仪规范

面试是对应聘者综合素质的考核，在较短的时间内，如何更好地展示自己，如何给主考官留下美好的第一印象至关重要。在面试中，那些彬彬有礼、温文尔雅、服饰得体、举止端庄、谈吐文明的应聘者更能获得主考官的青睐。所以，大学毕业生必须懂得面试的基本礼仪。

（一）到场要准时

准时是应聘者必须注意的，一般应在面试前 10 ~ 15 分钟到达面试地点，面试时迟到或者匆匆忙忙进入地点是绝对要避免的。一旦发现自己不能准时到达的时候，要在路上及时给公司招聘主管打一个电话，表示抱歉，说明自己迟到的原因，并同时告知对方，自己预计在几分钟之内赶到。当见到主考官时，开场第一句话还是道歉："抱歉晚了几分钟才到"，这是一个很好的开始，这样不仅不会影响你的面试，还会给主考官留下深刻的第一印象。

（二）衣着要得体

穿着打扮能反映一个人的个人修养，也是应聘者给主考官的第一印象，这种首因效应在面试中能发挥很重要的作用。应聘者面试时的衣着服饰要给人以整洁、大方、精干、有朝气的感觉，不要给人一种随便、懒散、浮躁、不踏实的感觉。

（三）坐姿要规范

就座时要等主考官先坐下，或者主考官示意应聘者坐哪的时候，应聘者再就座，如果主考官刻意考察应聘者，他可能什么也不说，这时应聘者要问一下："请问主考官，我坐哪里？坐这可以吗？"要先问对方，征求主考官的意见，不要随便找个地方就座。坐下后，不要把双手并拢夹在膝盖之间，这样容易给人非常紧张的印象，双手可以随意地平放在桌面上，或者放在两膝上，这样显得很自信，做手势的时候也要随意、自然。坐椅子的时候最好只坐 2/3，背部不要紧靠椅背。女生必须双腿并拢而坐，面带笑容，给人以端庄、大方的感觉。

（四）表情要自然

在面试过程中，应聘者要面带微笑，表情自然，不要左顾右盼，即使对面试的环境很陌生，也不要到处环顾，要直视主考官，将微笑贯穿于面试的全过程，同时微笑要真诚、自然、得体。

（五）物品要放好

应聘者的求职材料，包括求职信、简历、证书等要放在文件包中，自己的随身物品要放置有序。面试前要将手机关机或者设置成振动或静音状态，切忌在面试过程中使用手机。

（六）言行要文明

面试时一定要记住，务必保持文明的言行举止。开门、关门时要保持安静，回答问题时不要指手画脚、手舞足蹈，进出房间要始终面对主考官，谈吐文明礼貌，要尽量多使用敬语、尊称，不要谈及主考官的政治、宗教信仰、身体健康等个人问题，对主考官表示尊重。面试结束后，马上起身、致意、深鞠躬，感谢主考官给予这次面试机会，同时感谢主考官花时间给自己面试。然后，把椅子送回原处，看看桌子上是不是有被自己弄乱的文件、资料等，要迅速地整理好，将桌面整理干净。

 【知识窗】

个人着装设计

俗语说"人靠衣装，佛靠金装""人恃衣裳马恃鞍，三分容貌七分装"。服饰作为一种重要的物体语言，传递着各种各样的信息，能给人以自信，并在一定程度上反映一个人的能力与实力，体现一个人的地位与尊严。服饰作为塑造个人形象的重要手段，具有表现自我、体现个性、弥补缺陷、增加魅力等重要功能。

一、女装

第一，根据身材穿衣服。每个人的身材不一样，要穿符合自己身材的款式、颜色的衣服，每个人的身材都有其优势和弱势，自己审视自己，优势在哪里，弱势在哪里，买衣服的时候要学会扬长避短。

第二，根据性格特点穿衣服。内向性格的同学，可以选择淡雅色调的衣服，性格外向的同学可以穿一些色彩外扬的衣服。衣服的颜色还要符合肤色和身材。选一个适合自己的主色调。

第三，根据身份穿衣服。角色变了，穿衣服要有变化。大学毕业了，不再是学生，请脱下大学时代的健美裤、露背装、无袖衣等，换上典雅、庄重的服装，比如裙套装，或裙子配上衣、裙装配短外套。如果觉得普通衬衫的颜色过于单调，可以选择在领口或袖口上有少许装饰的款式。总之，应该充分展露大方、和善、智慧、进取、努力的个性，这样才会受到招聘者的肯定。

对于女同学来说，也许把自己打扮得美丽并不难，但要装扮得有气质就不容易了。职业套装、套裙这种能够充分展露女大学生高雅的气质的服装，是任何服装都不能替代的，它的独特魅力就在于将女大学生的青春美丽与向上和干练融为一体。选择套服时，款式要突出女性谦和、娴静的气质。不要过分花哨、夸张，也不要极端保守，可以适当加以配饰，免得给人以死板之感。

套裙一般可以分为两种，一种是上衣与裙子面料相同、做工相同，属于成套设计，是正式场合的首选，另一种是上衣与裙子的面料、做工均不同，趋向于随意搭配，这种套裙比较适合于交际场合。从整体造型上还可以将套裙分为上长下长、上短下短、上短下长、上长下短等四种款式。套裙的裙子有多种选择，西装裙、一步裙、A字裙等都是比较好的选择，但不能选择黑色皮裙，也不能随意自由搭配。

女士在穿着套裙时对于上装和裙子有严格的要求，不宜过大或过小。套裙的上装最短以向上伸出手臂不露出裙腰为限，最长可以盖住臀部。裙子最短不能短于膝上10厘米，最长不能长于小腿中部，最适合的长度是膝上5厘米。穿着套裙时不能露肩、露臂、露背、露腰、露腹，必须内穿一件款式适宜的衬衫，不能过于透明，更不能使内衣从衬衫的领口外显。穿着套裙时，最好搭配黑色或白色的高跟或半高跟皮鞋，穿浅色套装时搭配白色皮鞋，穿深色套装时搭配黑色皮鞋，与套装同色的皮鞋也可以选择。穿着套裙应搭配肉色的高筒袜或连裤袜，不能搭配色彩艳丽、图案繁多的袜子，也不能选择低筒袜和中筒袜，导致出现"三截腿"。在正式场合中，女生不宜光腿、光脚，否则会有失典雅。作为刚毕业的学生，不要戴太多的首饰，少戴一件佩饰就多一分典雅。当然，如果能戴上一枚漂亮的胸针，还是不错的。

二、男装

西装是职场男士的最佳服饰。人们常说"通过你的西装，可以读出你的心灵"。因为得体整洁的西装，是工作态度、价值取向、生活哲学、审美情趣的外展。所以，男生求职时首选的着装就是西服。

（一）衬衫与西装的搭配

在穿着西装套装的时候，衬衫是必不可少的搭配，衬衫也可以单独穿着。与西装搭配的衬衫应当是正装衬衫。从面料上讲，正装衬衫以纯棉、纯毛为主；从色彩上讲，正装衬衫必须为单一色彩，在正规的商务应酬中，白色衬衫是最好的选择，除此之外，蓝色、灰色、棕色也可以考虑；从图案上讲，正装衬衫大体上以无图案为佳，印花、格子以及带有人物、动物、植物、文字、建筑物等图案的衬衫，均为非正装衬衫，较细的竖条纹衬衫在一般性的商务活动中可以穿着，但不能与竖条纹的西装搭配；从衣领上讲，正装衬衫的领型多为方领、短领和长领。具体要根据本人的脸形、脖长以及要打的领结的大小进行选择，反差不要过大。此外，立领和异色领的衬衫大都不适合与正装西装相配。

穿着正装衬衫与西装相配套，有四点注意事项。一是衣扣要系上。穿西装的时候，衬衫的所有纽扣都要系好。只有在穿西装而不打领带时，才解开衬衫的领扣。二是袖长要适度。穿西装时衬衫的袖长最好长短适度，衬衫的袖口比西装的袖口长 1～2 厘米为好。三是收好下摆。穿长袖衬衫时，不论是否穿外衣，下摆均要掖进裤腰之内。四是大小要合身。除休闲衬衫之外，选择正装衬衫要大小合身，衣领或胸围要松紧适度，其下摆不要过大。

（二）领带与西装的搭配

领带是西装最重要的饰物。作为西装的灵魂，领带的讲究甚多。从面料上看，领带以真丝或者羊毛为好，丝涤混纺的也可以选用；从色彩方面看，正式场合可以选用蓝色、灰色、棕色、黑色、紫红色等单色领带；从图案上看，主要选择单色无图案的领带，或者是以条纹、圆点、方格等规则的几何形状为主要图案的领带。

要打好领带，就要注意看场合、服装、结法、长度、配饰等几点。一般而言，穿西装套装是必须要打领带的。上班、办公、开会或是走访等执行公务的场合以打领带为好，简易的"一拉得"领带不适合在正式场合使用。在参加宴会、舞会、音乐会时，为表示尊重主人，亦可打领带。在休闲场合，通常是不必打领带的。穿西装单件时，领带则可打可不打。在非正式活动中穿西装背心时，可以打领带。不穿西装的时候，如穿风衣、大衣、皮夹克、毛衣、短袖衬衫时，通常是不宜打领带的。领带打好后，必须长短适度。最标准的长度，是领带打好后，下端的大箭头正好抵达皮带的上端。穿西装打领带时，一般不使用领带夹，除非是穿制服或者有特殊需要。例如，警察、工商、税务等执法人员，他们的领带夹上面带有警徽或国徽，是身份的象征，他们或一些地位特别高的人出于职业的需要，因为要经常挥手致意，必须用领带夹将领带固定住，否则领带会随着挥手的动作从西装中露出来。

（三）鞋袜与西装的搭配

有了合适的西装和领带，就需要有一双与之搭配的鞋子和袜子，以达到整体美观的效果。黑色牛皮鞋是正式场合比较常见和常用的，而且在各种鞋类中，皮鞋和西装是最相配的，同时应该擦上鞋油，保持鞋面光亮。正式场合穿着的皮鞋不应有多余的装饰，磨砂皮鞋、翻毛皮鞋、过于时髦的皮鞋都不适合男士在商务及公务的正式场合穿着。和正式西装搭配的袜子最好是棉质或毛质，颜色以单色为宜，黑色最为正规。袜子的色调可以比裤子深一些，这样从视觉上对观察者而言，它就是裤子和鞋子之间的过渡色，看起来会非常连贯而舒适。

现在的职场中流行不同类型的着装方式，但在正式场合依然要遵循着装礼仪，既要穿出自己的风格而又不失端庄大方。大学生在求职时，也可以穿其他款式的服装，比如夹克衫、牛仔裤、西裤等，不要穿宽松的运动衣，避免穿便鞋、网球鞋、白色皮鞋或牛仔靴。只要美观大方，符合该职业的穿着要求，就是得体的。特别是应聘一般性的工作岗位，如果穿着朴实无华，更能体现一种道德水准。

【交流与讨论】

选择一个你心仪单位的目标职位，假设你要去应聘面试，请谈谈你将如何进行衣着打扮？

五、面试的技巧

（一）口齿清晰，语言流利，文雅大方

交谈时要注意发音准确，吐字清晰。还要注意控制说话的速度，以免磕磕巴巴，影响语言的流畅。为了增添语言的魅力，应注意修辞美妙，忌用口头禅，更不能使用不文明的语言。

（二）语气平和，语调恰当，音量适中

面试时要注意语言、语调、语气的正确运用。打招呼时宜加重语气并带拖音，以引起对方的注意。自我介绍时，最好多用平缓的陈述语气，不宜使用感叹语气或祈使句。声音过大令人厌烦，声音过小则难以听清。音量的大小要根据面试现场情况而定。两人面谈且距离较近时声音不宜过大，群体面试而且场地开阔时声音不宜过小，以每个人都能听清你讲话的音量为宜。

（三）语言要含蓄、机智、幽默

说话时除了表达清晰以外，适当的时候可以插进幽默的语言，使谈话轻松愉快，也会展示自己的优越气质和从容风度。尤其是当遇到难以回答的问题时，机智幽默的语言会突显自己的聪明智慧，有助于化险为夷，并给人以良好的印象。

（四）注意听者的反应

求职面试不同于演讲，而是更接近于一般的交谈。交谈中，应随时注意面试的考官的反应。比如，面试的考官心不在焉，可能表示他对这段话没有兴趣，你得设法转移话题；若面试的考官侧耳倾听，可能说明由于音量过小导致对方难于听清；面试的考官皱眉、摆头可能表示言语有不当之处。根据对方的这些反应，应聘者要适时地调整语言、语调、语气、音量、修辞，包括陈述内容。这样才能取得良好的面试效果。

（五）把握重点，简洁明了，条理清楚，有理有据

一般情况下回答问题要结论在先，议论在后，先将自己的中心意思表达清楚，然后再做叙述和论证。否则，长篇大论会让人不得要领。面试时间有限，应聘者神经有些紧张，

多余的话太多容易跑题，反倒会将主题冲淡或漏掉。

（六）有个人见解，有个人特色

用人单位有时接待应聘者若干名，相同的问题问若干遍，类似的回答也要听若干遍。因此，用人单位会有乏味、枯燥之感。只有具有独到的个人见解和个人特色的回答，才会引起对方的兴趣和注意。

（七）知之为知之，不知为不知

面试遇到自己不知、不懂、不会的问题时，回避闪烁、默不作声、牵强附会、不懂装懂的做法均不足取，诚恳坦率地承认自己的不足之处，反倒可能会赢得主试者的信任和好感。

【交流与讨论】

选择一个目标单位的具体职位，结合自身实际，假设你要去进行应聘面试，请分析可能出现的 3～5 个面试危机，并思考如何进行合理有效的化解。

六、面试后的工作

许多求职者只留意应聘面试时的礼仪，而忽略了面试后的善后工作。其实，面试结束并不意味着整个求职过程就已终结，如果袖手以待聘用通知的到来，很有可能会只开花不结果。面试不要虎头蛇尾，面试后的做法很关键。

（一）用书信感谢使面试锦上添花

面试并非局限于考场，为了加深招聘人员对你的印象，假如你有了出色的面试表现，应聘归来之后应给面试官写一封感谢信表示谢意，最好在面试后的 24 小时内发出。招聘者的记忆是短暂的，感谢信是你最后的机会，它能使你显得与众不同，增加求职成功的可能性。因为这不仅是礼貌之举，也会使主考官在做决定时对你有印象。据调查，十个求职者往往有九个人不写感谢信，如果应聘者重视这个环节，则会显得鹤立鸡群、格外突出，说不定会使对方改变初衷。礼多人不怪，在招聘单位难以取舍之际，这封信可能会产生决定性作用。而且即便此次应聘失败，也还能使面试官在其公司出现另一个职位空缺时想到你，创造出一个潜在的求职机会。

（二）礼貌地询问结果

一般情况下，在面试结束后，招聘人员需三至五天来进行讨论和投票，然后将讨论结果送人事部门汇总，确定录用人选。面试过后一个星期没有回复是很正常的。这段时间内一定要耐心等待面试的反馈信息，掌握好询问时间，不要过早地打听面试结果。如面试两周后或主考官许诺的时间到来时仍未收到通知，可写信、发 E-mail 或打电话询问面试结果。一是提醒一下招聘方，表示自己对这个公司很感兴趣；二是在面试官难以做出判断时，你的信件或询问可能为自己增加入选的机会。即使未被录用，最好能与主考官保持联系，这也是建立职业关系网的一个重要组成部分，很可能今后你仍有机会进入心仪的单位。

（三）做好"二面"或"三面"的准备

第一次面试后，如果你对这家公司还感兴趣，并且自己也有很大的把握进入第二轮面试，那么就应该积极地为第二轮面试做准备，对公司整体框架、经营状况及职责范围、能力要求有所了解。一般来说，第一轮面试招聘方看的是整体素质，包括形象、教育背景、沟通能力和相关的实践经验等。因此，如果觉得自己发挥得不好，可以在给招聘公司的感谢信中提一提，说明一下自己发挥不好的原因，是生病了还是受了别的什么干扰。但不必特意大书特书，这样反而加深别人对你面试发挥不佳的印象。

（四）求职失败莫气馁

应聘中不可能每个人都是成功者，万一在应聘中失败了，也不要气馁。这是一种很正常的现象，能得到面试机会，说明你的求职信、简历起了作用，这是好的兆头和开端。就业机会不止一个，"胜不骄，败不馁"。最重要的是"吃一堑，长一智"，静下心来反思为什么会失败，怎样修正应聘中的错误和失误，并针对这些不足重新做准备，为下次成功打好基础，准备迎接新一轮的考验。

 【知识窗】

盘点求职者吐槽的面试问题

1. 面试官提问："这个岗位与你的专业完全不同，为什么来应聘？"

求职者吐槽："现在找工作，专业不对口不是很正常吗？这么问明显是在打压我们这些转行的。"

面试官观点："我们提这个问题是想知道，第一，候选人是否了解这份工作，是不是在跟热度、盲目地选择；第二，是否是自己专业知识没学好，才打算转行。"

专家解析：回答这个问题的主要目的是告诉面试官自己为什么跨专业找工作。首先，告诉面试官，自己的专业成绩还不错，选择转行主要是基于兴趣。其次，告诉面试官，你的兴趣和个性都非常适合这个行业，选择这行是深思熟虑的结果，并不是盲目跟从其他人。最后，告诉面试官，为了让自己能够快速胜任这个岗位，你已经做了充分的准备。比如，在业余时间对新行业新岗位做了研究，掌握了新岗位一些相关的工具和工作方法等。

2. 面试官提问："如果工作需要加班、出差、外派，你能胜任吗？"

求职者吐槽："我说不能加班，就会觉得我不能胜任这份工作，我说可以胜任，入职了肯定会要求我经常加班或者出差。能和不能，我都是被动吃亏的一方。"

面试官观点：有时候岗位需要，难免要出差。在录用之前我也应该先告知你工作中可能会遇到的情况，如果你可以接受，同时各方面都达到要求，我才会选择录用你，这有错吗？

专家解析：面试官抛出这个问题一是表明新工作会有此项要求，二是试探应聘者的工作态度。应聘者问清加班费、出差补助这些关乎自身利益的问题无可厚非。更重要的是，了解加班频率、加班时间、出差的地点和频度等，从而可以帮助应聘者判断工作强度是否可以接受。

参考模板：能否介绍一下这份工作是平时加班较多，还是周末和法定节假日也需要加班通常加班到几点？出差的频率是什么样的？一般出差会到哪里？通常出差的周期是多长？有出差补助吗？

3. 面试官提问："你对薪资有什么样的要求？"

求职者吐槽："说多了觉得我眼高手低，说少了感觉对不起自己，到底应该怎么说才好啊？"

面试官观点："薪资标准也是你对自己的定位。"

专家解析：面试遇到薪资问题，不要感觉"如临大敌"，如果你不掌握主动权，那或许就很有可能压低了自己的价码，而且，过低的薪资，对你今后再次跳槽会有一定影响，毕竟大家都认为"物有所值"，你的低薪经历会让别人对你的能力保持怀疑态度。不卑不亢、有理有节，这样回答不但会让面试官慎重考虑你的薪资等级，也会让对方觉得，你是一个有规划的人才，而这样的人才往往对于企业的忠诚度较高，不会轻易选择跳槽。

参考模板：每个人对于自己的贡献度评估方式不一样，你们的岗位要求是这样的（将岗位关键词条阐述一遍），这个在整个行业内属于要求偏高的，而我正是看中你们的要求才来面试的，因为我希望在这个岗位上能做深做好，如果一定要我说数字，我想只能这样回答：你如果可以高出我目前薪资的30%，我肯定非常愿意加入；如果能高出15%，我需要再考虑一下，毕竟这个选择会影响我今后至少3～5年的发展；如果持平的话，我可能就不考虑过来了。我也非常希望您能给我一个你们的预算数字，以便让我重新审视自己的价值评估，谢谢！

4. 面试官提问："跳槽为什么这么频繁？"

求职者吐槽："我虽然跳槽多了点，但是这也恰恰说明了我有自己的规划啊，知道这份工作不适合自己，就果断跳槽。凭这点就否定我，我是不服气的。"

面试官观点："你有规划，所以频繁跳槽。那我怎么知道这份工作在不在你的规划中，

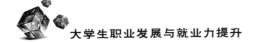
谁知道你入职后会不会觉得不适合，又果断跳槽了。"

专家解析：据调查显示，58.68%的人感到频繁跳槽会使未来雇主对自己产生不良印象。对于任何一家公司而言，员工的不稳定是最大的隐患，这不仅会导致公司招聘成本的增加，也破坏了工作的延续性。由于在无法深入了解应聘者的情况下，一份频繁跳槽的简历难免会给公司留下负面的印象。所以，怎样在面试中扭转这个印象，是这类求职者最需要解决和面对的。所以，在面对面试官提及你频繁跳槽的问题时，一般需要强调以下两点：

（1）承认自己最开始在确定职业目标上有些困难（在态度上打动对方，表明自己是很容易沟通的，并不是想象中的喜欢一走了之的无情之徒），但现在已经十分明确了自己的职业方向（表明自己经过几次跳槽已经给自己定位了，今后不会发生频繁跳槽了）。

（2）说明之所以离开之前的职位，是因为自己发现离开是为了加重责任，拓宽经验（充分表明眼前的这个公司就是自己真正的归宿）。

5. 面试官提问："你还有什么要问的吗？"

求职者吐槽："这是最虚伪的面试问题。有时真的不想问了，还要装出一种提问表情。"

面试官观点："面试是双方相互了解的过程，所以出于礼貌在面试结束时询问一下面试者有没有什么想问的。当然我们也想借此了解面试者对自己公司的了解程度及感兴趣程度。"

专家解析：首先，依靠最后一问来挽回面试局面是不可能的。如果你想面试成功，请认真准备面试本身。最后一问只能起到加分的作用，可以在面试官犹豫要不要用你的时候，通过最后一问的表现来推动面试官做出决定。所以请不要回答"我没有问题了"，而是要把这个问题当作最后一次发言机会。问题要围绕着这家公司本身，要让对方觉得你很关心、关注公司。其次，针对不同身份的面试官，提的问题也会有区别。如果面试官是HR，回答应该结合公司情况，如上下班制度、公司文化、培训制度、职业发展方向等；如果面试官是部门主管，应问与应聘岗位工作内容最相关的问题，比如，应聘财务岗位时，你可以这样问：贵公司用的财务软件是什么，贵公司对这个岗位的考核指标有哪些，等等；如果面试官是公司的大老板，可以问对这个行业的看法，最好自己做过充分调研，保证自己也能说出来有价值的内容。

一般来说，围绕公司、职位的提问会让面试官觉得你确实是关心这份工作的。虽然常规的公司介绍、职位描述会在面试里完成，但你不妨就此问题深入下去。以下几个问题，供求职者参考：

（1）公司对这个岗位的期望是什么样的？其中，哪些部分是我需要特别努力的？

（2）公司是否有正式或非正式培训？

（3）公司的升迁渠道如何？

（4）公司是否有外派或轮调的机会？

（5）是否有资深的人员能够带领新进者，并让新进者有发挥自身能力和作用的机会？

（6）公司强调团队合作，那在这个工作团队中，哪些个人特质是公司所希望看到的？

（7）公司是否鼓励在职进修？对于在职进修是否有补助？

（8）能否为我介绍一下工作环境，或者我是否有机会能参观一下贵公司？

同时，你也要知道，最后一问不该问什么。

第一，薪资待遇。企业的薪水待遇和福利措施等，毫无疑问是大家最关心的问题，但却不适合在"最后一问"中提出。若岗位工资固定，有时面试官会在面试过程中有所透露；若工资随个人表现而变化，那在初次面试中早早提出薪资要求，应聘者就失去先机了。所以，如果面试官没有主动提及，此类问题不适合提出。

第二，过于高深的问题。如果你不是应聘高管，就不要提出那些连面试官都难以招架的问题。所谓"在其位，谋其职"，毕竟面试官考量的是应聘者的关注点和兴趣是否适合应聘岗位。太过高深的问题，不仅不能让你从中获益，甚至会让面试官认为你好高骛远，引起其反感。

第三，超出应聘岗位的问题。刚毕业或尚未毕业的大学生，在求职过程中，或由于职业方向不确定，或抱着对新鲜事物乐于尝试的心态，对不同岗位都跃跃欲试。这本没有错，但在面试中过多地表现出对非应聘岗位的兴趣，就不太合适了。这会让面试官以为你对所聘岗位本身并没有兴趣，反而顾此失彼。

 【榜样力量】

大国工匠："两丝"钳工顾秋亮

他不善言辞，却"战绩"赫赫，先后参与过蛟龙号载人潜水器在内的几十项重大装备的研制、安装及调试工作；他奉献40余载，始终如蜡烛般燃烧自我，照亮前路。他，就是七〇二所钳工技师顾秋亮。

有钻劲儿的"螺丝钉"

"一旦进入工作状态，他便忘记了自我。"——顾秋亮的同事

从事装配钳工工作40余年，顾秋亮一直在平凡的岗位上扮演着"螺丝钉"的角色。同时，熟悉顾秋亮的人都知道，他这个人爱琢磨，善钻研，喜欢啃工作中的"硬骨头"。

蛟龙号总装之初，如何将上千个零部件整合为一台功能齐全、性能优异的潜水器，是横在顾秋亮面前的一座大山。"这板太硬，打一个孔就要磨两次钻头，板又薄，开不了几牙，螺丝都很难吃牢，还得考虑今后万一螺丝滑牙了怎么办。"为了解决"吃牢螺丝"的难题，顾秋亮带着徒弟一起动脑筋，终于想出了办法：在每个孔的另一面加焊上一个方螺帽，这样就能让螺丝牢牢吃住，也不怕后续使用中反复拧进拧出了。诸如此类的问题有很

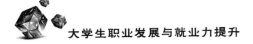

多，每一次顾秋亮都发挥"钻"劲儿，确保了安装工作保质保量地完成。"一旦进入工作状态，他便忘记了自我。"身边的同事由衷地这么评价他。

义无反顾的"拼命三郎"

"昨晚，同志们只睡了不到五个小时，顾秋亮则更少……因为有了他们，我无所畏惧，无比自信。"——叶聪

2009年起，蛟龙号载人潜水器拉开了海上试验的序幕。尽管已50多岁，但四年的海试顾秋亮一次都未落下。与他并肩作战的大多数是年轻的科研人员，提到这位亦师亦友的老顾同志，他们都会竖起大拇指，直呼其为"拼命三郎"！

上船之初，从未出过海的顾秋亮便出现了严重的晕船反应，他心急如焚，"眼看着马上就要开始试验了，怎么办？"吞下晕船药，他硬挺着起床，没多久就投入紧张忙碌的海试工作中。

海上试验工作条件非常艰苦，他经常不得不在60多度高温的甲板上挥汗如雨，完成一次次拆卸、安装、维护保养工作。蛟龙号内部的操作维护空间比较狭小，顾秋亮常常需要在里面钻进爬出，有时甚至只有一只手能伸进去的地方，他也必须坚持完成设备的拆装和维护。四年的海试，顾秋亮已记不清历经了多少个不眠之夜。7 000米级海试期间，顾秋亮和同事们连续两个晚上通宵，利用自己丰富的工程经验，解决了进口推进器的瑕疵问题。冲刺7 000米深度大关的前夜，为了修复装于潜水器后上方的推力器，顾秋亮又一次挺身而出，冒雨搭起便梯，忙到凌晨……

蛟龙号的首席潜航员叶聪从7 020米的深海回来，在下潜感受中写道："昨晚，同志们只睡了不到五个小时，顾秋亮则更少。凌晨他们还在后甲板给推力器补油，今天早上，我来到蛟龙边，他们已经做好了下潜前的准备。因为有了他们，我无所畏惧，无比自信。"

顾大家舍小家的"平凡英雄"

"我希望亲自护送它完成其'成人'前的最后一次考验。"——顾秋亮

2012年6月，蛟龙号载人潜水器整装再出发，向着7 000米的极限深度发起挑战，顾秋亮这位老将再次随队出征。然而刚刚启航，一个如晴天霹雳的消息被紧急告知了顾秋亮——他的老伴儿生重病住院了。

一面是相伴数十载的亲人，一面是伴随其成长成熟的蛟龙号的"成人礼"，这位皮肤黝黑的"老战士"眉头锁成了一团。

长年扑在工作上，顾秋亮对老伴充满了内疚之情，他万分焦急，放心不下老伴的病情，恨不得飞到其身边陪护左右。可蛟龙号，就如同自己的孩子般，顾秋亮对它也有着深厚的情感。"一路走来，我精心呵护着它，伴随它成长，为它整理行装、包扎伤口、精心手术、穿上新装，看它踏上征程，我希望亲自护送它完成其'成人'前的最后一次考验。"经过彻夜未眠的剧烈的心理斗争，经过组织上的宽慰和帮助，他终于还是敲开了七

○二所海试队负责人的房间："我请求随队出征，完成蛟龙号 7 000 米级海试任务!"他，用自己的实际行动诠释了新时代一名在平凡岗位上创造不平凡业绩的英雄风采。

——来源：央视网 2016 - 04 - 28

本章自我小结

【实践训练】

训练一：模拟面试训练

【训练参考】

常见面试问题如下。

一、基本情况考察

1. 请作简单的自我介绍。

2. 你有什么优缺点？

3. 你在大学生活中收获了什么？

4. 最能概括你自己的三个词是什么？

二、企业忠诚度考察

5. 你为什么选择我们公司？

6. 如果我录用你，你在这份岗位上会待多久呢？

7. 除了工资，还有什么福利最吸引你？

8. 你愿意到另外一个城市工作吗？

9. 你为什么对我们的工作职位感兴趣？

10. 如果我司和另一家公司同时给你 offer，你会怎么办？

三、工作能力考察

11. 描述你的理想职业。

12. 这份工作哪些方面吸引你？哪些方面令你感到还不满意？

13. 你对加班的看法。

14. 就你的能力而言，如何让我相信你能够胜任这份工作？

四、工作主动性考察

15. 就你申请的这个职位，你认为你还欠缺什么？

16. 说说你对行业、技术发展趋势的看法。

17. 如果我们单位录用了你，但工作一段时间却发现你根本不适合这个职位，你该怎么办？

五、自信心考察

18. 你觉得上下级之间应该怎样交往？

19. 你怎样评价自己的表达能力？

20. 你怎样影响其他人接受你的看法？

21. 你为什么觉得自己能够在这个职位上取得成就？

六、灵活性考察

22. 领导之前要你 4 天完成的一件工作，现在突然要你 2 天完成，你该怎么办？

23. 你认为自己最大的弱点是什么？

24. 谈谈你对跳槽的看法。

25. 你的应变能力如何？

七、学习能力考察

26. 你在大学时遇到的最有挑战性的事情是什么？为什么你认为那件事对你最具有挑战性？

27. 说说你最近读的一本书。

28. 过去三年里，你为自我发展订立了什么样的目标？为什么要订立那样的目标？

八、沟通交际能力考察

29. 在和一个令你讨厌的人一起工作时，你是怎样处理和他在工作中的冲突的？

30. 与上级意见不一致，你将怎么办？

【训练实操】

学习了面试的基本知识以后，尝试运用面试的基本技巧，体验面试的全过程。可采取情景模拟活动训练法进行该训练。学生分组扮演面试过程中招聘者与应聘者的角色，并设定招聘情境、招聘单位、招聘职位等。

步骤：

1. 情境介绍：教师向学生描述活动情境，包括应聘时间、地点及相关环境等。

2. 分组：将学生分成若干组，每组 5~8 人。并指定或推举出各组组长，负责活动期间的组织协调工作。

3. 模拟面试：每组每次选出一对学生上台，扮演主考官和应聘者。主考官面试问题见前文。每次提问以 5 个问题为宜，然后轮换其他学生。其他学生可做记录。

4. 提问：在模拟面试过程中，"应聘者"如有问题回答不准确，教师可灵活地向其他学生提问，引导全体学生共同参与。

5. 点评：每一对学生模拟面试结束，教师要组织学生自由发言，并及时点评。分别指出模拟应聘者的学生的问题回答及行为方面的不当之处，同时，选定学生做板书记录。然后继续进行下一对的模拟训练。

6. 总结：教师总结要点。结合 30 个经典面试问题以及学生的具体情况，做重点解释，归纳讲解回答问题的技巧和原则，结合学生具体情况重点归纳面试中应树立的正确行为规范。

训练二：个人形象设计

【训练参考】

你是不是还在用一套装束"以一当十"呢？事实上，不同性质的单位对你的角色期待是不同的，而相应地，你的着装也应该相时而动。

一、政府、金融、外企

在面试一些权威、注重资历和经验的机构时，应当选择稳重端庄的装扮，这样可以给对方可信赖的感觉。这时要格外注重每一个着装细节，不要给面试官留下不严谨、不专业的印象。可以选择简约得体的套装，配合精致自然的妆容，体现成熟干练的气质。

二、传媒、广告、艺术

类似传媒、广告艺术这样的工作对创造性的要求很高，如果你的装扮仍然稳扎稳打，就难以给对方留下深刻的印象，也会使面试官怀疑你循规蹈矩的性情是否适合这一工作。因此，你的着装应该在避免随意的同时适当体现个性。这个时候，富有特色的设计和剪裁可以让你马上生动起来，精致而有特色的饰物也可以起到画龙点睛的作用。

三、公关咨询

公关咨询行业的从业人员需要随时与客户打交道，既要给人留下可信赖的印象，也要有亲和力。因此，在面试这一行业的公司时，要选择端庄精致的装扮，无论是衣服、饰品还是拎包都要有质感，给人稳重干练的感觉。同时整体的感觉不宜太过庄重，而应当适当体现热情和亲切。妆容要明亮、精致、自然，让人感觉容易交往。

四、技术

技术类的工作最注重你的专业技术，但尽管如此，面试官还是期望能够从你的外表看到你的严谨和专业。要选择质地精良的套装和配饰，体现你的专业和干练。但这也并非意味着要"黑黢黢"的，可以用浅色的上衣搭配深色的裙子或裤子，也可以用亮色的衬衣搭配深色的套装。

【训练实操】

一、课前准备

教师提前布置训练准备内容，要求上课前每位同学以参加面试为假设，从着装、发型、化妆等方面准备一套最适合自己的形象设计，并准备在课上进行展示表演。将学生分成若干小组，每组 5~8 人，并向每位同学下发一份个人形象设计评价表。

个人形象设计评价表

评价项目 姓名或学号	站姿	走姿	坐姿	态度	化妆	发型	服饰	整体总评	最佳点	不足点	备注

二、教学导入

教师介绍现场安排，以讲台为主，布置场地展台。每位同学抽签，并按照抽签次序，分别上台进行自我展示。同时，台下同学以小组为单位，对展示者进行评审打分。

三、展示和点评

按照规定程序每位学生上台展示，教师提问各组同学，点评台上同学的站姿、走姿、坐姿等行为举止，并认真做好记录，包括好的表现和不足。中间可穿插简短精彩的、以鼓励为主的点评。

四、评选

展示结束，台下学生以小组为单位，由组长负责，以正确行为举止为主题，讨论 5 ～ 10 分钟，评选出最佳个人形象者，并汇总小组意见。

五、总结

教师总结要点：

1. 分析总结良好个人形象设计的要素，评述站姿、走姿、坐姿以及发型、化妆、服饰等整体形象的基本原则。

2. 个人形象设计中应注意的问题，可请个人整体形象或个人部分形象好的学生再次上台展示。

3. 强调个人形象不仅是求职的需要，也是自重和尊重他人的需要，教师须要求学生纠正不正确的行为与形象，树立良好的个人形象。

第十章　了解就业维权，保障合法权益

【学习目标】

大学生初次就业，因维权意识和经验不足遭遇侵权时有发生。大学生都有哪些就业权益？该如何依法维护自身合法权益？本章让我们一起来学习这些知识。

【学习目标】

1. 了解就业协议与劳动合同的区别。
2. 掌握毕业生的权利与义务。
3. 掌握劳动争议的类型及处理办法。

【名人名言】

没有无义务的权利，也没有无权利的义务。

——无产阶级革命导师马克思

【本章思维导图】

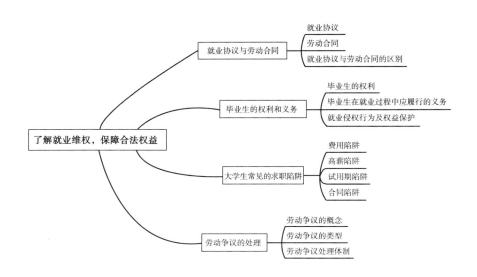

【案例导入】

痛失机遇的小卢

小卢是某高校建筑系的一名毕业生，他在毕业前夕与一家建筑公司签约了，但是，他并不是很满意，因为一开始便从事基层工作，需要经常在工地上忙碌。因此，他的工作态度并不是很积极，虽然签了约，却以生病为由，请假去联系另外的用人单位。不过，世上没有不透风的墙，他后来找的那家有意向的单位，知道了他已经与别的用人单位签约的事，就拒绝了他，没有与他签约。而他先前已经签约的单位知道他又去找另外的单位，觉得他这个人没有责任感，不能踏实地从小事做起，于是断然取消了与他签订的协议。

毕业生在就业的签约阶段，面临着多重择业方案的问题，有发生违约的可能。违约对于学生来说，一方面要支付一定的违约金，另一方面，也会影响学校在用人单位的信誉。所以，以诚实的态度处理好与签约单位的矛盾，是十分必要的。在纷纭复杂的职场中，高校毕业生应正确行使自己的权利和履行应尽的义务。当自身合法权利得不到保障，甚至受到侵犯的时候，我们需要通过正当渠道和方式，依法维护自身的合法权益。

小卢的事例给了你哪些启示？在求职签约时我们要掌握哪些相应的求职知识呢？通过本章内容的学习，相信你一定会有所收获。

【理论链接】

一、就业协议与劳动合同

（一）就业协议

1. 就业协议的概念

就业协议是明确毕业生、用人单位和学校在毕业生就业工作中权利和义务的书面表现形式。就业协议书经大学生、用人单位、学校签字盖章后生效，生效后任何一方违约都要承担相应的法律责任。

2. 就业协议的作用

就业协议的作用：一是大学生就业的重要依据，即标志着大学生落实了用人单位或用人单位同意接收；二是大学生就业主管部门制订就业计划和派遣大学生的依据；三是明确就业过程中的权利和义务，避免双向选择的随意性，维护用人单位和大学生就业权益。

3. 电子就业协议书的办理流程

以广东省为例，根据广东省教育厅 2019 年 11 月 18 日发布的《广东省教育厅关于启用高校毕业生电子就业协议书的通知》文件精神，广东省从 2020 届毕业生开始推广使用电子就业协议书，停止使用纸质版就业协议书。办理流程为：

①毕业生与用人单位达成签约意向后，毕业生登录"广东大学生就业创业"官方微信公众号，绑定生源信息后可填写电子就业协议书内容，并提交学校审核；

②学校通过广东省高校毕业生就业创业智慧服务平台院校端对就业协议书内容进行审核；

③学校审核通过后毕业生可自行查看、下载、打印 PDF 版就业协议书，交用人单位签字盖章；

④毕业生将签字盖章后的就业协议书通过"广东大学生就业创业"微信公众号进行拍照回传；

⑤学校再次对就业协议书进行鉴证，审核通过后系统将对就业协议书进行电子签章；

⑥电子就业协议书一经生成，任何单位、个人不得随意对协议书内容进行修改。

4．电子就业协议书注意事项

①毕业生提交就业协议申请后，院校审核前可通过小程序修改相关内容，二级学院或学校审核后，毕业生无法修改相关信息。

②生效日期：就业协议书经用人单位签字盖章和毕业生签字后，无论是否上传系统加盖学校电子签章，协议书都已生效。因为用人单位与毕业生是签约双方，学校只是鉴证登记方。

③有效期：就业协议书是维持用人单位与毕业生从签约起至毕业生到单位报到时双方的约定关系。所以，一般情况下，就业协议书的有效期为自双方签字盖章后起，至毕业生与用人单位签订劳动合同为止。

④在"协议填报"阶段，毕业生如发现电子就业协议书有问题，可书面向学校申请作废，审核状态为"作废"的协议则需学生再重新进行填写上报。使用此功能前请与用人单位确认尚未完成签约。

⑤每份就业协议书都会有唯一的编码，若电子就业协议生成后，用人单位或毕业生提出解约，根据协议书的相关条款执行，毕业生通过小程序"就业协议解约"功能申请解约，需上传解约情况说明。解约审核完成后重新申请电子就业协议。

5．就业协议的违约

毕业生通过与用人单位双向选择后，只能与一个用人单位签订就业协议书。就业协议书一经签署就具有法律效力，任何一方不得擅自违约，否则违约方应向守约方支付协议条款规定的违约金。

（1）毕业生违约的表现

①先确定一个用人单位垫底，一旦找到更理想的用人单位，则抛弃前者。有的毕业生在确定了一个垫底单位之后，便匆匆忙忙签订就业协议。但是他们并不满足于此，一旦找到了更理想的单位，则毫不犹豫地重选后者、抛弃前者，构成违约。

②向用人单位提供不真实的情况，违反用人单位的选用条件。有的毕业生为了达到与用人单位签约的目的，向对方提供虚假情况，从而误导了用人单位。

③其他违约行为。如家庭发生意外情况、出国、参军、选干、考取专升本或研究生等，致使所签订协议不能履行。

（2）毕业生违约造成的后果

从实际情况来看，就业违约多为毕业生违约。毕业生违约，除本人应承担违约责任外，往往还会造成其他不良后果，主要表现如下。

就用人单位而言，用人单位往往为录用毕业生做了大量的工作，有的甚至对毕业生将要从事的具体工作也有所安排。同时，毕业生入职工作时间相对比较集中，一旦毕业生因某种原因违约，势必影响用人单位的录用工作，给用人单位工作造成影响。

就学校而言，用人单位往往将毕业生违约行为认定是学校的行为，从而影响学校和用人单位的合作关系。用人单位由于毕业生的违约行为，而对学校推荐工作表示怀疑。面对激烈的就业竞争，用人单位的需求是毕业生择业成功的前提，如此下去，必定影响今后学校学生的就业。同时，也影响学校就业计划方案的制订和上报，影响学校的正常派遣工作。

就其他毕业生而言，用人单位到学校挑选毕业生，一旦与某毕业生签订就业协议，就不可能再录用其他毕业生。若日后该毕业生违约，那些当初希望到该用人单位工作的其他毕业生由于录用时间等原因，也无法补缺，造成就业信息的浪费。因此，毕业生在就业过程中应慎重选择，认真履约。

（3）用人单位违约的主要表现

①拒收毕业生。尽管已同毕业生签订了就业协议，主管部门也列入了就业计划，但毕业生前去报到，用人单位在拿不出充分事实根据和法律依据的情况下，拒不接收毕业生，使毕业生错过了其他选择机会而无法按时就业。

②提供不真实的情况和虚假材料，误导毕业生与之签约。毕业生就业报到后，一旦了解了真实情况，可以上当受骗为由，要求退回学校另谋出路。

③其他违约行为。例如，为约束毕业生而向其收取各种不合理费用违反行政管理机关的有关法规、规章，不执行有关规定，侵害毕业生的合法权益，而毕业生又势单力薄，难以与其抗争等。

（4）违约应承担的责任

从法律意义上讲，谁侵害了他人的合法权益，谁就要承担相应的法律责任。就业协议的签约方由于违约而侵害对方的权益，同样应当承担相应的法律责任。具体的责任方式有以下几种。

①违约金。双方签约时可以约定违约金的数额，违约者依约定承担责任。

②赔偿损失。这种损失包括直接损失和可计算的间接损失。例如，用人单位拒收毕业

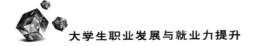

生，应赔偿大学毕业生报到往返的费用、再次联系就业所需支付的费用、未能就业造成的收入减少等。

③由权威部门裁决继续按约履行。如果签约双方之外不涉及第三方，或与第三方的关系密切程度有限，可以在违约方不承担责任或承担相应责任的情况下，要求双方继续履行协议。

④给予违约当事人行政、纪律处分。毕业生或用人单位的责任人因违约而触犯有关规章、规定的，应由学校或主管机关给予相应的处分或制裁。

（二）劳动合同

签订劳动合同是毕业生试用期结束时遇到的环节。劳动合同是建立劳动关系的重要文本。随着社会的发展、法律法规的不断完善和人们维权意识的加强，劳动争议逐渐增多，劳动合同成为劳动争议中重要的法律文本。

1．劳动合同的概念和类型

劳动合同是劳动者与用工单位之间确立劳动关系，明确双方权利和义务的协议，分为固定期限劳动合同、无固定期限劳动合同和以完成一定工作任务为期限的劳动合同。

固定期限劳动合同是指用人单位与劳动者约定合同终止时间的劳动合同。用人单位与劳动者协商一致，可以订立固定期限劳动合同。

无固定期限劳动合同是指用人单位与劳动者约定无确定终止时间的劳动合同。

以完成一定工作任务为期限的劳动合同是指用人单位与劳动者约定以某项工作的完成为合同期限的劳动合同。

2．劳动合同的内容

（1）法定条款

根据《中华人民共和国劳动合同法》第十七条规定："劳动合同应当具备以下条款：（一）用人单位的名称、住所和法定代表人或者主要负责人；（二）劳动者的姓名、住址和居民身份证或者其他有效身份证件号码；（三）劳动合同期限；（四）工作内容和工作地点；（五）工作时间和休息休假；（六）劳动报酬；（七）社会保险；（八）劳动保护、劳动条件和职业危害防护；（九）法律、法规规定应当纳入劳动合同的其他事项。"

（2）约定条款

协商条款是订立劳动合同双方当事人经过协商约定、自行规定的条件，如生活福利、劳动者从事的工种、担任的职务、住房条件、争议解决的途径等。

3．签订劳动合同应注意的问题

由于用人单位和求职者双方当事人在劳动相关法规知识和法律知识上掌握程度的不平

等，求职者明显处于劣势，因此求职者在签订合同时应注意下面的事项。

第一，劳动合同条款必须齐全，符合国家法律的要求。根据《中华人民共和国劳动合同法》的规定，劳动合同的必备条款必须完备，另外，还可以约定试用期、培训、保守秘密、补充保险和福利待遇等其他事项。

第二，求职者不要与用人单位只是简单地达成口头协议。这种口头协议对求职者是相当不利的，一旦日后求职者与用人单位发生利益纠纷，不利于维护自身的合法权益。为了维护个人的利益，求职者在正式进入用人单位工作时，一定要与用人单位签订正式的劳动合同，以便明确双方的权利和义务关系。

第三，在求职者和用人单位签订劳动合同时，许多用人单位常常事先起草一份劳动合同文本，正式签订合同时用人单位只需要求职者简单地签个字或者盖个章就可以了。但求职者仔细推敲合同后，发现条款表述不清、概念模糊，而且合同内容只约定求职者有哪些义务、要如何遵守单位制度、若有违反要承担怎样的责任等，而关于求职者的权利，除了报酬外几乎一无所有。为稳妥起见，求职者在正式签订劳动合同时，最好要求用人单位到劳动行政部门所属的劳动事务咨询事务所进行劳动合同文本鉴证。

第四，求职者签订劳动合同的本意就是想通过法律来保护自己的利益，但是如果签订的合同本身就是违法的，那么求职者的权益照样得不到法律保护。为此，求职者一定要先确认自己签订的劳动合同是否具有法律约束力，包括用人单位必须具有法人资格，双方签订的劳动合同内容（权利与义务）必须符合法律法规和劳动政策，不得从事非法工作签订，劳动合同的程序、形式必须合法。

第五，为了更好地用法律武器保障和维护自己的利益，求职者在签订合同之前，最好认真学习和了解一些劳动法律和法规方面的知识，如合同双方当事人的权利和义务，劳动合同的订立、履行、变更、终止和解除，劳动保护和保险，法律责任等。这样求职者在与用人单位起草劳动合同文本时，就能争取一些对自己有利的权利和义务，一旦日后用人单位违反合同规定，求职者就可以利用法律武器来捍卫自己的权益。

第六，如果求职者所进的单位主要从事一些对人身安全有较大威胁的行业，求职者一定要向用人单位确认，遇到工伤是否按照法律的规定来处理。现在不少单位在职工伤残或丧失劳动能力后，就会以种种理由解除合同。因此，一些用人单位在起草合同时，为逃避应承担的责任，往往会要求职工工伤自理，或只是约定一些无关痛痒的条款，与国家法定的偿付标准相差甚远。

第七，求职者还应该了解签订合同时应注意的其他细节问题。例如，当合同涉及数字时，一定要用大写汉字，以使单位无隙可乘。另外，要注意合同生效的必要条件和附加条件（如签证、登记）。合同至少一式两份，双方各执一份，妥善保管。双方在签订时如有纠纷，应通过合法方式解决。

【知识窗】

毕业生八大求职"陷阱"及避"坑"提示

求职季高校毕业生即将走向职场，开启人生新篇章。但一些不法分子专挑涉世未深的毕业生求职者进行欺诈，让人不得不防。求职不易，还需警惕，大家努力收获 offer 的同时，也要小心"求职陷阱"，避开套路和骗局。求职过程中常见的"坑"主要有哪些呢？

一、黑中介陷阱

一些非法职业介绍机构以介绍工作为名，向求职者变相收取各种名目费用。他们的典型特征是没有人力资源服务许可等相关资质，以冒充或伪造相关资质骗取求职毕业生信息。这些非法职介机构即便提供了岗位信息，往往也是与高校毕业生需求不匹配甚至是虚假的就业岗位。

防范提示：高校毕业生求职时，应当优先选择公共就业人才服务机构和正规市场中介机构，对市场中介机构应了解其经营范围是否包含职业介绍业务，是否具备"人力资源服务许可证"。与市场中介机构签订协议时，不要轻信其口头承诺，一定要看清签约的内容，不要盲目签字。

二、兼职陷阱

一些诈骗分子打着高薪兼职、点击鼠标就赚钱、刷单返现等幌子进行诈骗，宣称其特点是门槛较低，号称轻松兼职、薪酬丰厚。

防范提示：高校毕业生不要轻信既轻松又赚钱的好差事，应当了解当前岗位的市场薪资水平，明白天上不会掉馅饼，掉下的往往是陷阱。同时注意个人信息安全，不要轻易泄露银行卡、网银、支付宝等密码信息，不要随意打开陌生网址链接。

三、收费陷阱

用人单位或者中介机构以招聘为名，收取高校毕业生报名费、服装费、体检费、培训费、押金、岗位稳定金、资料审核费等费用。有些中介机构与不法用人单位合作，先由中介机构以推荐工作为名收取费用，等毕业生到该用人单位入职时，不法用人单位再编造各种理由拒绝毕业生上岗或中途辞退。还有些机构向毕业生承诺提供高薪行业实习岗位，但毕业生必须缴纳相关服务费用。

防范提示：毕业生要谨记，应聘工作本身并不需要任何费用，对于将先交费作为条件的招聘面试实习等都需要谨慎对待，核实有无收费的法律依据。如必须交费，一定要求出具正规发票并加盖单位公章，为可能发生的纠纷维权保留证据。

四、借贷陷阱

个别中介机构或用人单位以高薪就业作为诱饵，向高校毕业生承诺培训后包就业，但须向指定借贷机构贷款支付培训费用。培训结束后，培训机构往往难以兑现承诺，或推荐的工作与原先承诺相差甚远，毕业生可能会面临身负高额借贷又没有实现就业的不利局面。

防范提示：高校毕业生要增强辨别意识，看机构或企业经营范围是否包含培训内容，看承诺薪资是否与社会同等岗位大体一致，慎重签署贷款协议或含有贷款内容的培训协议，注意保留相关材料。一旦发现被骗，立即向有关部门报案。确有需求参加职业培训的，请到当地人力资源社会保障部门官方网站查询公布的正规培训机构。

五、传销陷阱

传销是指组织者或经营者通过发展人员，要求其缴纳费用或者以购买商品等方式，取得加入或发展他人的资格，牟取非法利益的行为。传销一般以亲友极力推荐的途径传播，基本都以轻松赚大钱、无须面试直接上岗为噱头。传销面试或工作地点都比较偏僻且转换频繁，公司业务不能清晰说明。

防范提示：高校毕业生务必清楚传销属于违法行为，在求职中要了解传销的基本特征，对发展下线的宣传，要保持头脑高度清醒，防止陷入传销设计的圈套中。如果不慎进入传销组织，在确保人身安全的前提下，第一时间脱身报警。

六、合同陷阱

在合同签订过程中，个别用人单位为降低用人成本、规避用工责任而侵犯高校毕业生合法权益。有的仅签订就业协议书，或以谈话、电话等口头形式约定工作相关事项，没有签订书面劳动合同；有的合同内容简单，缺少工作岗位、工作地点、工资、劳动条件、合同期限等具体内容；有的用人单位以少缴税款为由，同时准备两份不同薪资的"阴阳合同"；有的合同包含"霸王条款"，要求几年内不得结婚、无条件服从加班、试用期离职不结算工资等。

防范提示：法律规定，建立劳动关系双方应当订立书面劳动合同。高校毕业生在签订劳动合同前，应与用人单位认真协商、慎重对待，不可草率签订。要注意劳动合同是否具备《中华人民共和国劳动合同法》规定的必备条款（用人单位基本情况、合同期限、工作内容和地点、工作时间和休息休假、劳动报酬、社会保险、劳动条件等），特别要高度警惕其中于法无据、明显不合理的条款，防止掉入陷阱，难以维权。

七、试用期陷阱

有的用人单位超过法定上限约定长时间试用期，或者重复约定试用期。有的用人单位以试用期为由，支付工资低于当地政府规定的最低工资标准，或者不缴纳社会保险。还有的用人单位为了降低用人成本，大量招聘应届高校毕业生，试用期约定较低的工资，等试用期结束后，便以各种理由解聘，"假试用，真使用"。

防范提示：任何违反法律规定的试用期约定均无效，根据劳动合同期限的不同，试用期有不同的时限限制，最长不超过6个月，同一用人单位与同一劳动者只能约定一次试用期；以完成一定工作任务为期限的劳动合同或者劳动合同期限不满3个月的，不得约定试用期；劳动合同仅约定试用期的，试用期不成立，该期限为劳动合同期限。试用期期间，应正常缴纳社保，工资水平不低于单位相同岗位最低档工资或者不低于劳动合同约定工资

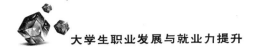

的80%，并不低于当地最低工资标准。

八、信息陷阱

有的用人单位为了增加对高校毕业生的吸引力，往往故意夸大单位规模、业绩、发展前景、工资和福利等。有的用人单位玩弄文字游戏，对招聘职位的工作内容作模糊化处理，将销售员、业务员等职位美化成"市场部经理""事业部总监"等有诱惑力的名称。

防范提示：高校毕业生可通过企业官网、媒体报道、工商登记注册信息等查询用人单位基本情况，仔细甄别各类招聘信息，不要盲目轻信。求职时要详细询问岗位信息、工作内容，不能只看表面，避免入职后发现实际工作与预期有出入，浪费求职时间和精力。同时，可以多种途径了解公司背景，对长时间大量招聘、离职率高的公司，要提高警惕。

综合上述案例，提醒广大高校毕业生，要通过合法的、正当的、信誉好的信息渠道来掌握和了解招聘信息，可以到各地公共就业人才服务机构、公共招聘网站以及人力资源社会保障部门推荐认定的诚信人力资源服务机构网站求职。多种途径了解用人单位背景，不盲目轻信，接到招聘邀约后，尽量多和有一定社会阅历的亲朋好友沟通情况，冷静听取他们的意见建议。一旦遭遇上述情况，请立即拨打12333电话或前往人力资源社会保障部门投诉举报。如果人身安全受到威胁或伤害，请立即向公安部门报警。

——来源：就业促进司，2023－05－12

（三）就业协议与劳动合同的区别

就业协议与劳动合同都是与就业相关的文件，但有本质上的区别。

1. 内容不同

在就业协议中，毕业生的义务是向用人单位如实地介绍自己的情况，并按时到用人单位报到，用人单位的义务是如实向毕业生介绍自己的情况，负责办理毕业生有关手续；学校的义务则是负责完成有关的派遣工作，毕业生就业协议是毕业生分配的具体体现。劳动合同是劳动者与用人单位确立的劳动关系，明确双方权利和义务的合同。

2. 主体不同

就业协议主体有三方，毕业生、用人单位、高等院校。毕业生和用人单位是人才市场上的平等主体，双方经过供需见面、双向选择而达成协议。劳动合同的主体双方是劳动者和用人单位，用人单位和劳动者之间是管理和被管理的关系。

3. 法律依据不同

毕业生就业协议是无名合同，适用《民法总则》《民法通则》《中华人民共和国合同法》以及国家有关毕业生就业分配的法律法规和其他相关政策规定，这个协议一经签订，各方应严格履行，任何一方要变动这个协议，需提前一个月取得另外两方的同意，否则按违约处理。劳动合同是有名合同，适用《中华人民共和国劳动法》《中华人民共和国劳动合同法》《中华人民共和国劳动争议调解仲裁法》等法律规范。

4. 签订时间不同

一般来说，就业协议签订在前，劳动合同订立在后。就业协议是毕业生在找工作过程中落实用人单位后签订的，就业协议的签订在学生离校前。劳动合同是毕业生到用人单位报到后订立的。如果毕业生与用人单位在工资待遇、住房等方面有事先约定，可在就业协议的约定条款中注明，附后补充×日后订立劳动合同时对此内容应予以认可。

5. 适用人员不同

劳动合同可以适用于各类人员。中华人民共和国公民只要有劳动能力并符合法律规定的条件，经过供需见面、双向选择，一经录用都可以与用人单位签订劳动合同。就业协议只适用于高校毕业生。

6. 纠纷解决方式不同

毕业生因就业协议发生纠纷，任何一方均可以向人民法院提起诉讼，不能提请劳动争议仲裁。若因劳动合同发生纠纷，任何一方均可向当地的劳动争议仲裁委员会申请仲裁，当事人对仲裁裁决不服的，可以向人民法院提请诉讼。仲裁是诉讼的前置程序，如当事人就劳动争议直接向人民法院起诉的，人民法院不予受理。

【交流与讨论】

1. 在与用人单位签订劳动合同时，有哪些事项一定要看清楚？
2. 就业协议能代替劳动合同吗？请说说理由。

二、毕业生的权利和义务

毕业生就业要坚持公开、公正、择优、自愿的原则，实行"市场导向、政府调控、学校推荐、学生与用人单位双向选择"的就业模式。在这样的就业模式下，毕业生与用人单位享有各自的权利，也必须履行各自的义务。

（一）毕业生的权利

毕业生作为就业过程中的一个重要主体，享有多方面的权利。根据目前大学生就业的相关规定，毕业生主要享有以下几个方面的权利。

1. 法规、政策获知权

毕业生有权了解国家关于就业的法律法规和方针政策。毕业生所在高校、各地劳动就业主管部门应该让毕业生及时了解国家关于就业的法律法规和方针政策，并对其中的疑点做出权威的解释，使高校毕业生感受到党和政府的关怀，理解国家的就业压力，自觉为国家解忧。

2. 就业信息知情权

毕业生有权获得用人单位人才需求的有关信息。就业信息的获取是毕业生择业成功的

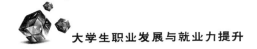

前提和关键，只有在充分掌握信息的基础上，才能结合自身情况选择适合自身发展的用人单位。毕业生要学会充分利用现代传播媒介获取就业信息，如电视、报纸、杂志、网络等，并学会对所获得的信息进行甄别、筛选，选择最有价值的信息，从而提高就业成功率。

毕业生获取信息权，应包括三方面含义：一是信息公开，即所有用人信息向全体毕业生公开发布；二是信息及时，毕业生获取的信息必须是及时、有效的，而不能是过时的、无价值的；三是信息全面，毕业生有权获得准确、全面的就业信息，以便对用人单位有全面的了解，从而做出符合自身要求的选择，而不是盲目地选择。

3. 接受就业指导权

毕业生享有向就业工作机构的工作人员咨询并要求其提供相应服务的权利。就业工作机构是政府教育主管部门和高校为促进毕业生就业而设置的管理和服务机构，专门负责对毕业生进行就业指导，包括对毕业生进行择业技巧的指导，引导毕业生根据国家、社会需要，结合个人实际情况进行择业，使毕业生通过接受就业指导准确定位、合理择业。当然，随着毕业生就业完全市场化，毕业生也将由只从学校接受就业指导转为主动到市场寻求和接受一些社会上合法就业指导机构的就业指导。

4. 被推荐权

高等学校在就业工作中的一个重要职责就是向用人单位推荐毕业生。历年工作经验证明，是否有学校的推荐往往在较大程度上影响到用人单位对毕业生的取舍。毕业生享有被推荐权包含以下几个方面的内容。

（1）如实推荐

高校在对毕业生进行推荐时应实事求是，根据毕业生本人的实际情况向用人单位进行介绍、推荐。不能故意贬低或随意夸大毕业生在校期间的表现。

（2）公正推荐

学校对毕业生进行推荐应做到公平、公正，应给每一位毕业生就业推荐的机会，不能厚此薄彼。公正推荐是学校的基本责任，也是毕业生享有的最基本的权益。

（3）择优推荐

学校根据毕业生的在校表现，在公正、公开的基础上，还应择优推荐，用人单位录用毕业生也应坚持择优标准，真正体现优生优用、人尽其才。这样才能调动广大毕业生和在校生学习的积极性。毕业生在就业过程中要凭自身综合素质的提高来取胜。

5. 选择权

只要符合国家的就业方针、政策，毕业生就可以自主地选择用人单位，学校及其他单位和个人均不得干涉。任何将个人意志强加给毕业生，强令毕业生到某单位工作的行为都是侵犯毕业生选择权的行为。毕业生可结合自身情况自主与用人单位协商，达成意向后即可签订就业协议。

6. 公平待遇权

用人单位在录用毕业生的过程中，也应公正公平、一视同仁。当前，毕业生的公平待遇权受到很大的冲击，这也最为毕业生所担忧。由于各项配套措施滞后，完全开放、公平的就业市场尚未真正形成，用人单位录用毕业生还不同程度地存在不公平、不公正的现象，如女大学生就业难仍然是毕业生就业的一大问题。公平受录用权是毕业生最迫切需要得到维护的权益。

7. 违约求偿权

毕业生与用人单位签订协议后，任何一方不得擅自毁约。如用人单位无故要求解约，毕业生有权要求对方严格履行就业协议，否则用人单位应对毕业生承担违约责任，支付违约金，毕业生有权要求用人单位进行补偿。

（二）毕业生在就业过程中应履行的义务

权利和义务之间总是相辅相成的，毕业生在享有多项就业权利的同时，也应该履行一定的义务。根据有关规定，毕业生要依法履行以下义务：第一，认真学习，正确理解并执行国家就业方针、政策，根据需要为国家服务；第二，遵守国家就业政策以及学校据此制定的具体规定，接受学校毕业教育和就业指导；第三，严格按照就业协议及其他合法约定履行自己的义务；第四，服从学校就业工作的安排和管理，完成学校布置的与就业工作有关的任务或事项；第五，遵守择业道德，如实向用人单位反映情况和履行就业协议；第六，及时如实向学校汇报工作落实情况；第七，按时办理离校手续，文明离校；第八，承担因自身违约而带来的相应责任；第九，依据法律和现行就业政策有关规定应履行的其他义务。

（三）就业侵权行为及权益保护

1. 就业侵权行为的种类及表现

就业侵权行为是侵权行为人违反法定义务，侵害毕业生在就业过程中受国家法律和政策保护的权益，给毕业生造成一定损害并应当承担法律责任的行为。就业侵权行为大体分为以下几类。

（1）性别歧视

一般指女大学生在就业过程中受到的性别歧视，即用人单位在录用大学毕业生的各环节中，除妨碍正常生产、工作或依法不适合女大学生的工种或岗位外，以性别为由拒绝录用女大学生或提高对女大学生的录用标准而导致女大学生失去平等择业的机会或遭受其他损害。由于用人单位在招工简章中公开歧视女性的行为将受到劳动监察部门的查处，所以他们往往在招聘现场只收集简历，事后不再通知女性求职者面试，或在面试之后，再由内部淘汰女性或将已怀孕妇女调整到条件恶劣的岗位，迫使其主动辞职，或以制度规定"工资属个人隐私不得外泄"，掩盖"同岗不同酬"。对此，除了应进行道德舆论层面的呼吁和宣传教化以外，从法律层面对就业岗位予以规范也显得十分必要。此外，政府有关部门还应该出台优惠政策和激励措施，鼓励用人单位招聘女职工，鼓励女性自主创业，推动全社会形成良好的用人氛围，切实保护女性平等参与就业竞争的权利。

（2）经验歧视

在大多数的招聘信息中，"具有相关工作经验"是必不可少的条件。在用人单位提供的岗位中，约有一半明确要求，求职者必须具有1~3年的工作经验，不少企业还要求这种"工作经验"必须与应聘岗位相关。经验歧视在大学毕业生求职过程中的影响是最大的。应届毕业生没有工作经验，本来是用人单位在招聘前应充分考虑到的问题，但是不少到学校进行招聘的用人单位，仍然对毕业生提出工作经验方面的要求，令很多毕业生感到十分无奈。

（3）学历歧视

学历和毕业学校是很多招聘方在聘用求职者过程中的首要筛选条件。高校扩招后带来的一个后遗症，就是人才"高消费"。现在许多用人单位都盲目追求高学历，原本大中专毕业生就足以胜任的工作也要求求职者必须具有本科甚至硕士文凭，否则根本不考虑。

（4）侵犯隐私权

在面试时，毕业生往往会在相关网站或招聘材料上按照要求留下自己的信息，如年龄、身高、学历、电话、身份证号码等，这些个人信息属于个人隐私的一部分，未经本人同意是不允许公开、泄露和出售的。但由于各种原因，如工作人员的疏忽、网络软件的缺陷以及某些不法商家有意设置圈套等，有可能会导致这些个人信息被他人获得，用来谋求商业利益或对当事人进行骚扰。因此，毕业生在求职时，不要随便将个人资料给毫不了解的招聘单位，一定要增强安全防范意识，提高自己的隐私保护意识。

（5）侵犯知识产权

一些用人单位经常会通过招聘、实习等方式有意盗用毕业生的智力成果，企图赚取免费的劳动收入。在实际就业过程中，一些专业的毕业生尽管已经明显感到自己的知识产权受到侵犯，却不知道如何去保护。在现实生活中，为避免侵犯知识产权的情况发生，特别是专业性、技术性很强的专业的毕业生一定要保持警惕，增强保护知识产权的意识，采取适当的措施降低用人单位侵犯知识产权的可能性。例如，面试时，为了不让用人单位随意复制自己的作品，发送电子简历时，应运用技术手段对自己的作品进行一定处理，如降低相关图片的分辨率等，在交付自己设计的作品时，尽可能要用人单位签收，以便发生侵权纠纷时可作为维权证据。

2．毕业生权益保护

毕业生在就业过程中往往会遇到一些侵害毕业生权益的行为，毕业生可通过以下途径对自身权益实施保护。

（1）毕业生就业主管部门的保护

毕业生就业主管部门可通过制定相应的规则来确定毕业生的权益，并对侵犯毕业生权益的行为予以抵制或处理。

（2）高等学校的保护

学校对毕业生权益的保护最为直接。学校可通过制定各项措施来规范毕业生就业指导和就业推荐，对于用人单位在录用毕业生过程中的不公平、不公正行为，学校有权予以制止，以维护毕业生的合法权益。高等学校在毕业生签订就业协议过程中应进行监督和指导。对于用人单位与毕业生签订的不符合国家有关政策规定的就业协议，学校有权拒签。未经学校审核同意的就业协议不能作为编制就业方案的依据。

（3）毕业生自我保护

毕业生自身也要在就业过程中加强自我保护，具体体现在三个方面。第一，毕业生应了解目前国家关于毕业生在就业过程中的权利和义务，这是毕业生权益自我保护的前提；第二，毕业生应自觉遵循有关就业规则，接受其制约，保证自己的就业行为不违反就业规则，不侵犯其他毕业生和用人单位的合法权益；第三，毕业生应学会运用法律手段维护自身的合法权益，针对侵犯自身就业权益的行为，可首先与有关用人单位协商解决。协商不成的，可向签订协议所在地的毕业生就业工作主管部门申请调解，也可依法向有关部门申请仲裁。

三、大学生常见的求职陷阱

当今世界瞬息万变，各种关系错综复杂，对于大学生来说，涉世之初，难免会遇到各种挫折，特别在求职这条路上，总会遇到些陷阱。下面是大学生求职时经常遭遇的几种陷阱。

（一）费用陷阱

一些用人单位在招聘中向毕业生收取名目繁多的费用，不但加重了毕业生的负担，而且根本就是骗取钱财，这些费用有风险抵押金、报名费、培训费、考试费、资料费、登记费、服装费等。有些毕业生不想错过机会，尝试着先把费用交了，但结果却是上当受骗。

我国《劳动力市场管理规定》第十条规定："禁止用人单位招用人员时有下列行为……（三）向求职者收取招聘费用；（四）向被录用人员收取保证金或抵押金；（五）扣押被录用人员的身份证等证件；（六）以招用人员为名牟取不正当利益或进行其他违法活动。"

（二）高薪陷阱

求职时，毕业生往往容易被优厚的待遇、高额的工资所吸引，但等到正式开始工作时

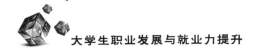

才发现，用人单位以各种各样的理由和借口不予兑现招聘时做出的承诺，或是用人单位对薪水中的不确定收入部分给予的是虚假或模糊的承诺，最终不能兑现。针对这种情况，毕业生一定要在求职时对用人单位深入了解，重在预防，不要盲目签约。

（三）试用期陷阱

试用期陷阱主要有以下几种形式。一是试用期间只试用不录用，毕业生辛辛苦苦熬到试用期满时，用人单位随意找个理由就把毕业生辞退了。二是试用期不签订劳动合同，试用合格后才签劳动合同。《中华人民共和国劳动合同法》规定，"劳动合同除前款规定的必备条款外，用人单位与劳动者可以约定试用期""试用期包含在劳动合同期限内"。因此，毕业生在被用人单位录用后就应该订立劳动合同，双方在法律、法规允许的范围内约定试用期。三是随意延长试用期，《中华人民共和国劳动合同法》对试用期限有明确规定，有些单位却拒不执行。四是故意混淆试用期与实习期、见习期的概念，以达到侵犯毕业生合法权益的目的。实习期是在校大学生到单位进行实践活动的时间，属于教学过程的一部分；见习期是对应届毕业生进行业务适应及考核的一种制度，不是劳动合同制度下的概念，而是人事制度下的做法。五是榨取廉价劳动力，支付低工资甚至不支付工资。六是单独签订试用期合同，试用期结束时，用人单位将毕业生辞退，同时又以劳动合同没有生效为由，逃避责任。

（四）合同陷阱

现实生活中，有些用人单位在与毕业生签订劳动合同时采用欺诈、胁迫等手段设置陷阱，严重侵害了毕业生的合法权益。合同陷阱一般有以下几种形式。第一，口头合同，用人单位与毕业生就责、权、利达成口头约定，不签订书面正式文本。第二，单方合同，用人单位在劳动合同里只约定了毕业生的义务和用人单位的权利，而对毕业生的权利和用人单位的义务却很少甚至是根本不提。第三，生死合同，一些高危行业的用人单位会要求毕业生接受合同中的"生死协议"，即一旦发生意外，企业不承担任何责任。第四，真假两份合同，假合同内容按照劳动部门的要求签订，以应付有关部门的检查；真合同往往是从用人单位利益出发的违法合同。第五，格式合同，用人单位采用的是根据劳动部门制定的合同示范文本打印的聘用合同，从表面上好像看不出什么问题，但具体文字却表述不清，甚至可以有多种解释。

除以上陷阱外，还有遭遇不良中介，被用人单位当作廉价劳动力无故克扣工资及不缴纳社会保险费（养老保险、医疗保险、失业保险、工伤保险、生育保险），被骗取劳动成果，陷入传销骗局，被网络虚假招聘信息蒙蔽等诸多陷阱，这都在提示着毕业生在求职路上一定要提高警惕，擦亮眼睛，绕过陷阱，最终实现顺利就业。

【交流与讨论】

1. 你经历过或听说过的就业陷阱与就业歧视有哪些？

2. 当你遭遇就业陷阱与就业歧视时，你如何维护自己的就业权益？

四、劳动争议的处理

（一）劳动争议的概念

所谓劳动争议，是指劳动者与其所在用人单位之间因法律赋予的劳动权利和义务以及与这些权利和义务密不可分的其他问题发生的纠纷。

1. 劳动争议当事人

劳动争议当事人是指劳动法律意义上的劳动者和其所在的用人单位。按照法律规定，只有建立劳动关系，劳动者成为该单位的职工，方可在劳动争议中成为当事人。劳动争议当事人的另一方即用人单位，是指具有合法用工权的单位。

2. 劳动争议的内容

劳动争议的内容是指法律赋予劳动者的劳动权利和义务以及法律赋予用人单位的劳动管理权利及其应当承担的义务。当然，因那些在劳动合同和集体合同中有明确约定的权利和义务而发生的纠纷，也属于劳动争议的范畴。劳动争议另一个方面的内容，即所谓与劳动者的劳动权利和义务密不可分的其他权利和义务问题。

（二）劳动争议的类型

1. 劳动关系解除争议

劳动关系解除争议主要表现在以下几个方面。

（1）过失性解除劳动关系争议

过失性解除劳动关系争议常常发生在管理人员因劳动者违反劳动纪律或国家法律法规而解除劳动关系的过程中，双方争议的焦点往往在于违法行为是否存在、行为的严重程度是否足以构成解除劳动关系等问题上。在解除劳动关系时，企业往往根据自己的理解做出处理决定，这往往与职工的要求发生冲突。

（2）非过失性解除劳动关系争议

非过失性解除劳动关系争议，即企业在深化经济体制改革的过程中，需要裁掉一部分人员，被裁掉的职工对企业不满意，因而发生争议。

（3）辞职与自动离职争议

辞职与自动离职争议主要发生在技术人员、销售人员与原单位之间。这些人员凭借其掌握的先进技术、专利、购销渠道，追求能给其提供优厚待遇的单位。他们的自由流动要

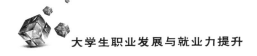

求与单位固定人才的要求往往发生矛盾，单位必然设置行政障碍阻止其流动。对此，这类人员常常利用辞职的办法办理正常的离职手续，一旦单位不同意，就往往不辞而别。这些人员的流出给单位造成了不同程度的损失，由此导致劳动争议的发生。

2. 劳动合同争议

劳动合同争议主要表现为以下几种。

（1）劳动合同订立、变更争议

劳动合同的订立争议常常是由于合同的双方当事人缺乏劳动合同的基本知识，在签订劳动合同中程序不规范、手续不完备、内容不合理或欠缺等造成的。有的单位订立劳动合同纯粹是走形式，甚至有的劳动者签名、盖章都是由别人代替的。一旦劳动者找到待遇更好的工作，或者企业未能满足劳动者提出的要求，劳动者就有可能对劳动合同提出异议。变更劳动合同的争议主要出现在企业调动职工的工作岗位中，因工作岗位的变动引起原劳动合同权利和义务条款的各种变化，进而造成争议。职工工作岗位的调动原因往往是多方面的，有的出于用人单位的需要，有的出于职工本身的要求。当企业管理人员与职工对新岗位的看法不一致时，劳动争议就可能发生。

（2）劳动合同履行的争议

在劳动合同的有效期内，如果双方对权利和义务的理解不一致，或其中的某些条款因为违法而无效，或对于对方履行合同的行为有争议，那么此类纠纷就容易发生。如职工的补贴发放问题、加班问题、劳动条件问题和劳动设施的配备问题等，都可能引发劳动争议。

（3）劳动合同的终止和续订争议

在原劳动合同期满后，双方当事人之间的法律关系消失时，会因权利和义务引起争议。有的用人单位在与职工签订的劳动合同到期后，单位不与职工续订劳动合同，继续保持一种事实上的劳动关系。这种关系是不稳定的，它容易被其中一方随时解除。有的当事人强迫对方与自己订立劳动合同，还有的是就原合同的续订和延长存在着协议，在合同期满时不遵守续订合同的协议。

（4）劳动合同解除争议

劳动合同的解除就意味着劳动者失业，劳动者对此问题往往十分敏感，因此，解除劳动合同导致的争议也很多。劳动合同的解除基本要求是当事人具备了解除劳动合同的条件，解除程序符合法律规定的要求。《中华人民共和国劳动合同法》对劳动合同的解除规定了详细的条件和程序，当事人必须依法履行。

3. 劳动报酬争议

劳动报酬争议主要包括以下几种。

（1）拖欠工资争议

拖欠工资争议是指劳动者在完成工作之后，未能及时得到合同规定的劳动报酬而产生的争议。有的不法用人单位出于主观原因，故意拖欠职工工资。

（2）克扣工资争议

此争议主要发生在企业根据管理规章制度扣除职工工资。有的企业为了争取更好的经济效益，对本单位的职工十分苛刻，动不动就扣工资，有的职工工作了一个月，工资被扣得所剩无几。

4. 社会保险争议

社会保险争议主要是指用人单位未按国家法律法规或劳动合同的约定为劳动者按时足额缴纳各种社会保险引起的争议，主要包括工龄计算争议、养老保险争议、失业保险争议、工伤保险争议、医疗保险争议等。

工龄是劳动者参加工作的年限，由于我国工龄计算的方法比较复杂，从什么时候开始计算往往界定也不一致，所以劳动者与用人单位在工龄的计算上，难免会因计算方法、计算依据不一致而引起争议。

劳动争议主要就是上面列举的这几种，其余比较常见的还有职业培训争议以及企业侵犯职工人身权利导致的争议等。

（三）劳动争议处理体制

1. 劳动争议处理体制

《中华人民共和国劳动法》和《中华人民共和国企业劳动争议处理条例》都规定，劳动争议发生后，当事人双方协商解决，协商不成或者不愿协商的，当事人可以向本单位劳动争议调解委员会申请调解。调解不成或者不愿意调解的，当事人可以直接向劳动争议仲裁委员会申请仲裁。对仲裁裁决不服的，当事人在法律规定的期限内，可以向人民法院提起诉讼。

（1）协商解决劳动争议

所谓协商解决，是指劳动争议当事人之间通过商谈达成解决纠纷协议的活动。在日常生活中，发生劳动争议后，当事人双方一般都有一个协商的过程。协商不成才进入法定的处理程序。需要注意的是，解决纠纷的协议不得对第三者造成损失或者与国家的法律、法规相抵触。

（2）劳动争议调解

所谓劳动争议调解，是指在第三方的主持下，当事人双方依法经平等协商达成解决纠纷协议的活动。劳动争议调解的形式可以分为法定机构调解、行政机构调解、法律服务机构调解等。用人单位设立的劳动争议调解委员会是调解劳动争议案件的专门机构。

（3）劳动争议仲裁

按照我国《劳动争议仲裁委员会组织规则》的规定，市、市辖区（县）政府应当依法设立劳动争议仲裁委员会。劳动争议仲裁委员会办事机构设在劳动行政管理部门，劳动

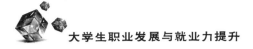

争议仲裁委员会在处理劳动争议案件时实行仲裁庭制度。

（4）劳动争议诉讼

劳动争议当事人如果对仲裁裁决不服，则需要在收到裁决书之日起15日内向人民法院提起诉讼。诉讼是劳动争议处理的最终程序。按照最高人民法院做出的司法解释，劳动争议案件依法由人民法院的民事审判庭审理。

2. 理解分歧应采纳有利于劳动者的解释

《中华人民共和国劳动合同法》明确规定，用人单位和劳动者对劳动合同的内容理解不一致时，应当按照通常理解予以解释，有两种以上解释的，应当采纳最有利于劳动者的解释。这也体现了"保护弱者"的法律精神。

3. 处理劳动争议要有理、有利、有节

稳定和谐的劳动关系对于初入职场的大学毕业生尤为重要，但在现实生活中，由于种种原因，劳动关系中出现争议在所难免。一旦出现劳动争议，不去认真对待、不懂得维护自身的合法权利是不对的，但处理方式过激、不按法律程序办事同样也不可取。在解决劳动争议过程中要言之有理，要以事实、劳动合同、法律为依据，保证自身的合法权益，妥善解决争议。

 【榜样力量】

最美奋斗者——罗阳

在践行航空强国梦的征程中，人们将永远铭记原沈阳飞机工业（集团）有限公司董事长、总经理——罗阳所作出的卓越贡献。他自1982年参加工作以来，一直奋战在航空一线，在平凡的岗位上铸就了"航空报国"的不朽丰碑。

2012年11月25日，身为歼-15飞机现场研制总指挥的罗阳，在圆满完成我国第一艘航空母舰辽宁舰出海执行歼-15舰载机首次起降训练任务，返回大连当日，因连日工作，积劳成疾，突发心肌梗死、心源性猝死，不幸以身殉职，享年51岁。

七型飞机功炳天疆。"十一五"时期，是我国社会主义现代化建设的关键时期，国际形势风云变幻，空海军亟需战略转型，武器装备亟需升级换代，此时的罗阳毅然担起了沈飞公司掌门人的重任，用五年时间硬是趟出了一条军机研制的新路。相继实现六型飞机成功首飞，顺利完成两型飞机设计定型，并批量交付部队形成战斗力，有力地推动了我国国防武器装备的升级换代和空、海军战略转型，实现了沈飞从单一机种向多个型号的转变，从单一国内市场向国际军贸市场的开拓。

新研能力跨代飞跃。罗阳同志积极探索新机试制新模式，成立了新机试制快速反应中心，大力实施并行工程，极大地缩短了新机研制周期，某型飞机从设计发图到成功首飞仅用了10个半月，"鹘鹰"飞机作为跨代机型，也仅用了13个月的时间，成功实现了生产能力由三代机向四代机的换代升级。他着眼未来，注重提升产品研发能力和制造能力，无图制造技术等一大批新技术、新工艺的开发应用，推动了我国航空制造技术水平快速进步。

攻坚克难创造奇迹。在公司科研新机研制周期紧、难度高、风险大，批量生产任务需求量大、任务重的情况下，他强化组织管理，形成了责、权、利清晰，纵向畅通、横向协调，运行高效的管理体系。在型号研制关键时期，他通过签发总经理令，成立现场工作组，强化生产计划的严肃性和执行力，亲自与相关单位签订"责任状"。组织部装、总装和试飞"三大战役"，集中力量开展重点型号攻坚决战，推动军机研制取得重大进展。

创新打造现代企业。罗阳建设性地提出了十个统筹的发展思路，着手整合军机、民机、非航、通航、零部件五大业务板块，打造战略中心型现代化企业。加强国际合作，研制生产 C 系列飞机，实现民机转包生产向风险合作转变；通过全球化思维，本地化运作，转包生产年出口交付额突破一亿美元大关。他提出了管理四化，即管理"严格化、精细化、规范化和标准化"，全面推行现代管理工具，为企业转型发展提供了强劲动力。他强化人才培养，塑造职业精神，公司涌现了几十名专家做领军人才和多名全国技术能手、全国五一劳动奖章获得者，有力提升了人才队伍整体素质和战斗力。

在他生命的最后一个月里，他不知疲倦，殚精竭虑，在实现了两大重点型号相继成功首飞后，便赶赴珠海航展为"鹘鹰"呐喊，继而又转战辽宁舰为"飞鲨"助威，直至生命的最后一刻……2012 年 11 月 18 日，罗阳参加歼-15 舰载机首次实际着舰试验。他深知，这次上舰是他和歼-15 的"高考"，责任重大！他及时和团队成员制定调试方案。为了掌握第一手资料，罗阳每次都近距离观察飞机起降，最近时不到 20 米，发动机轰鸣声震耳欲聋，整个胸腔承受着巨大压力。就在圆满完成歼-15 在辽宁舰首次起降训练任务、开创中国航母事业新纪元的光荣时刻，11 月 25 日，罗阳突发疾病逝世。

中共中央总书记、中央军委主席习近平做出重要指示。习近平指出，罗阳同志不幸因公殉职，我谨致以沉痛的哀悼，并向他的家人表示深切的慰问。罗阳同志秉持航空报国的志向，为我国航空事业发展作出了突出贡献，他的英年早逝是党和国家的一个重大损失。要很好地总结和宣传罗阳同志的先进事迹，广大党员、干部要学习罗阳同志的优秀品质和可贵精神。

遵照习近平的指示精神，中央组织部、中央宣传部立即组织对罗阳先进事迹进行总结、宣传，号召广大党员、干部向罗阳学习，为推动党和国家事业提供榜样的力量。中国航空工业集团公司决定授予罗阳"航空报国英模"称号，并在全集团深入开展向罗阳学习活动。全国人民以多种方式表达了对罗阳的崇敬和哀悼之情。

罗阳同志以国家之振兴为己任，以企业之发展为己任，三十载恪尽职守，兢兢业业；三十载呕心沥血，鞠躬尽瘁，奏唱了一曲感人至深、催人奋进的英雄赞歌。他把全部的精

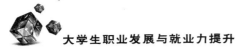

力奉献给了祖国的航空事业，成就了沈飞的五年蝶变。他留下的"罗阳精神"——"信念坚定、对党忠诚的政治品格；矢志不渝、航空报国的爱国热情；恪尽职守、忘我奉献的崇高品德；严于律己、淡泊名利的人生境界"——成了取之不尽、用之不竭的宝贵精神财富，将永远激励航空人在实现航空强国梦想的路上拼搏创新、奋飞图强！

本章自我小结

【实践训练】

训练一：签约模拟训练

【训练参考】

就业协议范本

编号 NO.

全国普通高等学校毕业生就业协议书

毕 业 生_____

用人单位_____

学校名称_____

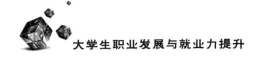

国家教育部高校学生司制表

按《普通高等学校毕业生就业工作暂行规定》的要求，为维护国家就业计划的严肃性，明确毕业生、用人单位、学校三方在毕业生就业工作中的权利和义务，经协商，毕业生、用人单位、学校三方签订如下协议：

一、毕业生应按国家规定就业，向用人单位如实介绍自己的情况，了解单位的使用意图，表明自己的就业意见，在规定的时间内到用人单位报到，若遇到特殊情况不能按时报到，需征得用人单位同意。

二、用人单位要如实介绍本单位的情况，明确毕业生的要求及使用意图，做好各项接收工作。凡取得毕业资格的毕业生，用人单位不得以学习成绩为由提出违约，未取得毕业资格的结业生，本协议无效。

三、学校要如实向用人单位介绍毕业生的情况，做好推荐工作，用人单位同意录用后，经学校审核列入建议就业计划，报教育部批准，学校负责输送派遣手续。

四、学校应在学生毕业前安排体检，不合格者不派遣，若本协议有特殊要求，原则上应在签订协议前进行单独体检，否则，以学校体检为准。

五、毕业生、用人单位、学校三方如有其他约定，应在备注栏注明，并视为本协议书的一部分。

六、本协议经各方签字、盖章后生效。三方都应严格履行本协议，若有一方提出变更协议，须征得另两方同意，并由违约方向另两方各交纳违约金 1 000～2 000 元。

七、本协议一式四份，毕业生、用人单位、学院、学校毕办各执一份，复印无效。

<table>
<tr><td rowspan="6">毕业生情况及意见</td><td>姓名</td><td></td><td>性别</td><td></td><td>年龄</td><td></td><td>民族</td><td></td></tr>
</table>

毕业生情况及意见	姓名		性别		年龄		民族	
	政治面貌		培养方式			健康状况		
	专业				学制		学历	
	家庭地址							
	应聘意见： 毕业生签名： 年 月 日							

用人单位意见情况及意见	单位名称	
	邮政编码及详细地址	
	联系人	联系电话
	档案转寄单位名称、详细地址及邮编	
	用人单位意见： 签章 年 月 日	用人单位上级主管部门意见（有用人自主权的单位此栏可略） 签章 年 月 日

学校意见	学校通信地址		联系电话		邮政编码	
	学院意见： 签章 年 月 日		学校毕业生就业部门意见： 签章 年 月 日			

注意事项	一、每名毕业生只有一套就业协议书，每套一式四份，用人单位、毕业生、学院和学校毕办各持一份。 二、就业协议的签订程序如下。 1. 毕业生本人填写基本情况，签署应聘意见； 2. 用人单位签署接收意见； 3. 毕业生所在学院签署意见并备案； 4. 学校毕业生就业办公室签署意见并列入就业方案。 三、报考研究生的毕业生在签订就业协议书时，应将报考研究生的有关情况告知用人单位，双方协商并达成一致意见后，在备注栏中注明。 四、毕业生与用人单位如果另有其他约定，可在备注栏中注明，并由学校签章鉴证。 五、协议签订之后，毕业生应及时将协议书邮寄或送交用人单位。
备注	

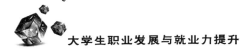
【训练实操】

请同学们按以下程序进行签约模拟训练:

1. 每 4 名学生一组,分为若干组,2 名为用人单位,2 名为应聘者。

2. 每组发一张就业协议的复印件。

3. 协商签约条件,可参考下列提示(可上网查阅资料)

(1)公司名称;

(2)公司通信信息;

(3)应聘岗位性质;

(4)薪资待遇;

(5)其他注意事项。

4. 用人单位 2 人与应聘学生 2 人,分为两方,就应聘事宜展开谈判,最终签订一份就业协议。

5. 小组间交换签订好的就业协议书,寻找就业协议书签订中存在的问题。

自己对就业协议签订的评价:

他人对就业协议签订的评价:

签订就业协议的心得:

总结自己在就业协议签订中可让步和不可让步的部分:

训练二：模拟签订劳动合同

【训练参考】

毕业生维护自身权益应注意以下问题。

一、协议不能代替合同

高校应届毕业生就业时会与学校和用人单位签订一个三方协议，这是由学校作为见证，毕业生与用人单位签订的一份意向性协议，它具有法律效力，但它不能替代劳动合同。

【案例】

小王 2021 年 7 月大学毕业后，到市××食品公司工作。工作一段时间之后，小王以公司一直没有为其缴纳社会保险费为由，向××市劳动争议仲裁委提起仲裁，要求终止劳动关系，并要求公司支付不签劳动合同双倍工资 2 200 元。

公司辩称，公司曾在 2021 年 6 月与小王签订了一份就业协议，已就工资等事项进行了约定，内容与劳动合同无异，因此无须再签订劳动合同。

分析：仲裁委审理后认为，就业协议的作用限于对学生就业过程的约定，毕业生到用人单位报到后，就业协议即自动失效。而劳动合同是劳动者与用人单位确立劳动关系、明确双方权利义务的协议，根据《中华人民共和国劳动合同法》的规定，建立劳动关系应当订立劳动合同。因此，就业协议不能代替劳动合同。仲裁委遂认定公司与小王没有签订劳动合同，裁决支持了小王的仲裁请求。

二、违约金要约定上限

三方协议中的违约金必须经由毕业生与用人单位协商之后约定，并且违约金的数额必须符合用人单位所在地的相关规定。现在国内大部分地区都没有明确规定违约金的上限，这种情况下都以双方协商金额为准。毕业生与用人单位还可以互相约定违约金数额，以应对用人单位违约的情况，从而维护自身的权益。

由于三方协议具备权利和义务的双方是劳动者和用人单位，学生如果要毁约的话，除非学生与学校有特殊的约定，否则一般情况下学校是不能够向学生收取违约金的。

三、口头承诺应写进备注

90% 以上的毕业生就业三方协议中的备注栏全是空白。由于缺乏社会经验和法律知识，很多毕业生因为急于就业而相信用人单位的一些口头承诺，常常在到岗以后与单位发生纠纷。

毕业生一定注意充分利用好就业协议的备注栏，尽量将单位的承诺，如休假、住房补贴、解决户口、保险等各项承诺明确写入备注栏，切实保障自己的合法权益。

四、试用期不超过半年

有些用人单位利用一些大学生对法律的无知，对其进行遥遥无期的试用，而按照《中华人民共和国劳动法》的规定，劳动合同约定的试用期不超过 6 个月。

【案例】

李某与××建筑公司签订了为期2年的劳动合同。合同中约定试用期半年，试用期满需经考核，如果考核不合格则延长试用期半年。试用期内，××公司每月支付李某工资1 500元。双方还约定如发生工伤，职责自负。在工作期间，李某在一次事故中被砸伤，住院治疗一个月，花费医疗费、营养费等共计5 000多元，李某要求××公司承担医疗费、营养费等费用，××公司则提出按照他们之间的协议，李某应自己承担这笔费用。

分析：对于李某与××公司之间订立的劳动合同的效力，超过法律规定的期限约定的试用期条款无效。《中华人民共和国劳动合同法》第十九条规定：劳动合同期限一年以上不满三年的，试用期不得超过二个月；同一用人单位与同一劳动者只能约定一次试用期。

李某的医疗费、营养费等费用应由××公司承担。若是由于李某的过错（如工具的使用不当等）而导致其被砸伤，那么法院会根据李某的过错程度在损害数额上让李某自负一定比例的损失。

【训练实操】

一、角色分工

按照角色要求，将学生分为两个小组模拟用人单位组、应聘人员组，并分别完成以下任务。

用人单位组：负责准备企业劳动合同，下载本单位的电子合同书样本，打印2份备用，并对合同内容进行初步研究。

应聘人员组：下载5个用人单位的电子合同书，对合同内容进行初步研究，初步确定自己拟选择就业的用人单位。

二、调查作业

分成3组分别完成以下调查作业，每组自行确定组名，并进行分工。

小组1：请利用网络等渠道搜集5个公司的情况，并制作PPT课件，发送至班级QQ群作为资源共享。

小组2：请发起微博投票，了解大家对签订劳动合同过程中存在问题的态度，制作PPT课件，发送至班级QQ群共享。

小组3：发起关于"签订劳动合同应注意事项"的大讨论，进行开放式调查，并将毕业生和在校生关注的问题进行归纳，制作PPT课件，发送至班级QQ群共享。

教师：设计活动环节；设计5份陷阱重重的劳动合同电子文本，作为各个招聘单位的模拟劳动合同；利用微信软件给学生布置课前任务。

三、模拟情境

模拟订立劳动合同现场情境。5名用人单位小组人员准备好模拟签订劳动合同的现场，应聘人员根据课前确定的就业意向自行分组，双方均打开本单位的合同书，对合同的内容进行初步沟通。在沟通过程中，学生会自发地提出一些疑问，以此引出本课程的内容——劳动合同订立主体、订立条款。

四、任务实施

第一轮：播放视频资料，引出劳动合同订立主体的内容。

原创视频播放：播放学生课前自拍视频——临近毕业大学生劳动纠纷案。

任务实施：引导学生思考自己是否具有劳动者主体资格，参加工作时是否需要再与用人单位签订就业协议；引导同学在工商局网站查看所选单位是否为合法的用人单位，让同学们明白：若不仔细辨明用人单位合法与否，其合法权益很可能受到损害。

第二轮：播放视频资料，引发学生对劳动合同订立条款的思考。

任务实施：引导学生检查自己的劳动合同是否有上述必备条款；让学生自查手中的合同有无试用期规定，试用期期限和工资是否符合法律规定，是否存在试用期陷阱。

以上教学环节完成后，要求学生对手中合同所存在的法律问题进行归纳总结，教师以组为单位对各个用人单位的合同进行点评，指出存在的法律问题。然后要求"应聘人员"与"用人单位"进行沟通协商，修改合同，最终模拟签订一份合法的劳动合同书，完成本课程的任务。

第十一章　适应角色转变，开启人生新阶段

　　角色转变就像演员在舞台上扮演不同的角色一样，人处在不同的社会地位、从事不同的社会职业都要扮演不同的社会角色。从大学生转变为一个社会职场人，要抛开浪漫，抛开幻想，认识自己所处的真实地位和社会现实。要想正确地选择职业，就必须转变角色。要摆正自己的位置，以自身的实力积极主动地去适应社会需要，在选择社会职业的同时，也接受社会的选择，正确地迈出人生这关键的一步。

【学习目标】

1. 了解大学生角色与职业角色之间的区别。

2. 掌握尽快进入工作角色，建立良好的人际关系的方法。

3. 掌握大学生重塑自我、主动适应社会的方法。

【名人名言】

有效的沟通取决于沟通者对话题的充分掌握，而非措辞的甜美。

——英特尔公司创建人之一安迪·葛洛夫

【本章思维导图】

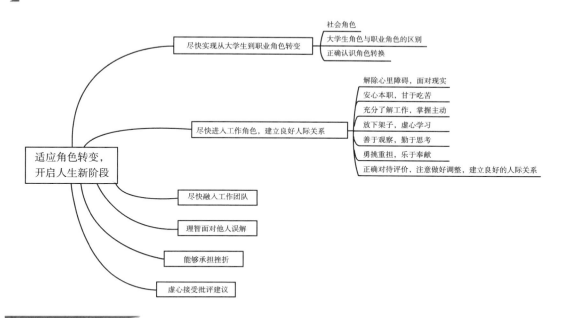

【案例导入】

毕业于某高职院校冶金类专业的毕业生小王在一家国有大型钢铁企业任职，每天都是重复的工作内容，这让小王感觉枯燥乏味，和大学时代的理想相距甚远，她不甘于平庸，却又无法改变现状，变得焦躁不安。

高校毕业生在参加工作之初往往出现"心理未断乳"现象，缺少自己处理问题和调节心理的能力。这种现象对于用人单位和个人都不是好事。因此建议高校毕业生首先要耐得住寂寞，这是每个人必须经过的一关。刚参加工作时，人人都有理想、有抱负，但是真正成就大事业的，反而是最沉得住气、甘当配角的人。

【理论链接】

一、尽快实现从大学生到职业角色转变

（一）社会角色

社会角色是指人的身份，也就是其所处的相应社会关系的反映，它是社会群体的基础，随着社会实践的发展而不断更新内容。

社会角色确定了社会对个人的权利义务的要求，每一个社会角色都有特定的社会行为

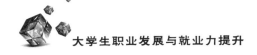

准则，以揭示每个人在社会中的地位和在人际关系中的位置。社会角色是人的个体社会关系的动态概述。角色丛中的每一个社会角色都为其赋予了一定的社会功能，其社会角色的功能是一定的角色通过履行角色义务来实现的。为了履行角色义务，角色扮演者必须具有一定的权利，按照社会规定的行为规范来行动。

对个人来说，其社会角色不是单一的。人们总是同时担任着各种不同的角色。这些角色是由个体的人在不同时间、不同场合、不同环境占据着不同的社会位置，履行着不同的社会义务，遵循着不同的社会规范而确定的。

当然，在集于一身的多种角色中，有一个角色最能反映一个人的社会特性，在社会活动中主要以此角色与他人产生交往与互助，并由此参与社会生活。比如一位大学生，在学校里对于教师而言是学生，在家里对父母来讲是子女，在社会上对于商店来说是顾客等。但是，由于客观主体的主要任务是读书学习，因此他在社会中扮演的主要角色便是学生。

（二）大学生角色与职业角色的区别

大学生角色与职业角色的根本不同在于社会责任不同、社会权利不同、社会规范不同。

1．社会责任不同

社会角色的角色义务就是角色的社会责任。角色责任的形成一般来说有两种方式：一种是自然的约定俗成，比如家庭角色的尊老爱幼，学校角色的尊师爱生等；另一种是通过行政方式，通过法律、法规、制度、纪律等来确定的，如学校中的大学生守则，职业中的岗位责任制等。学生角色的主要责任是努力吸取知识，使德、智、体、美、劳全面发展，掌握为人民服务的本领。整个角色过程是一个受教育、储备知识、锻炼能力的过程。而职业角色责任是以特定的身份去履行自己的职责，依靠自己的本领或技能去创造社会效益和经济效益的过程。两种责任的履行所产生的后果也是有区别的。学生角色责任履行得如何，主要关系到本人知识掌握的多少和能力培养的程度；而职业责任履行得如何，则影响较大，因为人们在评判职业角色时，总是要和工作单位紧密相连的，将其作为负责任的工作人员来看待的。职业角色要求角色能独当一面，并与同事密切配合，充分履行职业责任。

2．社会权利不同

社会赋予角色的权利，就是角色履行义务时依法应有的支配权利和应享受的权益，或应取得的精神或物质报酬。学生角色的权利主要是接受教育，并取得经济生活的保证或资助，大学生在学分制条件下有选课和选择任课教师的权利；职业角色则是依法行使职权，开展工作，并在履行义务的同时取得报酬。

3．社会规范不同

角色规范是对角色扮演者的行为规定。一种是明文规定的角色行为规则，另一种是社会的发展和演化中所形成的约定俗成的行为模式。社会赋予职业角色的规范、提供的行为模式，则因职业的不同而不同。这些模式既具体又严格，违背了就要承担一定的责任，甚至是法律责任。例如，学生规范多是从培养、教育的角度出发，促使其以后能顺利成长为合格的人才，如学校制定有明确的规章制度，社会对处于成长时期的学生也有一些约定俗成的要求，如怎样待人接物，怎样做人等。再比如国家工作人员，必须严以律己、克己奉公，渎职、玩忽职守、收受贿赂就要受到纪律甚至法律的处罚。

（三）正确认识角色转换

角色转换是每一个人在社会关系中的动态描述。人的社会任务或职业生涯发生变化，角色也随之变化。从一个角色进入另一个角色，这个过程叫角色转换。角色转换的根本变化是权利和义务的变化。大学生完成学业，开始工作，由原来的学生角色转变为新的社会角色，这一转换不是瞬间发生和完成的，而是一个过程，它包括取得角色和进入角色这两个环节。

1. 取得角色资格

在大学学习期间，几乎每一个学生都要为自己的职业规划蓝图，同时了解社会人才需求的信息，特别是临近毕业阶段，进行充分的就业准备是毕业生必做的。从这时起就孕育着角色转换的发生。通过多种形式的双向选择，最后双方达成协议，学生到用人单位报到，这时角色转换正式发生。

大学毕业生到了一个新的环境，存在着不能完全遵守单位规章制度的可能，还未形成或完全形成原有职工的行为模式。只有在逐渐熟悉了单位的规章制度，了解工作的业务程序，建立新的和谐的人际关系之后，才能积极主动地开展工作，完成大学生就业后的社会角色转换，我们一般将这一过程称为角色适应期。每个人的角色适应期的长短是不一样的，一般说来，角色适应期要在见习期结束时就应基本完成。

2. 进入角色

进入角色包括要获得承担某个角色的认可，表现出与这一角色相匹配的品质和才能，要积极主动地从精神上和行动上完全投入这一角色。

一个好的工作者需要能全方位、多角色地看问题，需要极大的工作热情和耐心，需要兢兢业业、勤勉机敏的工作态度。大学生在校时，与书本接触得比较多，实际动手机会少，因而认识问题、分析问题的能力相对较强，解决问题的能力则相对较弱；对社会现象理想化较多，具体化、现实化较少，因而工作初期不可避免地会存在一些困难。大学生要利用自己的知识优势去克服这些困难，展现自己的实际工作能力、品质和才华。

3. 角色转换的迷茫

大学生在角色转换的过程中，往往会面临着新旧角色的冲突。有些学生由于受到社会因素、家庭因素尤其是自身认知能力、人格心理发展、意志品质以及情绪情感等因素的影

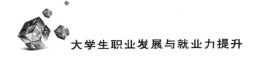

响，不能正确认识角色转换的实质，或者在角色转换中不能持之以恒，因此还不能清楚、合理科学地认识角色转换。

（1）依恋心理

依恋心理即在角色转换过程中容易依恋学生角色，出现怀旧心理。对待周围环境，也反映出对学生角色的依恋。经过十多年的读书生涯，大学毕业生对学生角色的体验可以说是非常深刻了，学生生活使得每一位学生在学习、生活和思维方式上都养成了一种相对固定的习惯。因此，在职业生涯开始之初，许多人常常会自觉或者不自觉地就把自己置身于学生角色中，以学生角色的社会义务和社会规范来要求自己、对待工作，以学生角色的习惯方式来待人接物，来观察和分析事物，说话不分场合，口无遮拦。

（2）畏缩心理

刚步入社会的大学毕业生，在角色转换中还容易表现一定的畏缩性。面对新环境，一些大学毕业生在刚刚步入社会，刚刚接触一个新的工作时，不知道工作应该从何入手、如何应对，在工作中缩手缩脚，怕担责任，怕出事故，怕闹笑话，怕造成不良影响。于是工作上就放不开手脚，前怕狼后怕虎，缺乏年轻人应有的朝气和锐气。

（3）自傲心理

有一些毕业生对人才的理解不够全面和准确，认为自己接受了比较系统、正规的高等教育，拿到了学位，学到了知识，已经是比较高层次的人才了。因而，往往看不起基层工作和基层工作人员，甚至认为一个堂堂的大学毕业生干一些琐碎的工作是大材小用，有失身份。于是就轻视实践，轻视基层工作，结果自己是大事做不来，小事又不做，这实质上是眼高手低的表现。

（4）浮躁心理

一些大学生到了新的工作岗位，情绪不稳定，工作不久就想另找单位，或换工种（岗位），整日恍惚不定，工作浮于表面，不能深入地了解工作的重要性、工作性质、工作职责和工作技巧，表现不踏实的作风。总是认为别人的工作比自己的轻松，自己劳酬与付出不匹配，心理不平衡，长时间不能进入工作角色。

近年来，要求调整单位的毕业生人数的增多，就是因为一些学生就职很长时间后，不能稳定情绪，进入职业角色，反而认为单位有问题，没有适合自己的职位。事实上，如果不能静下心来踏踏实实地学习、适应工作，不管什么样的单位都不会对其适合。

二、尽快进入工作角色，建立良好人际关系

从学生到职业人员的角色转变，使得其社会责任得到增强，社会评价的要求也就更加严格。学生的主要社会责任是学好科学文化知识，掌握社会生活的技能，以便将来为社会作出应有的贡献。其对社会的责任，通常是体现在学习过程中对自己的负责上。例如，一

个学生学习成绩好不好，往往被说成聪明与否，即便学生本人不肯用功，也常被看作是个人和家庭的事。而职业人员的社会责任却体现在对工作对象的责任中，工作质量的高低不再被简单地看作是个人的事，往往要从其对社会责任的角度来加以评判。最明显的例子是商场服务人员在服务中对顾客冷漠，就会引起人们的不满和反感，甚至遭到公共舆论的尖锐批评，人们却不会将其与学生上课时心不在焉、说话幼稚相提并论。可见社会对职业人员的责任心有着更高的要求。因为它们的不负责将直接给社会造成负面影响。只要学生走上工作岗位，社会就将以一个职业人员的评价标准来对其做出要求。但在现实生活中，许多刚刚开始工作的青年毕业生往往还不能马上适应这种转变，有些毕业生，对工作中严格的纪律和管理制度难以适从，或是对工作的要求感到过于苛刻，这就反映了他们还没有认识到自己角色的转变，还没有主动意识到自己所负的社会责任的增强。

从学生到职业人员的角色转变，对其独立性要求也相应提高。这种独立性的要求也是和经济生活的独立同时开始的。学生时代，学生的经济来源主要是家庭，进入职业生涯以后，他们获得了劳动报酬，经济上逐步成为独立者，这种经济上的独立使得家庭和社会对其提出了全面独立的更高要求。

这种全面独立的要求，一方面为青年发展和自身完善提供了更广阔的空间和自由度，另一方面也对青年提出了依靠自身力量，加强自我管理的人生新课题。例如，在工作上要求其能够独当一面，学习上自我安排发展提高，生活上会自己照顾自己等。学生由于多年来在学业上有老师的指教，在生活上有家长的关注，总是处在一种有人扶助的环境之中。因此，在被割断依赖，要求其完全独立的时候，不少青年有一种蹒跚起步时摇摇摆摆、重心不稳的感觉。这时他们往往做一件事情不知从何处入手，做一个决定犹犹豫豫、无从取舍。在这种情况下，有些原先独立性较强的人，就能较快地适应新角色的要求，经过一段时间的锻炼，基本能够做到独立。而有些习惯于依赖的人，总是试图在新的生活中寻找新的依赖。

较快地适应独立的要求，对自身的发展和取得事业上的成功无疑会带有较大的帮助。当我们看到了从学生到职业人新旧角色间的不同要求，并能认识到在角色转变中，尽快地适应新角色的要求，对于未来的发展可能产生的影响和作用，就应当从踏上新的工作岗位之时起，自觉主动地促使这种转变的加速进行。

角色转换的过程，通常包括角色领悟、角色认知、角色实现 3 个方面的内容。学生角色向职业角色转换的实现是一个艰苦的过程，需要坚持不懈的努力。在此过程中应注意以下几点。

（一）解除心理障碍，面对现实

当人们面临一个陌生的环境或者加入一个陌生的群体时，往往会很自然地产生一种戒备的心理状态，这是人自我保护的本能反应。

一个大学毕业生进入新的工作岗位时，如果不能很快地改变这种状态，就不可能达到适应角色的要求。通常这种戒备的心理状态，表示对已经接触的群体还没有加以认同，害怕在所处的环境中会对自己造成伤害。由于大学毕业生对新的职业生活的活动方式、工作要求没有很透彻地进行了解和掌握，加上刚刚开始完全独立，就会有各种各样的担心。较长时期的学生生活和对自己较高的评价，往往会变成一种影响自身适应新环境、投入新群体的心理障碍。

有的大学毕业生在进入新的工作单位后，缩手缩脚、不敢大胆开展工作。究其原因，很大程度上是因为面对新的环境，不知道如何着手开展工作，又担心自己做错了事，会留给人不好的印象。有位大学毕业生谈到自己初进单位的情况时说："刚进厂的时候，很多人都因为我是名牌大学的毕业生，对我另眼相看，自己也想显示显示学识。但是面对许多实际工作，又缺乏经验和办法。想问别人又怕碰钉子，怕被人说'这个大学生怎么连这个也不懂'；想自己干，又怕万一出了差错，闹个笑话，更丢人，思想上十分矛盾，工作上畏首畏尾。"这种情况在很多刚进入单位的大学毕业生中较为普遍。这种心理状态也会导致另一种极端的表现，就是一些大学毕业生自视甚高，认为自己肚子里装的是高层知识，从事低层的工作是大材小用。在现实中表现为大事做不了，小事又不做。

其实，大学毕业生虽然在理论方面有了一定的积累，但在具体的实践活动中还是一个新手。我们没有必要对自己的弱点进行掩饰，相反，大学毕业生应当放下思想上的顾虑，面对现实，敢于实践，善于请教，才能把理论知识和实际工作更好地结合起来，最终充分发挥出知识上的优势。

（二）安心本职，甘于吃苦

安心本职是角色转换的基础。刚走上工作岗位的大学毕业生，应尽快从对大学生活的沉湎中解脱出来，尽快全身心地投入新的工作。许多大学毕业生工作几个月还静不下心来，"身在曹营心在汉"，三心二意，不安心本职工作，这对角色转换的实现是十分不利的。甘于吃苦是角色转换的重要条件。只有甘于吃苦，才能很快适应工作，及时进入角色和实现角色转换。有的大学毕业生缺乏吃苦耐劳的精神，到了工作岗位后怕苦怕累。这必然会影响到角色转换的顺利实现。

（三）充分了解工作，掌握主动

作为一个职业岗位的新手，要想尽快地适应工作的要求，除了要有投身实践的信心和勇气之外，还必须充分地了解和熟悉工作环境的情况，了解和熟悉工作对象的特点和规律，从而对新的工作有个比较全面的认识和把握。因此，在初到工作单位的一段时期，特别应该主动地关心和收集有关信息。比如本职业的传统和现状、本单位的历史和前景等。在工作之余，不要忙于休闲活动，应当安排出一定的时间，找些单位的老同志和有关部门的同志聊聊，了解情况；也可以在工作中随时做些工作资料的记录和整理；有条件的话，可以在档案资料中或图书馆里做些资料的阅读和摘录。只有尽早地注意积累，才能在适应角色上领先一步。

（四）放下架子，虚心学习

事实表明，一个人在学校里学到的知识毕竟是有限的，大部分知识和能力必须在工作实践中学习和锻炼。尽管大学毕业生在校期间已经学到了一定的知识，但在陌生的职业面前，也是个"小学生"。一切都要从头学起。一些在工作岗位上工作多年，具有丰富的专业知识和实践经验的技术人员、领导、师傅、同事都是很好的老师。大学毕业生只有放下架子、虚心学习，才能从他们身上学到许多观察问题、分析问题和解决问题的方法和能力，才能逐渐完善自我，尽快实现角色转换。反之，放不下架子、自以为是的人，是很难学到真本领的，角色的转换也是难以完成的。

（五）善于观察，勤于思考

要进入职业角色，还要开动脑筋，善于观察，勤于思考。只有善于观察，才能发现问题，并运用自己所学的知识努力去解决问题，真正探索到职业对象的内部结构，掌握第一手资料。也只有勤于思考，在工作中才会有自己的见解，逐步具备独立开展工作的能力。

（六）勇挑重担，乐于奉献

勇挑重担，乐于奉献，这是完成角色转换的重要体现。大学毕业生奔赴工作岗位后，应当从一开始就严格要求自己，树立高度的主人翁责任感和积极的奉献精神，不论个人得失，不计蝇头小利，努力承担岗位责任，主动适应工作环境，更好、更快地完成角色转换。

（七）正确对待评价，注意做好调整，建立良好的人际关系

从大学毕业生跨入新的工作单位的大门时起，必然要受到新群体的评论，这是在新的环境中，以新角色的要求对大学毕业生做出的新估价。要想了解自己的表现是否符合了角色的要求，要想对自己的行为做出确切的决定，都要借助于这些评价。因此，必须学会正确地对待他人的评价。比如，有一个大学毕业生，在一个单位里从事了产品设计工作。当他把一张花了大量工夫精心描绘、自己感到相当满意的图纸交到领导面前时，心里期待着领导的夸奖。可谁知领导只是点点头，就叫他拿走，似乎还有些不满意。于是，他产生一种半是委屈、半是不满的感觉。实际上，领导认为他在设计上没有改进和突破，而图纸画得又不及其他的描图员。因此，一个人如果光凭其自我感觉来认识自己是不行的。只有通过与别人的比较，取得大多数人的肯定评价，才是重要的。

当我们受到别人评价的时候，还应有一个正确对待他人评价的态度。一名大学毕业生，如果一味地委屈和对领导不满，就会忽视自己存在的问题，不能很快地改进和成长。到头来，受损失的还是自己。相反，如果仔细琢磨领导为什么还不满意，虚心向同事讨教，或者直接去请教领导，从而找到问题症结所在，就能得到提高。通常人们在听到别人对自己的评价时，总会与自我的认识做对照，两者相符的比较容易接受，两者不符或相反的就难以接受。不少大学生总认为自己的智力和能力比一般人强，所以，对别人的评价反应比较强烈。正因为如此，应特别告诫自己，不要因为这种成见而排斥十分中肯的评价。在就业的初期，人们可能因为你是新手，对你的要求比较宽松，对你的鼓励多了一些，但切不可因此沾沾自喜。同时，人们可能因为你是大学生，而对你有较高的期望值，用了较严的衡量标准，你也不能因此而产生对立的情绪，拒绝接受意见。正确的态度应当是虚心请教，认真自省，积极调整，以实际的表现来改变别人的评价。应善于从他人对自己的评价中来更加清楚地认识自己，以此来加快角色的适应过程。

三、尽快融入工作团队

要尽快融入组织中，就必须善于沟通：要与你身边的同事沟通，这样可以帮助你熟悉工作流程；要与你的上级主管沟通，这样可以明确你的工作职责，同时也会让领导看到你的努力；要与 HR 部门的人员沟通，很多公司 HR 部门在试用期间都会与新人进行交流，新人应该主动地与其沟通，讲述自己在公司中的困惑与不解，得到他们的帮助。

要努力获得同事的认同。获得同事的认同，首先要从主观方面多做努力，也就是要培养自己的"归属感"。要取得同事的认同，就要把整个集体当作自己的家。在思想上、感情上、行动上均属于这个"家"，认识它、忠诚于它、效力于它。更与这个"家"的每个同事甘苦与共，风雨同舟，而不是只考虑个人利益。培养归属感，就需要忧集体之所忧，想集体之所想，主动热情地为同事排忧解难，这样谁也不会把你当外人。相反，如果"事不关己，高高挂起"，或者牢骚满腹，怪话连篇，同事们就只好"敬而远之，畏而远之，厌而远之"了。

培养归属感，还要尽快地熟悉和适应环境。多参加一些集体活动，不仅能使你了解到在公众场合难以获得的信息，还使你更自然地与同事们融为一体。集体活动不仅能促进你与同事们之间的良好协作与获得友谊，还能为你提供一些与他们进行交流的机会。

要获得同事的认同，还要因时制宜，因地制宜。不同单位有其各不相同的工作作风、观念、传统与职业气氛。假如你留校任教，那么与你共事的不仅有你的老师，也许还有你老师的老师。这时你不仅要谦虚谨慎，更要多几分自信和勇气，这倒不是为了使同事们不小看你，而是水平越高的同事越看重才华，越期盼"后生有为"。如果能使他们感到你是有前途的，那么某个课题组中可能就会有你的位置。假如这个集体的工作人员水平不高，突然来了一个大学生，也许同事们会以一种复杂的心情看待你，羡慕、嫉妒、不服气、出难题、看笑话的情况都可能发生。此时，不能有任何高人一等的思想和行为。因为我们知道学历和能力并不一定成正比。而同事已经积累了一定的经验，你要真正熟悉和驾驭这个工作，还得有一定的实践过程。如果你自视清高，自命不凡，以大学生身份自居，无异于自己孤立自己，不利于同事们对你的接纳和认同。因此，要善于发现、虚心学习同事们的长处，并用自己的所知、所会、所长给同事们以帮助，适时地赞扬同事们的优点，并弥补自己的不足，这样就可以缩短你和同事之间的心理距离，达到被认同的目的。假如这个集体是充满朝气和活力、团结向上、开拓进取的集体，那么他们可能对新来的你给予很高的期望。要想取得他们的认同，需要付出艰辛的劳动，一个碌碌无为的庸才，是不会得到这个集体的认同的。

 【知识窗】

如何培养团队意识

培养团队意识，是提高一个人综合能力，更好适应团队工作氛围，更好走向成功的重要方面。从个人方面讲，培养团队意识，是改变自己，充实自己，增强自己适应社会发展的能力。从公司方面讲，培养员工的团队意识，能更好地凝聚员工动力，提高生产协作能力，增强企业凝聚力，提高生产效率，壮大企业经营实力。

那么，对于一个员工和企业来讲，如何培养团队意识呢？

第一，要强化学习，转变观念，在思想上，从单打独斗的个人奋斗理念转向团结协作理念。思想是行动的先导，要想真正培养团队意识，首先要从思想上认同集体观念、协作观念，进而培养团队意识。对于个人来讲，要主动参加公司组织的集体学习，认真学习公司企业文化和核心价值观，从思想上认同企业，接受企业规章制度和管理理念，这是个人培养团队意识的基础。从企业角度讲，在组织生产的同时，要定期组织员工集体学习和培训，培树企业的核心价值观，锻造公司自己的企业文化，从精神层面凝聚员工，增进员工对企业发展的认同。

第二，要自觉树立正确的价值观、集体观念、全局观念和团结协作意识。对于员工来讲，要处理好个人利益和集体利益的辩证关系，将个人的前途命运和企业发展紧密结合起来。作为企业方，要重视每个员工的利益，协调好员工与企业之间、员工之间的利益分配关系，建立健全考核机制，使每个员工的目标利益与企业的目标利益一致，增强大家的团队意识，使企业成为维护和实现大家利益的共同体。

第三，要培养主动工作和爱岗敬业品质。一个员工有团队意识，最主要的表现就是他自觉自愿为企业主动工作，爱岗敬业。作为员工，主动工作，爱岗敬业，就会把企业的发展当作自己的事情，积极履职尽责，促进企业经营目标的实现。

第四，要培养员工宽容与合作的品质。当员工个人利益与企业整体利益出现矛盾时，

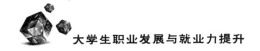

能够正确处理好个人与集体、员工与企业的关系，自觉将个人利益让位于企业集体利益。从企业方面讲，企业管理者也要对主观无过错、客观犯错误的员工予以包容，并加强人文关怀。企业与员工互谅互让，集体的凝聚力才会不断增强。

四、理智面对他人误解

大学毕业生走进社会，要想得到社会的承认，仅有一张大学文凭是不够的。很多毕业生走到工作岗位会遭到误解，要摆脱这种状态就要学会清醒分析和正确对待。大学毕业生步入社会，就要面对现实。因此，切不可躲进象牙塔里做各式各样的"天之骄子"梦。大学毕业生不等于人才，懂得了这一点，在工作岗位受到误解时，才会清醒分析，正确对待。首先要从主观上找原因。一般来说，有以下几方面的原因。

第一，有些大学毕业生自以为满腹经纶，好高骛远，小事不愿做，大事做不来，使领导难以安排合适的工作。

第二，有的大学毕业生对工作单位这也看不惯，那也不顺眼，不懂装懂，妄加评论，空发感叹，造成不良影响。

第三，有的大学毕业生今天想干这个，明天想干那个，这山望着那山高，对工作挑肥拣瘦，拈轻怕重，工作不踏实。

第四，有的大学毕业生工作责任心不强，马马虎虎，敷衍了事，不能完成领导交给的任务，甚至给国家和人民财产造成不必要的损失。

第五，有的大学毕业生没有摆正个人与集体、家庭与事业的关系，上岗不久即"卿卿我我""花前月下"，忙于为自己营造安乐窝。

第六，还有的大学生毕业后斤斤计较个人得失，"有利可图则干，无利可图则算"等。

大学毕业生受到冷遇和误解的主观原因，远远不止这些。但是，只要认真地剖析自己的言行，就一定能找出受冷遇和误解的症结所在。在冷静分析受误解的原因之后，需要区别对待，以图改进。应该说，大学生确实比一般人具有较多的知识，这是令人值得高兴的事情。但其所拥有的知识与知识的海洋相比，只不过是沧海一粟。现代社会知识爆炸，日新月异。你懂得的不等于别人不懂；别人懂得的也不一定你都懂，尺有所短，寸有所长。自己站在高处，不要以为别人都矮小，何况大学生在校学习的大都是些理论知识，对新的工作单位来说，你只不过是个新生。大学生就业的部门多是藏龙卧虎、人才济济的地方。要知道，过多地夸耀自己、做"半瓶醋"的游戏，得到的将是轻蔑与嘲笑。唯有在实际工作中，踏踏实实，虚心向老前辈学习，才能得到同事们的首肯。

大学生到了工作岗位以后，除了要虚心学习外，还要有实干精神，用人单位接收一名大学生，绝不是要拿你当"绣花枕头"，而是要你去解决工作、生产、科研中的实际问题。

只要你能苦干、实干，做出一番成绩来，领导、同事一定会向你投以赞许的目光。冷遇自然会消失得无影无踪。"不积跬步，无以至千里；不积小流，无以成江海。"不从小事做起，谈何建功立业？

总之，遇到误解时，应多从自身找原因，不要怨天尤人，诅咒命运，更不要悲观失望、自暴自弃，"解铃还须系铃人"，只要找出原因并采取积极的态度和稳妥的办法加以改进，完全可以摆脱受冷遇的境地。

五、能够承担挫折

不论从事何种工作，遭受挫折总是难免的。挫折是个人从事有目的的活动时，由于受到障碍和干扰，其需要不能得到满足时的一种消极的情绪状态。受挫后会出现紧张、焦虑、苦闷的心理状态，会使心理失去平衡。

有的人遭受挫折后自责心理严重，垂头丧气，郁郁寡欢；有的人受挫折后不从找主观原因，把责任推卸给他人或寻找客观理由，为自己开脱辩解；有的人则将愤怒和怨气发泄到别人身上；也有的人遭受挫折后不分析原因，总结教训，结果又重蹈覆辙；还有的人遭受挫折后，万念俱灰，不能自拔，甚至产生轻生厌世的念头。所有这些都不是大学生应采取的正确态度。

正确的态度应当是受挫后采取积极的心理自我防卫，谋求心理平衡。比如将内心愤懑的消极情绪转化为发愤图强、力争上进的积极情绪，化悲痛为力量，使心理得到升华；或重振雄风，加倍努力工作，去实现目标；或改换工作方法，另行尝试；或进行工作补偿，以期达到失之东隅，收之桑榆的效果。

在遭受挫折后，反问自己4个问题：

①问题到底是什么？——寻找问题所在。

②出现问题的原因是什么？——反思根源。

③可能的解决方案有哪些？——思考对策。

④哪些是最佳解决方案？——选择决策。

坚持以上4点，并努力去解决它，就能够战胜挫折，最终迎来曙光。

六、虚心接受批评建议

怎样面对批评和建议，不同的人有着截然不同的态度。有的人勇于承认自己的错误，并诚恳地接受批评建议，总结教训，并及时加以改正；有的人受到批评则丧失信心，精神不振，甚至自暴自弃；还有的人"老虎的屁股摸不得"，一遇批评便火冒三丈，使领导和

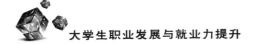
同事对其"敬而远之"。无疑后两种态度是不足取的。"有则改之，无则加勉""只要你说得对，我们就照你的办"应该成为对待批评的基本态度。

第一，不强出头。工作中表现得积极主动是有必要的，但不要为了出风头，选择一些难度高，连办公室前辈都觉得难以完成的工作，那样会把自己置于尴尬的境地，最终落得个吃力不讨好的下场。记住：刚参加工作的你尚在被公司考察的试用期，首先要保证的是绝不出差错，而不是为公司作出惊天动地的贡献。

第二，抱着学习的态度。对于职场新人来说，所有的工作以及环境都是陌生的，诸多事情都不知如何办理，因此多向同事求教才是进步最快的一种方式。要有一种从零做起的心态，充分尊重同事的意见，不论对方的年龄大小，只要比自己先来单位且经验丰富，都应该虚心地拜他为师。

第三，要学会与人沟通。要尽快融入组织中，就必须善于沟通。

要迈好职场的第一步，首先要转换角色找到自我定位，认识并适应新的环境，在工作中摆正心态、踏实肯干、不斤斤计较。本章内容帮助学生了解学习与工作的不同、学校与职场的区别，引导学生完成从学生到职业人的过渡，适应职业角色的转变，为职业发展奠定良好的基础。大学生初次就业一是要在心理上做好进入职业角色的准备，迅速积累社会经验，尽早成熟；二是了解职业成功的因素，重视积累相关的技能，养成良好的职业道德品质，尽快成长为合格的职业人。

【交流与讨论】

1. 谈谈你对学生角色和社会角色的认识。

2. 为了尽快从学生角色转变到社会角色，从现在开始应该怎么做？

【榜样力量】

高凤林：为火箭焊接"心脏"

38 年，他坚守在同一个车间，干同一个工种，只专注于一件事——在厚度、薄度均在毫厘之间的管壁上，一次次攻克发动机喷管焊接技术难关，被称为焊接火箭"心脏"的人。

一个焊点的宽度仅为 0.16 毫米、完成焊接允许的时间误差不超过 0.1 秒、管壁厚度仅为 0.33 毫米，长三甲系列火箭发动机的喷管焊接，需要他经过无数次精准操作，才能实现"完美"焊接。

"汗荐轩辕、智造神箭、焊接理想"，发动机焊接车间里醒目可见的 12 个大字，是他始终铭记的座右铭，更见证了他技能报国的"中国心"。

他就是高凤林，首都航天机械公司特种熔融焊工、全国劳动模范。38 年来，他先后为 90 多发火箭焊接过"心脏"，占我国火箭发射总数近四成。

汗水和时间打造的"金手天焊"

1978 年，高凤林进入 211 厂技术学校学习，1980 年毕业后分配到首都航天机械公司发动机焊接车间，属于伴随改革开放成长起来的一代人。

早期，培养一名氩弧焊工的成本甚至比培养一名飞行员还要高。用比金子还贵的氩气培养出来的焊工，被人们称为"金手""银手"。同时，由于焊接对象是具有火箭"心脏"之称的发动机，对焊工的稳定性、协调性和悟性更有极高的要求。

"高凤林是一颗好苗子！"早在第一次焊接实习时，发动机焊接车间的工段长就注意到这个小伙子。在操作笔记上，高凤林不仅记下操作规程，还记下了自己操作时的心理变化，以及师傅和同学们的操作特点，最后是 3 个大大的字——稳，准，匀。

为了练好基本功，他吃饭时拿筷子练送丝，喝水时端着盛满水的缸子练稳定性，休息时举着铁块练耐力，冒着高温观察铁水的流动规律。如果焊接需要，他可以十分钟不眨眼的绝技，也是那时练出来的。

汗水和时间，将高凤林打造成名副其实的"金手天焊"。

20 上世纪 90 年代，亚洲最大"长二捆"全箭振动塔的焊接操作中，高凤林长时间在表面温度高达几百摄氏度的焊件上操作。在他的手上，至今可见当年留下的伤疤。

国家"七五"攻关项目、东北哈汽轮机厂大型机车换热器的生产中，为了突破一项熔焊难题，高凤林在半年时间里天天趴在产品上，一趴就是几个小时，被同事戏称"跟产品结婚的人"。

"航天精神的核心就是爱国，能够用汗水报效祖国，是我的追求。"高凤林说。

好工匠要将"制造"和"智造"相结合

"要当一名好工人，必须要上 4 个台阶。首先是干得好，还要明白为什么能干好，要能说出来，并且要能写出来。"这是一位老师傅对高凤林说过的话，他记了一辈子。

曾有一段时期，社会上对技术工人的重视程度有所下降，车间一些年轻人思想浮动。就在这时，这位老师傅找到他，说了这样一番话，让他明白航天产品离不开高素质的操作工人，当好一名工人也不是件容易的事。

从那以后，高凤林坚定了当一名好工人的决心，在航天操作岗位上不懈追求、创新突破，将无数次"不可能"变为"可能"。

早在 1996 年，针对产品特点，高凤林灵活运用所学高次方程公式和线积分公式，提出"反变形补偿法"进行变形控制，并凭借这一工艺荣获国家科技进步二等奖，展现出技术工人身上的创新力量。

每当新型火箭型号诞生，对高凤林来说，都是挑战自我的过程。最险的一次，面对 10 米开外随时可能爆炸的大型液氢储罐和脚底下几十米深的山涧，在故障点无法观测、操作空间非常狭小的条件下，他利用丰富经验进行"盲焊"，通过了发动机总设计师口中的"国际级的大考"！

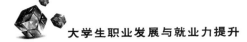

2006 年，一个由著名物理学家丁肇中教授牵头，16 个国家参与的反物质探测器项目，因低温超导磁铁的制造难题陷入困境。在国内外两拨顶尖专家都无能为力的情况下，高凤林只用两个小时就拿出方案，让在场专家深深折服。

作为 2016 年第二届中国质量奖的唯一个人获奖者，高凤林认为："一名好的工匠，应该是'制造'和'智造'的结合。"

扎根焊接岗位放飞中国梦想

全国劳动模范、全国"最美职工"、全国道德模范、北京市全国技术创新大赛唯一特等奖……集众多荣誉于一身的高凤林，已然站在人生巅峰。

站在领奖台上，聚光灯下的他彰显新时期产业工人的自信与力量；回到车间岗位，穿上工装的他仍然淡定专注于一线，对待工作没有一丝杂念。他始终认为："航天是我的理想，我的根在焊接岗位上。"

如今，56 岁的高凤林依然奋战在一线，承担长三甲系列火箭氢氧发动机的批产，长征五号芯一、二级氢氧发动机的研制生产，重型火箭发动机的预研等国家重大工程的实施任务。

与此同时，他还承担着带队伍、传技术、对内对外交流工作。"人的质量决定产品质量""要尊重产品，尊重你的工作对象"……高凤林将这些理念传递给身边的年轻人。在他看来，任何先进设备都是人的延伸，都需要人的控制，需要长期的专注和投入，来追求产品及内涵的实现，从而达到产品的最佳状态。

38 年来，他攻克难关 200 多项，主编了首部型号发动机焊接技术操作手册等行业规范，多次被指定参加相关航天标准的制定，主导并参与申报了 9 项国家专利和国防专利……

即便已是顶尖的技术高手，高凤林仍然表示："如果一段时间没有进步，我就会觉得恐惧。伴随着国家的发展，我们必须不断学习、不断创新，才能满足航天事业飞速发展的需要。"

"弘扬工匠精神，放飞中国梦想。"对于中国制造，高凤林还有着更高的期待。

——来源：《工人日报》，2018 年 10 月 16 日

本章自我小结

【实践训练】

训练一：角色转换

一、活动目的

每位大学毕业生都要经历职场适应期，有的学生在短期内不能很快地进行角色转换，通过本活动的训练，使学生初入职场后尽快完成从学生到职业人的转变，早日适应职场。

二、活动过程

（1）写出你希望成为的职业角色，记下你对每一个职业角色的渴望和感受。

_____

_____

_____

_____

（2）为什么我会想要成为这样的角色？

_____

_____

_____

_____

（3）这些角色适合我吗？

_____

_____

_____

_____

_____

（4）这些角色和我现在有什么不同？

_____

_____

_____

_____

_____

（5）分析你希望的这些角色会面临的困难，以及要如何克服。

职业角色	可能面临的困难	如何克服困难

（6）记下你对每个角色渴望达到的程度，和小组互相交流。

三、总结与感悟

_____

_____

_____

_____

_____

_____

_____

_____

_____

训练二：模拟团队合作制订活动计划

在未来的职业生活中，经常会遇到单位集体活动，你可能是筹划者，或是负责某一版块，无论是筹划者所需的组织能力，还是负责某一版块所需的合作能力，都是职业人应该具备的职业素质。

1. 活动安排

①请选择一处风景名胜，与同窗好友去来一次远足采风活动，计划共5天。

②团队分工：以5~7人为一个团队，组长为团队负责人。另外要将团队成员进行明确分工，分别担任AA制财务管理员、卫生员、安全员、事务长等，也可以自由增减角色。定位每个岗位的职责。

③旅游计划：分工协作制订旅游计划，其中包括旅游路线、旅游内容、交通工具、饮食住宿、经费预算等。

④团队特色：采风过程要充分体现团队能力各要素。团队标识、团队文化、团队口号等都应有所体现。

2. 请将你的远足采风计划写在下面。

_____远足采风计划

1. 时间安排与地点选择

时间安排

地点选择

2. 团队分工

财务管理员及职责

卫生员及职责

安全员及职责

事务长及职责

3. 旅游计划

旅游路线

旅游内容

交通工具

饮食住宿

经费预算

4. 团队特色

参考文献

[1] 赵慧娟. 大学生职业生涯规划 [M]. 北京：北京大学出版社，2014.

[2] 杨红英. 大学生职业生涯规划 [M]. 昆明：云南大学出版社，2015.

[3] 杨克林. 大学生职业生涯规划 [M]. 北京：北京理工大学出版社，2015.

[4] 朱爱胜，鲁鸿志. 大学生职业生涯规划 [M]. 北京：机械工业出版社，2015.

[5] 刘万韬，那菊华，王钰允. 大学生职业生涯规划 [M]. 西安：西安电子科技大学出版社，2015.

[6] 王俊. 职业生涯规划 [M]. 南京：东南大学出版社，2016.

[7] 张静. 大学生，凭什么找份好工作：大学生职业生涯规划 [M]. 青岛：中国海洋大学出版社，2016.

[8] 赵军合. 大学生职业生涯规划与就业创业指导 [M]. 石家庄：河北人民出版社，2016.

[9] 汪永芝，赵英. 职业生涯规划与实践 [M]. 北京：清华大学出版社，2017.

[10] 吴新中. 大学生职业生涯规划与发展 [M]. 北京：人民交通出版社，2018.

[11] 钟谷兰，杨开. 大学生职业生涯发展与规划 [M]. 上海：华东师范大学出版社，2018.

[12] 刘晨. 大学生职业生涯规划与就业指导 [M]. 成都：四川大学出版社，2018.

[13] 通识教育规划教材编写组编. 大学生职业生涯规划：慕课版：双色版 [M]. 北京：人民邮电出版社，2019.

[14] 钟永强，雷蕾. 大学生职业生涯规划与就业指导研究 [J]. 科技信息，2010（5）.

[15] 丁萍芳. 论大学生团队精神现状及其培养途径 [J]. 武汉商业服务学院学报，2010（5）.

[16] 李冰封. 自我认识与大学生职业生涯规划 [J]. 西南科技大学高教研究，2011（3）.

[17] 朱应举. 完善大学生职业生涯规划的建议 [J]. 决策探索，2014（6）.

[18] 杨元超. 大学生如何建立正确的就业观 [J]. 佳木斯职业学院学报，2015（11）.

[19] 张建宁. 无边界职业生涯背景下大学生就业能力培养路径研究 [J]. 知识经济，2017（3）.

［20］史华楠，吴静．新时代背景下高校"以文化人"的问题与对策——基于巨型大学校园文化建设视角［J］．高等教育研究学报，2019，42（04）．

［21］王克志．新时代民办高校校园文化建设研究［D］．河南工业大学，2019．

［22］万晨旭．"互联网＋"时代大学生职业生涯规划的影响因素及策略研究［J］．就业与保障，2020（23）．

［23］王晓红．"一带一路"背景下大学生职业生涯规划指导策略研究［J］．南京工程学院学报（社会科学版），2020，20（04）．

［24］林飞燕．文化自信视域下优秀传统文化融入高校思想政治教育的路径探究［J］．现代商贸工业，2021（16）．

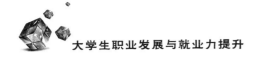

附件一

教育部关于做好 2023 届全国普通高校毕业生就业创业工作的通知

教学〔2022〕5 号

各省、自治区、直辖市教育厅（教委），新疆生产建设兵团教育局，有关省、自治区人力资源社会保障厅，部属各高等学校、部省合建各高等学校：

党的二十大明确指出，人才是第一资源，实施就业优先战略，强化就业优先政策，健全就业促进机制，促进高质量充分就业。高校毕业生是国家宝贵的人才资源，是促进就业的重要群体。为深入学习贯彻党的二十大精神，全面落实党中央、国务院对高校毕业生就业创业工作的决策部署，教育部决定实施"2023 届全国普通高校毕业生就业创业促进行动"，各地各高校要切实增强责任感使命感，紧密结合实际，创新思路举措，千方百计促进高校毕业生多渠道就业创业，奋力开创高校毕业生就业创业工作新局面。现就做好 2023 届高校毕业生就业创业工作通知如下。

一、更大力度开拓市场化社会化就业渠道

1. 深入开展市场化岗位开拓行动。各地各高校要深入开展全国高校书记校长访企拓岗促就业专项行动，二级院系领导班子成员也要积极参与。鼓励高校与对接企业和用人单位开展集中走访，深化多领域校企合作。教育部在全国范围内组织开展"校园招聘月""就业促进周"等岗位开拓和供需对接系列活动。充分发挥全国普通高校毕业生就业创业指导委员会和行业协会作用，完善"分行业就指委 + 分行业协会"促就业工作机制。

2. 实施"万企进校园计划"。各地各高校要充分发挥校园招聘主渠道作用，在符合新冠肺炎疫情防控要求的前提下，积极举办线下校园招聘活动，确保校园招聘活动有序开展。高校要创造条件主动邀请用人单位进校招聘，支持院系开展小而精、专而优的小型专场招聘活动。

3. 全面推广使用国家大学生就业服务平台。教育部将进一步优化升级国家大学生就业服务平台功能和服务，不断提升平台专业化、智能化、便利化水平。各省级大学生就业网站、各高校就业网站要于 2022 年 12 月底之前，全部与国家大学生就业服务平台互联互通，实现岗位信息共享。鼓励地方和高校依托平台联合举办区域性、行业性专场招聘活动。各地各高校要指导 2023 届毕业生、毕业班辅导员、就业工作人员及时注册使用平台，确保有需要的毕业生都能及时获得就业信息。

4. 充分发挥中小企业吸纳就业作用。开展民营企业招聘高校毕业生专项行动，精准汇集推送岗位需求信息。会同有关部门举办"全国中小企业人才供需对接大会""民企高校携手促就业""全国中小企业网上百日招聘高校毕业生""全国民营企业招聘月"等活动，为中小企业招聘高校毕业生搭建平台。各地教育部门要配合本地相关部门落实对中小微企业吸纳高校毕业生的优惠政策，支持开发创造更多适合高校毕业生的就业岗位。各高校要加强与中小企业的供需对接，为中小企业进校招聘提供便利，引导更多高校毕业生到中小企业就业。

5. 支持自主创业和灵活就业。各地各高校要积极鼓励和支持高校毕业生自主创业，在资金、场地等方面向毕业生创业者倾斜，为高校毕业生创新创业孵化、成果转化等提供服务。推动中国国际"互联网＋"大学生创新创业大赛等大学生创业项目转化落地。各地教育部门要配合有关部门落实灵活就业社会保障政策，为毕业生从事新形态就业提供支持，推动灵活就业规范化发展，切实维护高校毕业生合法权益。

二、充分发挥政策性岗位吸纳作用

6. 优化政策性岗位招录安排。各地教育部门要配合有关部门统筹好政策性岗位招录时间安排，尽早安排高校升学考试、公务员和事业单位、国企等政策性岗位招考及各类职业资格考试。充分发挥政策性岗位稳就业作用，稳定并适度扩大招录高校毕业生规模。发挥国有企业示范作用，办好第四季"国聘行动"。

7. 积极拓宽基层就业空间。各地教育部门要积极配合有关部门挖掘基层医疗卫生、养老服务、社会工作、司法辅助、科研助理等就业机会，组织实施好"特岗计划""三支一扶""西部计划"等基层就业项目，拓展"城乡社区专项计划"，鼓励扩大地方基层项目规模，引导更多毕业生到中西部地区、东北地区、艰苦边远地区和基层一线就业创业。健全支持激励体系，落实好学费补偿贷款代偿、考研加分等优惠政策。

8. 积极配合做好大学生征兵工作。各地各高校要密切军地协同，加大征兵宣传进校园工作力度，畅通入伍绿色通道，配合兵役机关做好兵员预征预储、高校毕业生征集等工作。各地教育部门要研究制定细化方案和实施办法，落实好退役普通高职（专科）士兵免试参加普通专升本招生、退役大学生士兵专项硕士研究生招生计划等优惠政策。

三、建设高质量就业指导服务体系

9. 全面加强就业指导。高校要健全完善分阶段、全覆盖的大学生生涯规划与就业指导体系，确保有需要的学生都能获得有效的就业指导。要进一步完善就业创业指导课程标准，打造一批就业指导名师、优秀就业指导课程和教材。充分利用"互联网＋就业指导"公益直播课等各类资源，提升就业创业指导课程质量和实效。要通过校企供需对接、职业规划竞赛、简历撰写指导、面试求职培训、一对一咨询等多种形式，为学生提供个性化就业指导和服务。要打造校内外互补、专兼结合的就业指导教师队伍，鼓励用人单位、行业组织更多参与高校生涯教育和就业指导。

10. 深入推进就业育人。各地各高校要把就业教育和就业引导作为"三全育人"的重要内容，深入开展就业育人主题教育，引导高校毕业生保持平实之心，客观看待个人条件和社会需求，从实际出发选择职业和工作岗位。开展就业育人优秀案例创建活动，选树一批就业典型人物，积极引导高校毕业生到祖国需要的地方建功立业。

11. 切实维护毕业生就业权益。各地各高校要积极营造平等就业环境，在各类校园招聘活动中，不得设置违反国家规定的有关歧视性条款和限制性条件。配合有关部门畅通投诉举报渠道，对于存在就业歧视、招聘欺诈、"培训贷"等问题的用人单位，要纳入招聘"黑名单"并及时向高校毕业生发布警示提醒。加强就业安全教育，督促用人单位与高校毕业生签订劳动（聘用）合同或就业协议书，帮助和支持毕业生防范求职风险，维护就业权益。积极配合有关部门推进毕业生就业体检结果互认。

四、精准开展重点群体就业帮扶

12．健全就业帮扶机制。各地各高校要重点关注脱贫家庭、低保家庭、零就业家庭、残疾等困难高校毕业生，建立帮扶工作台账，按照"一人一档""一人一策"精准开展就业帮扶工作。健全"一对一"帮扶责任制，高校和院系领导班子成员、就业指导教师、班主任、专任教师、辅导员等要与困难学生开展结对帮扶，确保每一个困难学生都得到有效帮助。做好离校未就业毕业生不断线服务。

13．深入实施宏志助航计划。继续组织实施"中央专项彩票公益金宏志助航计划——全国高校毕业生就业能力培训项目"，开展线上线下就业能力培训，提升毕业生就业竞争力。各地各高校和各培训基地要精心组织实施，配备优秀师资，优化培训内容，提升培训质量。鼓励各地各高校配套设立省级、校级项目，推动"宏志助航计划"覆盖更多毕业生。各地要强化培训基地管理，宣传推广优秀典型经验。

五、简化优化求职就业手续

14．稳妥有序推进取消就业报到证。《国务院办公厅关于进一步做好高校毕业生等青年就业创业工作的通知》（国办发〔2022〕13号）明确，从2023年起，不再发放《全国普通高等学校本专科毕业生就业报到证》和《全国毕业研究生就业报到证》（以下统称就业报到证），取消就业报到证补办、改派手续，不再将就业报到证作为办理高校毕业生招聘录用、落户、档案接收转递等手续的必需材料。各地要制定落实取消报到证的工作方案。各省级教育部门和高校要加强与组织、公安、人力资源社会保障等部门的工作协同，做好相关工作的衔接，向用人单位和毕业生开展解读宣传，耐心细致做好指导咨询，帮助毕业生顺利完成就业报到、落户和档案转递。

15．建立毕业去向登记制度。根据国务院办公厅有关文件要求，从2023年起，教育部门建立高校毕业生毕业去向登记制度，作为高校为毕业生办理离校手续的必要环节。全面推广使用全国高校毕业生毕业去向登记系统。各地各高校要统筹部署、精心安排，指导本地本高校毕业生（含结业生）按规定及时完成毕业去向登记。实行定向招生就业办法的高校毕业生，各省级教育部门和高校要指导其严格按照定向协议就业并登记去向信息。教育部有关单位根据有关部门需要和毕业生本人授权，统一提供毕业生离校时相应去向登记信息查询核验服务。

16．强化就业统计监测工作。各地各高校要严格落实就业统计监测工作"四不准""三严禁"要求，严格执行毕业生就业统计监测工作违规处理办法，对违反规定的高校和相关人员，严肃查处通报，纳入负面清单管理。严格落实就业统计监测规范要求，严格审核学生就业信息及相关佐证材料。组织开展就业统计监测专门培训，强化高校毕业生就业数据的报送、统计和分析工作。持续开展毕业生就业状况布点监测，丰富完善布点监测内容。

六、完善就业与招生培养联动机制

17. 健全完善就业反馈机制。各地各高校要建立完善就业与招生、培养联动的有效机制，把高校毕业生就业状况作为高等教育结构调整的重要内容。引导高校重点布局社会需求强、就业前景广、人才缺口大的学科专业，及时淘汰或更新升级已经不适应社会需要的学科专业。教育部将把高校毕业生就业状况作为"双一流"建设成效评价、学科专业设置和评估、招生计划安排等工作的重要依据。实行高校毕业生就业去向落实率红黄牌提示制度。深入开展高校毕业生就业状况跟踪调查，调查结果作为衡量高校人才培养质量的重要参考。

18. 深化就业工作评价改革。探索实施高校毕业生就业工作合格评价，建立部、省两级就业工作合格评价机制，促进高校就业工作制度化、规范化。加强全国就业工作优秀经验宣传推广，推动高校毕业生就业工作能力和服务水平不断提升。

七、加强组织领导

19. 压紧压实工作责任。各地各高校要把高校毕业生就业摆在突出重要的位置，落实就业"一把手"工程，建立健全主要领导亲自部署、分管领导靠前指挥、院系领导落实责任、各部门协同推进、全员参与的协调机制，将就业工作纳入领导班子考核重要内容。建立完善就业风险防范化解机制，确保安全稳定。各省级教育行政部门适时牵头成立高校毕业生就业工作专班，制定工作方案，明确任务清单，全力推进各项工作任务。教育部将省级人民政府及相关职能部门制定促进毕业生就业政策及其实施情况，纳入省级人民政府履行教育职责评价重要内容。

20. 加强就业工作机构和队伍建设。各地教育部门、各高校要积极创造条件认真落实高校毕业生就业机构、人员、场地、经费"四到位"要求，根据本地实际情况，明确提出各项指标要求，并报教育部备案。各高校要配齐配强就业指导人员，鼓励就业指导人员按要求参加相关职称评审。组织开展毕业班辅导员、就业工作人员全员培训，加大资源供给和培训保障力度。

21. 做好就业总结宣传工作。大力宣传就业工作典型高校、用人单位和先进人物。持续开展全国普通高校毕业生就业创业工作典型案例总结宣传，推出一批具有推广价值的优秀案例。各地各高校要多渠道、全方位宣传国家就业创业政策，营造全社会关心支持毕业生就业的良好氛围。

教育部

2022 年 11 月 14 日

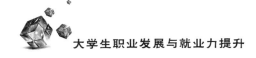

附件二

中华人民共和国劳动法

（1994 年 7 月 5 日第八届全国人民代表大会常务委员会第八次会议通过，根据 2009 年第十一届全国人民代表大会第十次会议《关于修改部分法律的决策》第一次修正，根据 2018 年 12 月 29 日第十三届全国人民代表大会常务委员会第七次会议《关于修订〈中华人民共和国劳动法〉等七部法律的决定》第二次修正）

目　　录

第一章　总　　则

第一条　为了保护劳动者的合法权益，调整劳动关系，建立和维护适应社会主义市场经济的劳动制度，促进经济发展和社会进步，根据宪法，制定本法。

第二条　在中华人民共和国境内的企业、个体经济组织（以下统称用人单位）和与之形成劳动关系的劳动者，适用本法。

国家机关、事业组织、社会团体和与之建立劳动合同关系的劳动者，依照本法执行。

第三条　劳动者享有平等就业和选择职业的权利、取得劳动报酬的权利、休息休假的权利、获得劳动安全卫生保护的权利、接受职业技能培训的权利、享受社会保险和福利的权利、提请劳动争议处理的权利以及法律规定的其他劳动权利。

劳动者应当完成劳动任务，提高职业技能，执行劳动安全卫生规程，遵守劳动纪律和职业道德。

第四条　用人单位应当依法建立和完善规章制度，保障劳动者享有劳动权利和履行劳动义务。

第五条　国家采取各种措施，促进劳动就业，发展职业教育，制定劳动标准，调节社会收入，完善社会保险，协调劳动关系，逐步提高劳动者的生活水平。

第六条　国家提倡劳动者参加社会义务劳动，开展劳动竞赛和合理化建议活动，鼓励和保护劳动者进行科学研究、技术革新和发明创造，表彰和奖励劳动模范和先进工作者。

第七条　劳动者有权依法参加和组织工会。

工会代表和维护劳动者的合法权益，依法独立自主地开展活动。

第八条　劳动者依照法律规定，通过职工大会、职工代表大会或者其他形式，参与民主管理或者就保护劳动者合法权益与用人单位进行平等协商。

第九条　国务院劳动行政部门主管全国劳动工作。

县级以上地方人民政府劳动行政部门主管本行政区域内的劳动工作。

第二章　促进就业

第十条　国家通过促进经济和社会发展，创造就业条件，扩大就业机会。

国家鼓励企业、事业组织、社会团体在法律、行政法规规定的范围内兴办产业或者拓展经营，增加就业。

国家支持劳动者自愿组织起来就业和从事个体经营实现就业。

第十一条　地方各级人民政府应当采取措施，发展多种类型的职业介绍机构，提供就业服务。

第十二条　劳动者就业，不因民族、种族、性别、宗教信仰不同而受歧视。

第十三条　妇女享有与男子平等的就业权利。在录用职工时，除国家规定的不适合妇女的工种或者岗位外，不得以性别为由拒绝录用妇女或者提高对妇女的录用标准。

第十四条　残疾人、少数民族人员、退出现役的军人的就业，法律、法规有特别规定的，从其规定。

第十五条　禁止用人单位招用未满十六周岁的未成年人。

文艺、体育和特种工艺单位招用未满十六周岁的未成年人，必须遵守国家有关规定，并保障其接受义务教育的权利。

第三章　劳动合同和集体合同

第十六条　劳动合同是劳动者与用人单位确立劳动关系、明确双方权利和义务的协议。

建立劳动关系应当订立劳动合同。

第十七条　订立和变更劳动合同，应当遵循平等自愿、协商一致的原则，不得违反法律、行政法规的规定。

劳动合同依法订立即具有法律约束力，当事人必须履行劳动合同规定的义务。

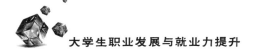

第十八条　下列劳动合同无效：

（一）违反法律、行政法规的劳动合同；

（二）采取欺诈、威胁等手段订立的劳动合同。

无效的劳动合同，从订立的时候起，就没有法律约束力。确认劳动合同部分无效的，如果不影响其余部分的效力，其余部分仍然有效。

劳动合同的无效，由劳动争议仲裁委员会或者人民法院确认。

第十九条　劳动合同应当以书面形式订立，并具备以下条款：

（一）劳动合同期限；

（二）工作内容；

（三）劳动保护和劳动条件；

（四）劳动报酬；

（五）劳动纪律；

（六）劳动合同终止的条件；

（七）违反劳动合同的责任。

劳动合同除前款规定的必备条款外，当事人可以协商约定其他内容。

第二十条　劳动合同的期限分为有固定期限、无固定期限和以完成一定的工作为期限。

劳动者在同一用人单位连续工作满十年以上，当事人双方同意续延劳动合同的，如果劳动者提出订立无固定期限的劳动合同，应当订立无固定期限的劳动合同。

第二十一条　劳动合同可以约定试用期。试用期最长不得超过六个月。

第二十二条　劳动合同当事人可以在劳动合同中约定保守用人单位商业秘密的有关事项。

第二十三条　劳动合同期满或者当事人约定的劳动合同终止条件出现，劳动合同即行终止。

第二十四条　经劳动合同当事人协商一致，劳动合同可以解除。

第二十五条　劳动者有下列情形之一的，用人单位可以解除劳动合同：

（一）在试用期间被证明不符合录用条件的；

（二）严重违反劳动纪律或者用人单位规章制度的；

（三）严重失职，营私舞弊，对用人单位利益造成重大损害的；

（四）被依法追究刑事责任的。

第二十六条　有下列情形之一的，用人单位可以解除劳动合同，但是应当提前三十日以书面形式通知劳动者本人：

（一）劳动者患病或者非因工负伤，医疗期满后，不能从事原工作也不能从事由用人单位另行安排的工作的；

（二）劳动者不能胜任工作，经过培训或者调整工作岗位，仍不能胜任工作的；

（三）劳动合同订立时所依据的客观情况发生重大变化，致使原劳动合同无法履行，经当事人协商不能就变更劳动合同达成协议的。

第二十七条　用人单位濒临破产进行法定整顿期间或者生产经营状况发生严重困难，确需裁减人员的，应当提前三十日向工会或者全体职工说明情况，听取工会或者职工的意见，经向劳动行政部门报告后，可以裁减人员。

用人单位依据本条规定裁减人员，在六个月内录用人员的，应当优先录用被裁减的人员。

第二十八条　用人单位依据本法第二十四条、第二十六条、第二十七条的规定解除劳动合同的，应当依照国家有关规定给予经济补偿。

第二十九条　劳动者有下列情形之一的，用人单位不得依据本法第二十六条、第二十七条的规定解除劳动合同：

（一）患职业病或者因工负伤并被确认丧失或者部分丧失劳动能力的；

（二）患病或者负伤，在规定的医疗期内的；

（三）女职工在孕期、产期、哺乳期内的；

（四）法律、行政法规规定的其他情形。

第三十条　用人单位解除劳动合同，工会认为不适当的，有权提出意见。如果用人单位违反法律、法规或者劳动合同，工会有权要求重新处理；劳动者申请仲裁或者提起诉讼的，工会应当依法给予支持和帮助。

第三十一条　劳动者解除劳动合同，应当提前三十日以书面形式通知用人单位。

第三十二条　有下列情形之一的，劳动者可以随时通知用人单位解除劳动合同：

（一）在试用期内的；

（二）用人单位以暴力、威胁或者非法限制人身自由的手段强迫劳动的；

（三）用人单位未按照劳动合同约定支付劳动报酬或者提供劳动条件的。

第三十三条　企业职工一方与企业可以就劳动报酬、工作时间、休息休假、劳动安全卫生、保险福利等事项，签订集体合同。集体合同草案应当提交职工代表大会或者全体职工讨论通过。

集体合同由工会代表职工与企业签订；没有建立工会的企业，由职工推举的代表与企业签订。

第三十四条　集体合同签订后应当报送劳动行政部门；劳动行政部门自收到集体合同文本之日起十五日内未提出异议的，集体合同即行生效。

第三十五条　依法签订的集体合同对企业和企业全体职工具有约束力。职工个人与企

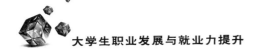

业订立的劳动合同中劳动条件和劳动报酬等标准不得低于集体合同的规定。

第四章　工作时间和休息休假

第三十六条　国家实行劳动者每日工作时间不超过八小时、平均每周工作时间不超过四十四小时的工时制度。

第三十七条　对实行计件工作的劳动者，用人单位应当根据本法第三十六条规定的工时制度合理确定其劳动定额和计件报酬标准。

第三十八条　用人单位应当保证劳动者每周至少休息一日。

第三十九条　企业因生产特点不能实行本法第三十六条、第三十八条规定的，经劳动行政部门批准，可以实行其他工作和休息办法。

第四十条　用人单位在下列节日期间应当依法安排劳动者休假：

（一）元旦；

（二）春节；

（三）国际劳动节；

（四）国庆节；

（五）法律、法规规定的其他休假节日。

第四十一条　用人单位由于生产经营需要，经与工会和劳动者协商后可以延长工作时间，一般每日不得超过一小时；因特殊原因需要延长工作时间的，在保障劳动者身体健康的条件下延长工作时间每日不得超过三小时，但是每月不得超过三十六小时。

第四十二条　有下列情形之一的，延长工作时间不受本法第四十一条规定的限制：

（一）发生自然灾害、事故或者因其他原因，威胁劳动者生命健康和财产安全，需要紧急处理的；

（二）生产设备、交通运输线路、公共设施发生故障，影响生产和公众利益，必须及时抢修的；

（三）法律、行政法规规定的其他情形。

第四十三条　用人单位不得违反本法规定延长劳动者的工作时间。

第四十四条　有下列情形之一的，用人单位应当按照下列标准支付高于劳动者正常工作时间工资的工资报酬：

（一）安排劳动者延长工作时间的，支付不低于工资的百分之一百五十的工资报酬；

（二）休息日安排劳动者工作又不能安排补休的，支付不低于工资的百分之二百的工资报酬；

（三）法定休假日安排劳动者工作的，支付不低于工资的百分之三百的工资报酬。

第四十五条　国家实行带薪年休假制度。

劳动者连续工作一年以上的，享受带薪年休假。具体办法由国务院规定。

第五章 工资

第四十六条 工资分配应当遵循按劳分配原则，实行同工同酬。

工资水平在经济发展的基础上逐步提高。国家对工资总量实行宏观调控。

第四十七条 用人单位根据本单位的生产经营特点和经济效益，依法自主确定本单位的工资分配方式和工资水平。

第四十八条 国家实行最低工资保障制度。最低工资的具体标准由省、自治区、直辖市人民政府规定，报国务院备案。

用人单位支付劳动者的工资不得低于当地最低工资标准。

第四十九条 确定和调整最低工资标准应当综合参考下列因素：

（一）劳动者本人及平均赡养人口的最低生活费用；

（二）社会平均工资水平；

（三）劳动生产率；

（四）就业状况；

（五）地区之间经济发展水平的差异。

第五十条 工资应当以货币形式按月支付给劳动者本人。不得克扣或者无故拖欠劳动者的工资。

第五十一条 劳动者在法定休假日和婚丧假期间以及依法参加社会活动期间，用人单位应当依法支付工资。

第六章 劳动安全卫生

第五十二条 用人单位必须建立、健全劳动安全卫生制度，严格执行国家劳动安全卫生规程和标准，对劳动者进行劳动安全卫生教育，防止劳动过程中的事故，减少职业危害。

第五十三条 劳动安全卫生设施必须符合国家规定的标准。

新建、改建、扩建工程的劳动安全卫生设施必须与主体工程同时设计、同时施工、同时投入生产和使用。

第五十四条 用人单位必须为劳动者提供符合国家规定的劳动安全卫生条件和必要的劳动防护用品，对从事有职业危害作业的劳动者应当定期进行健康检查。

第五十五条 从事特种作业的劳动者必须经过专门培训并取得特种作业资格。

第五十六条 劳动者在劳动过程中必须严格遵守安全操作规程。

劳动者对用人单位管理人员违章指挥、强令冒险作业，有权拒绝执行；对危害生命安全和身体健康的行为，有权提出批评、检举和控告。

第五十七条 国家建立伤亡事故和职业病统计报告和处理制度。县级以上各级人民政府劳动行政部门、有关部门和用人单位应当依法对劳动者在劳动过程中发生的伤亡事故和

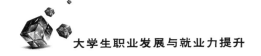

劳动者的职业病状况，进行统计、报告和处理。

第七章　女职工和未成年工特殊保护

第五十八条　国家对女职工和未成年工实行特殊劳动保护。

未成年工是指年满十六周岁未满十八周岁的劳动者。

第五十九条　禁止安排女职工从事矿山井下、国家规定的第四级体力劳动强度的劳动和其他禁忌从事的劳动。

第六十条　不得安排女职工在经期从事高处、低温、冷水作业和国家规定的第三级体力劳动强度的劳动。

第六十一条　不得安排女职工在怀孕期间从事国家规定的第三级体力劳动强度的劳动和孕期禁忌从事的劳动。对怀孕七个月以上的女职工，不得安排其延长工作时间和夜班劳动。

第六十二条　女职工生育享受不少于九十天的产假。

第六十三条　不得安排女职工在哺乳未满一周岁的婴儿期间从事国家规定的第三级体力劳动强度的劳动和哺乳期禁忌从事的其他劳动，不得安排其延长工作时间和夜班劳动。

第六十四条　不得安排未成年工从事矿山井下、有毒有害、国家规定的第四级体力劳动强度的劳动和其他禁忌从事的劳动。

第六十五条　用人单位应当对未成年工定期进行健康检查。

第八章　职业培训

第六十六条　国家通过各种途径，采取各种措施，发展职业培训事业，开发劳动者的职业技能，提高劳动者素质，增强劳动者的就业能力和工作能力。

第六十七条　各级人民政府应当把发展职业培训纳入社会经济发展的规划，鼓励和支持有条件的企业、事业组织、社会团体和个人进行各种形式的职业培训。

第六十八条　用人单位应当建立职业培训制度，按照国家规定提取和使用职业培训经费，根据本单位实际，有计划地对劳动者进行职业培训。

从事技术工种的劳动者，上岗前必须经过培训。

第六十九条　国家确定职业分类，对规定的职业制定职业技能标准，实行职业资格证书制度，由经备案的考核鉴定机构负责对劳动者实施职业技能考核鉴定。

第九章　社会保险和福利

第七十条　国家发展社会保险事业，建立社会保险制度，设立社会保险基金，使劳动者在年老、患病、工伤、失业、生育等情况下获得帮助和补偿。

第七十一条　社会保险水平应当与社会经济发展水平和社会承受能力相适应。

第七十二条　社会保险基金按照保险类型确定资金来源，逐步实行社会统筹。用人单位和劳动者必须依法参加社会保险，缴纳社会保险费。

第七十三条　劳动者在下列情形下，依法享受社会保险待遇：

（一）退休；

（二）患病、负伤；

（三）因工伤残或者患职业病；

（四）失业；

（五）生育。

劳动者死亡后，其遗属依法享受遗属津贴。

劳动者享受社会保险待遇的条件和标准由法律、法规规定。

劳动者享受的社会保险金必须按时足额支付。

第七十四条　社会保险基金经办机构依照法律规定收支、管理和运营社会保险基金，并负有使社会保险基金保值增值的责任。

社会保险基金监督机构依照法律规定，对社会保险基金的收支、管理和运营实施监督。

社会保险基金经办机构和社会保险基金监督机构的设立和职能由法律规定。

任何组织和个人不得挪用社会保险基金。

第七十五条　国家鼓励用人单位根据本单位实际情况为劳动者建立补充保险。

国家提倡劳动者个人进行储蓄性保险。

第七十六条　国家发展社会福利事业，兴建公共福利设施，为劳动者休息、休养和疗养提供条件。

用人单位应当创造条件，改善集体福利，提高劳动者的福利待遇。

第十章　劳动争议

第七十七条　用人单位与劳动者发生劳动争议，当事人可以依法申请调解、仲裁、提起诉讼，也可以协商解决。

调解原则适用于仲裁和诉讼程序。

第七十八条　解决劳动争议，应当根据合法、公正、及时处理的原则，依法维护劳动争议当事人的合法权益。

第七十九条　劳动争议发生后，当事人可以向本单位劳动争议调解委员会申请调解；调解不成，当事人一方要求仲裁的，可以向劳动争议仲裁委员会申请仲裁。当事人一方也可以直接向劳动争议仲裁委员会申请仲裁。对仲裁裁决不服的，可以向人民法院提起诉讼。

第八十条　在用人单位内，可以设立劳动争议调解委员会。劳动争议调解委员会由职工代表、用人单位代表和工会代表组成。劳动争议调解委员会主任由工会代表担任。

劳动争议经调解达成协议的，当事人应当履行。

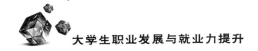

第八十一条　劳动争议仲裁委员会由劳动行政部门代表、同级工会代表、用人单位方面的代表组成。劳动争议仲裁委员会主任由劳动行政部门代表担任。

第八十二条　提出仲裁要求的一方应当自劳动争议发生之日起六十日内向劳动争议仲裁委员会提出书面申请。仲裁裁决一般应在收到仲裁申请的六十日内作出。对仲裁裁决无异议的，当事人必须履行。

第八十三条　劳动争议当事人对仲裁裁决不服的，可以自收到仲裁裁决书之日起十五日内向人民法院提起诉讼。一方当事人在法定期限内不起诉又不履行仲裁裁决的，另一方当事人可以申请人民法院强制执行。

第八十四条　因签订集体合同发生争议，当事人协商解决不成的，当地人民政府劳动行政部门可以组织有关各方协调处理。

因履行集体合同发生争议，当事人协商解决不成的，可以向劳动争议仲裁委员会申请仲裁；对仲裁裁决不服的，可以自收到仲裁裁决书之日起十五日内向人民法院提起诉讼。

第十一章　监督检查

第八十五条　县级以上各级人民政府劳动行政部门依法对用人单位遵守劳动法律、法规的情况进行监督检查，对违反劳动法律、法规的行为有权制止，并责令改正。

第八十六条　县级以上各级人民政府劳动行政部门监督检查人员执行公务，有权进入用人单位了解执行劳动法律、法规的情况，查阅必要的资料，并对劳动场所进行检查。

县级以上各级人民政府劳动行政部门监督检查人员执行公务，必须出示证件，秉公执法并遵守有关规定。

第八十七条　县级以上各级人民政府有关部门在各自职责范围内，对用人单位遵守劳动法律、法规的情况进行监督。

第八十八条　各级工会依法维护劳动者的合法权益，对用人单位遵守劳动法律、法规的情况进行监督。

任何组织和个人对于违反劳动法律、法规的行为有权检举和控告。

第十二章　法律责任

第八十九条　用人单位制定的劳动规章制度违反法律、法规规定的，由劳动行政部门给予警告，责令改正；对劳动者造成损害的，应当承担赔偿责任。

第九十条　用人单位违反本法规定，延长劳动者工作时间的，由劳动行政部门给予警告，责令改正，并可以处以罚款。

第九十一条　用人单位有下列侵害劳动者合法权益情形之一的，由劳动行政部门责令支付劳动者的工资报酬、经济补偿，并可以责令支付赔偿金：

（一）克扣或者无故拖欠劳动者工资的；

（二）拒不支付劳动者延长工作时间工资报酬的；

（三）低于当地最低工资标准支付劳动者工资的；

（四）解除劳动合同后，未依照本法规定给予劳动者经济补偿的。

第九十二条　用人单位的劳动安全设施和劳动卫生条件不符合国家规定或者未向劳动者提供必要的劳动防护用品和劳动保护设施的，由劳动行政部门或者有关部门责令改正，可以处以罚款；情节严重的，提请县级以上人民政府决定责令停产整顿；对事故隐患不采取措施，致使发生重大事故，造成劳动者生命和财产损失的，对责任人员依照刑法有关规定追究刑事责任。

第九十三条　用人单位强令劳动者违章冒险作业，发生重大伤亡事故，造成严重后果的，对责任人员依法追究刑事责任。

第九十四条　用人单位非法招用未满十六周岁的未成年人的，由劳动行政部门责令改正，处以罚款；情节严重的，由市场监督管理部门吊销营业执照。

第九十五条　用人单位违反本法对女职工和未成年工的保护规定，侵害其合法权益的，由劳动行政部门责令改正，处以罚款；对女职工或者未成年工造成损害的，应当承担赔偿责任。

第九十六条　用人单位有下列行为之一，由公安机关对责任人员处以十五日以下拘留、罚款或者警告；构成犯罪的，对责任人员依法追究刑事责任：

（一）以暴力、威胁或者非法限制人身自由的手段强迫劳动的；

（二）侮辱、体罚、殴打、非法搜查和拘禁劳动者的。

第九十七条　由于用人单位的原因订立的无效合同，对劳动者造成损害的，应当承担赔偿责任。

第九十八条　用人单位违反本法规定的条件解除劳动合同或者故意拖延不订立劳动合同的，由劳动行政部门责令改正；对劳动者造成损害的，应当承担赔偿责任。

第九十九条　用人单位招用尚未解除劳动合同的劳动者，对原用人单位造成经济损失的，该用人单位应当依法承担连带赔偿责任。

第一百条　用人单位无故不缴纳社会保险费的，由劳动行政部门责令其限期缴纳；逾期不缴的，可以加收滞纳金。

第一百零一条　用人单位无理阻挠劳动行政部门、有关部门及其工作人员行使监督检查权，打击报复举报人员的，由劳动行政部门或者有关部门处以罚款；构成犯罪的，对责任人员依法追究刑事责任。

第一百零二条　劳动者违反本法规定的条件解除劳动合同或者违反劳动合同中约定的保密事项，对用人单位造成经济损失的，应当依法承担赔偿责任。

第一百零三条　劳动行政部门或者有关部门的工作人员滥用职权、玩忽职守、徇私舞弊，构成犯罪的，依法追究刑事责任；不构成犯罪的，给予行政处分。

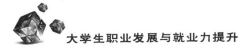

第一百零四条　国家工作人员和社会保险基金经办机构的工作人员挪用社会保险基金，构成犯罪的，依法追究刑事责任。

第一百零五条　违反本法规定侵害劳动者合法权益，其他法律、行政法规已规定处罚的，依照该法律、行政法规的规定处罚。

第十三章　附则

第一百零六条　省、自治区、直辖市人民政府根据本法和本地区的实际情况，规定劳动合同制度的实施步骤，报国务院备案。

第一百零七条　本法自 1995 年 1 月 1 日起施行。